新亞洲佛教史 13

日本 III

民眾佛教的扎根

The Maturation of Popular Buddhism:
Japan III

末木文美士 編輯委員
松尾剛次、佐藤弘夫、林淳、大久保良峻 編輯協力
辛如意 譯者
釋果鏡 中文版總主編

新亞洲佛教史中文版總序

弘揚漢傳佛教，從根本提昇漢傳佛教研究的品質與水準，一直是本所創辦人念茲在茲的心願。這是一場恆久持續的考驗，雖然中華佛學研究所自知能力有限，但仍然願意傾注所有心力，結合海內外的先進與同志，共同攜手為此一目標奮進。

在佛教學術研究的領域，日本學術界的成果一直受到全世界的肯定與注目。「新亞洲佛教史」此一系列研究是日本佛教學界近年來最大規模的結集，十五冊的規模，動員超過兩百位菁英學者，從耆宿到新銳，幾乎網羅無遺，可以說是當今日本佛教學界最具規模的成果展示當不為過矣。本套「新亞洲佛教史」系列海納萬有，概而言之，其重要性約有數端：

（一）「新亞洲佛教史」雖然以印度、中國、日本三大部分為主，但也兼顧中亞、東南亞、越南、韓國等不同地區，涵蓋南傳、漢傳、藏傳等不同的佛教傳統；處理時段從佛陀出世迄於今日。就目前同性質的著作之中，處理時間之長遠，空間之寬闊，迄今尚未有出於其右者。

（二）傳統佛教史的寫作總是詳古略今，無法充分呈現佛教演變的歷史面貌。此次

「新亞洲佛教史」對於近世以降佛教演變的軌跡著意甚深，可謂鉅細靡遺。

（三）傳統佛教史大多集中於思想概念以及政治關係的描述，此次「新亞洲佛教史」在可能的範圍內，嘗試兼顧語言、民俗、文學、藝術、考古學等文化脈絡，開展出各種認識佛法的不同可能性。

職是之由，「新亞洲佛教史」不僅是時間意義上，更重要的意義是一種研究範式的建立。中華佛學研究所取得佼成出版社正式授權，嘗試將日本佛教研究最新系列研究成果介紹給漢語文化圈。其間受到各方協助，特別是青山學院大學陳繼東教授居中聯繫，其功厥偉。同時也要感謝佼成出版社充分授權與協助，讓漢語文化圈的讀者得以接觸這套精心策畫的研究成果。透過高水準學術研究作品的譯介，借鏡世界各國佛教研究者的智慧，讓漢傳佛教研究的境界與視野更高更遠，這是中華佛學研究所責無旁貸的使命，以及未來持續努力的目標。

釋果暉

中華佛學研究所所長

序

西元一九六〇年刊行的期刊《近世佛教》在序文〈創刊之際〉曾嚴正指出，過去的佛教史研究者有太過投入「豐富精彩的中世佛教」，故而避開「沉滯的近世佛教」之傾向。但若就此跳過近世佛教，則無法正確理解日本佛教史。此後已過五十年，研究成果不斷增加，研究者所面臨的狀況亦隨之出現顯著變化，此為不爭之事實。近世宗教史、佛教史的相關書籍或論文不斷大量累積。然而，直到最近以近世佛教為研究對象的論文，首先是將辻善之助的「近世佛教＝墮落論」視為通論，不少論文則指出應該超越此項課題。在此五十年間，學界雖無人支持「近世佛教＝墮落論」，它卻猶如陰魂不散般屢被提及。研究者在表明個人態度之際，雖可說明是想從通論批判者的立場來進行研究，卻似乎不僅如此而已。透過《近世佛教》的同好者來探求近世民眾充滿生命力的佛教信仰，以及充滿活力的寺院功能，闡明了有別於以往予人墮落印象的佛教，是如何生動發揮其功能的發展面向。這無疑是在與戰後歷史學所發展的民眾史或區域社會論的底蘊互為相通之下，促成了佛教史研究不斷地進展。

若回顧近世佛教研究，則可分為三期。第一期是刊行《近世佛教》。這是近世佛教研究的獨立宣言，善加利用龐大的近世史料，提示了試圖超越「近世佛教＝墮落論」的研究理路。身為《近世佛教》同好研究者的竹田聽洲、千葉乘隆、藤井學等人促使實證研究更為深入，奠定日後的近世佛教研究史。第二期是西元一九七〇年代的黑田俊雄所提出顯密體制論。黑田的主張促使中世佛教研究大為轉變，至今成為史學史上的事實，其影響力更波及近世佛教的研究。黑田提出的主張認為，發揮中世佛教核心功能的並非鎌倉新佛教的祖師或宗派，而是顯密佛教的僧侶或寺社勢力。所謂的近世僧侶與祖師相較之下顯得墮落的說法，是無法妄下斷言。為能繼承黑田之說，實有必要追索及探求近世的顯密佛教與異端派是如何重新組成，但此非易事。毋寧說是黑田提出主張後，漸能理解佛教史上的中世與近世的鴻溝是如此之深。第三期是西元一九八〇年代後期的高埜利彥所造成的影響。高埜舉出本山派的修驗道及陰陽師，率先闡明本所（編案：位居莊園領主或領家之上，在名目上的權利所有者）、本山的編組過程，試圖掌握近世國家中宗教集團的結構及所發揮的功能。

若將前述內容予以整理，可發現透過《近世佛教》同好團體的研究，在宗教與權力分離此點上，則是將焦點置於充滿蓬勃發展的民眾佛教信仰所呈現的多元化型態。自高埜利彥之後，在近世國家論的架構中，權力與宗教的關係再度遭到質疑。其次，筆者想針對本書的章節構成略做說明。

第一章〈天主教與佛教〉、第二章〈近世國家與佛教〉，兩章皆是深入探索近世國家的成立基礎。前者是闡明以反天主教為媒介的三教一致主義，後者則是闡明具有佛國、神國意識，描繪出有別於中世的近世國家與宗教是如何揭開序幕。

第三章〈佛教與江戶諸思想〉、第四章〈教學進展與佛教改革運動〉，是從思想史的立場來嘗試評價近世佛教的思想。前者是探索各種思想與佛教的交涉過程，試圖探究近世佛教所主張的平等思想是否可能實現。後者是以學僧教學活動的多元化及其教學空間為對象，描繪另一種近世佛教的生動世界。有關試圖發現佛教思想或教學所具備的可能性上，堪稱是從思想史的立場來繼承《近世佛教》的問題意識。

第五章〈幕府寺社奉行與勸募宗教者〉是採取高埜利彥之後的研究成果，舉出從事勸募的宗教人士之例。第六章〈「葬式佛教」的形成〉，不僅參照研究史的多元論點，並提示民俗學的主要課題，應可理解為是由近世佛教滲透於民間習俗。

特論Ⅰ〈透過佛像所見的古代日本佛教〉是解讀表現佛像的世界觀。特論Ⅱ〈佛教建築的變遷〉是追尋及探索古代、中世、近世與佛教建築的變遷過程，並舉出鎌倉新佛教的本堂建築普及化，而此成為在近世特別值得一提的課題。

辻善之助強調近世佛教的形式性是一種墮落表現，亦是為了說明在明治初年發生的神佛分離令，以及繼而引發廢佛毀釋的理由。就此形成了僧侶因行為墮落，導致頒布神佛分離令的歷史解讀方式。如此皆肯定明治政府的施政方針與佛教的固有價值，甚至將復興佛教的期待亦託付其中。若是「近世佛教＝墮落論」是對於近代佛教人士深感痛切的歷史理解而耿耿於懷的近代產物，近世佛教研究則體現了若排除近代佛教則將無法探討此項課題。

林淳
（編輯協力）

目錄

【第二章】近世國家與佛教　曾根原理

【第三章】佛教與江戶諸思想　前田勉

【第四章】教學進展與佛教改革運動　西村玲

【特論一】

透過佛像所見的古代日本佛教

長岡龍作

體例說明

一、本書（日文版）原則上使用現代假名。

二、（日文版）漢字標示原則上使用常用漢字。此外，依作者個人學術考量，經判斷認為需要之處，則遵照其表現方式。

三、主要人物在各章初次出現時，以括弧標明其生卒年。例：鈴木正三（一五七九—一六五五）。

四、書中年號採用日本傳統曆法的和曆，括弧內以西元年份表示。

五、書中的典籍名或經典名以《》表示，經典之品名以〈〉表示。例：《法華經》〈觀世音菩薩普門品〉。

六、書中引文除了主要以「」表示之外，長文引用則與正文間隔一行、整段低二格的方式表示。

此外，為能讓引用或參考論述更為明確，則在句末的（）內詳細記載研究者姓名與論述發表年份，並與卷末參考文獻互為對照。例：（林淳，二〇〇五）。

七、原則上，日文典籍引文若以漢文書寫，則採漢文原文，漢籍引文亦採漢文原典。

八、譯文若有補充說明時以「編案」表示。

九、為能讓讀者更深入了解內容，將列出卷末各章及各專欄使用的「參考文獻」，以及在各專欄結尾處，另行列出與探討主題相關的「文獻介紹」。

第一章

天主教與佛教

黑住真

東京大學大學院教授

第一節　做為對象的事物

一、口語的切支丹與信仰史

所謂切支丹，是在日本的戰國時代末期，由葡萄牙語「christão」的口語發音而開始使用的詞彙，意指天主教的信仰者或傳道者，或專指天主教。天主教自十六世紀後期傳入日本後，首先是由傳教士及信徒等相關人士使用，進而採用貴理志端、貴理師端、吉利支丹等漢字。但歷經十七世紀之後，在禁止信仰天主教的制度開始廣泛實施，甚至採用鬼利至端、貴理死貪等漢字來表示。這些用語當然具有反對天主教之意，使用者亦非天主教徒。至於佛教，畢竟是與這種對天主教用語的認知變遷有所關聯。

至十七世紀末的幕府將軍德川綱吉執政時期，在公務場合中排除「吉利」、「貴理」的用語，而是記為「切支丹」。此用語被繼續沿用，在明治維新之後的禁令中，亦使用「切支丹邪宗門」、「切支丹宗門」等字。「宗門」在昔日屬於重要事項，與宗門改亦有關聯，至少是從近世前期開始出現此用法，表示被選擇的門徒。天主教屬於某宗門，但其所屬的正、邪立場則是問題所在。至近代鮮少使用宗門一詞，切支丹卻成為常用語，吉利支丹則有時被使用。至二十世紀後期，多以片假名來表示天主教一詞，這恐怕是片假名比漢字更接近原本的口語用詞。

本章在針對天主教或直接相關的用語之時，主要是使用片假名，並應其所需而採用漢字、或甚至是拉丁文字等字母。但令人意外的是，在戰國時代末期、近世初期的天主教文獻中，原本的天主教及其教義中其實甚少採用片假名文字。原本與天主教相關的用語，首先是羅馬字、其次是以平假名、甚至是漢字或特別的合字符號（編案：以數個不同性質的字彙連寫成一字），如 Ds 等占居多數。若有人傳述教法或述說「某事」之際，其順序應是先以口語做為連結，進而「書寫與記錄」。這首先顯示了天主教所採取的行動，並非以近代書寫的《聖經》為中心，反倒是藉由口頭描述來做為一種讓身心感到熟悉的具體方式。

另一方面，佛教文本又是如何表現？誠然，亦有廣泛使用口語的層面，此點是毋庸置疑。但在十七世紀結束後不久，佛教比天主教更早出現文語，此點與近世的出版事業亦有關聯。如此顯示在佛教中有關天主教的用語，在做為記錄及表現型態上已彰顯其特色。

總而言之，這些內容對現代最重要的莫過於其所書寫的語言及文本，更孕育了間接性與抽象性，故需從兩者差異中逐步解釋。因此本章首先想依易於理解而普遍採用之漢字及片假名的「文語」，來從中探索「實際蘊涵的真實意味」，亦即人們所懷有的具體思想或信仰內涵的歷史。在此狀態中，可孕育出各種脈絡——狀況與歷史。

如今，筆者可毅然將要探索的內容取名為信仰史。原因就在於無論是天主教、佛教、神道，其思想根源皆與信仰有關，故有必要掌握全局。然而，本章最終欲探討的課題，是在特定文本中顯現的信仰史，以及與信仰有關的思想形成史，但在此階段終究未能充分掌握。然而，無論是天主教或佛教，皆有藉由信徒及信仰所蘊涵的事物本身，透過影響作用而有進一步的發展，故而筆者的研究儘可能與這些內容相關。（編案：伽達默爾提出詮釋學的核心概念「影響作用史」：在詮釋過去文本之際，當歷史或傳統對現在發生作用的同時，現在的問題意識亦對過去發生作用。影響作用史是指為求理解此狀況的範型作品與詮釋者之間相互作用所形成的作用史。）

筆者想讓事情更為具體化。針對切支丹方面，前文已述及天主教及其教徒、信徒、傳道者、宗門，並說明是在戰國時代末期傳入日本。然而，尚有其發展狀態與歷史流脈的課題。首先，應針對天主教流脈及其普及狀態有某種程度的掌握。

二、宗門的發展狀態與歷史

第一，如今是稱之為「宗門」，但在日本原有稱為「宗」的宗教架構型態史。正因如此，天主教究竟是屬於何種宗門，則是問題所在。自奈良、平安、鎌倉時代以來，有「六宗」、「八宗」等情況，凝然大德（一二四〇—一三二一），在其《八宗綱要》等著作中曾有提示。如同後文所述有關「宗」的方面，織田信長曾促使不同宗派舉行「宗論」，或豐臣秀吉將天主教等教派究竟是定位為「八宗」或「九宗」的課題，則被視為問題所在（〈覺〉）。其中更明確使用了「宗門」一詞。本篇並未詳細探討「宗門」究竟應在何時或如何使用。然而，至少在戰國時代末期，已明顯發生天主教的問題，研究者指出此點與近世大規模推動「宗門改」有關，並衍生出此制度擴大規模執行（大橋幸泰，《キリシタン民衆史の研究》，參照第二至第四章，二〇〇一年十二月）。本章在某種程度上，是從最初開始逐漸探尋宗門的基本型態。

第二，若針對天主教或其信仰來說，首先，在當時天主教發展「之前」，未必就能斷言天主教或類似的信仰從未傳入日本。有關戰國時代末期「之前」，若能追溯其源，例如屬於天主教支派並轉向東方發展的「景教」（聶斯脫里派）等，據傳是以唐朝為發展重心，同時亦傳入日本（佐伯好郎等人的研究）。此外，亦指出佛教與天主教的共通點或類似性（海老澤有道、魚木忠一、增田早苗、谷隆一郎等）。在室町、戰國時期，尤其可能出現雖與天主教相近、卻被視為其他宗教信仰的情況（和辻哲郎、海老澤有道）。這些與其說是天主教史，毋寧說是所謂的不單是正統論，而是亦能孕育類似論的天主教史。即使如此，這些信仰仍與天主教有關，無法忽視其存在。

此外，在天主教發展「之後」，亦即在十七世紀後期的德川時期進而下令禁教以後，天主教依舊長存於日本。在此，天主教具有其傳承與變遷的歷史。至於在制度上，不僅是「宗門」，亦是「類族」。根據《御觸書寬保集成》宗旨之部、《憲教類典》、《御當家令條》所記載，「類族」一詞約於貞享四年（一六八七）開始使用。切支丹被視為某種族制下的用語，應是配合法令形成而使用的語彙。相對於此，不認同自身為「宗門」的天主教徒則繼續「潛伏」於世間。天主教徒的存在及延續，在幕末史中明確浮現於檯面。在此同時，已無法再稱之為天主教徒，而是將他們視為「隱匿天主教徒」（宮崎賢太郎）。縱然無法充分掌握其脈絡，在此仍針對應探討的部分略做介紹。

第三，有關反天主教、批判天主教、非天主教的立場方面，畢竟保留了超越該時期與發展狀況的傳承史或變遷史。這段歷史彷彿不曾存在，卻絕不會消失。前文略提及的「宗門」流脈，在近世亦是天主教「禁制」史。負責宗門事宜與持續記錄非天主教信徒戶籍的職務，主要是由透過寺請制度來處理檀家之事的佛寺或僧侶來執行。然而，進而出現透過神道或神道祭祀來營運，此後稱之為「神道宗門」的情況。此外，亦有儒者介入此問題，例如林家（以林羅山為家祖的朱子學者家系）提出的批判，正是以被當成天主教徒的儒者為目標。林羅山（一五八三—一六五七）針對慶安事件的首謀由井正雪，甚至是陽明學者熊澤蕃山而提出「耶蘇變法」的論述（《草賊前記》，一六五一；《草賊後記》，一六五二）。若能掌握如此情況，則在批判天主教方面，姑且不論佛教發揮何種重要作用，神、儒、佛的融合型態已然存在，而其內涵畢竟還是問題所在。

不僅如此，至十八世紀形成一項問題，亦即成為信仰對象，且與眾人的生活基礎產生某種關聯的天主教究竟是否真正存在？甚至產生了「無人知其教義所云為何」的問題（荻生徂來，《政壇》）。然而，令人不解其義的天主教不可能就此消失。至幕末時期，天主教成為問題所在，不僅是佛教徒，甚至連以水戶學為首而具有神道傾向的儒者，亦成為反天主教的強大勢力。至明治維新之後，反天主教的行動趨勢依舊持續，堪稱是影響「帝國」的形成及延續。這種時代變遷，至少可將之視為一種方向性來予以掌握。

誠然，這項問題終究無法充分繼續追尋探索。目前本章欲探討的，是「與信仰有關的基本思想型態史（信仰「思想」史）」。其中，包含天主教徒或反天主教者所具備的論理或認知及生活型態，以及與信仰相關的發展樣貌，應該存在於歷史中。

第四，如今輕易就稱之為反天主教或非天主教徒，然而，究竟是何種人士或事件，造成批判或排除天主教（「排耶」），甚至在制度上禁止（「禁制」）其信仰？如前所述，當時已是神、儒、佛的融合型態，卻不將此問題單純視為政經課題，而是與教義本質有關，就此形成了明確的對峙立場來表現及展開論述。首先，這些思想家絕大多數仍是以僧侶為主。本章主要是探索此課題，並將之做為本章標題中的「佛教」來探討。雖說如此，這項課題並無法就此稱為佛教，而是指在與天主教邂逅的時代或狀況下所發展的某種佛教。筆者在此針對自戰國時代末期以來的某些僧侶或佛教徒略做介紹。但在另一方面，更針對不干齋巴鼻庵（一五六五—一六二一）提出問題。如同眾所周知般，巴鼻庵曾於幼少時為僧，不久成為天主教徒，人生就此幡然轉變。不干齋究竟具有何種論理思想及信仰，則是問題所在。

此外，鈴木正三（一五七九—一六五五）、雪窓宗崔（一五八九—一六四九）是在近世前期的歷史中發揮深遠影響力的人物。他們並非僅是依循世間習俗來經營檀家事宜的僧侶，而是以獨到的思想及信仰內涵採取行動。若更廣義而言，兩者堪稱是禪門中人的說法更為恰當。況且鈴木正三亦是身為假名草子（編案：以假名文字撰寫的通俗讀物）的口傳者。此外，淺井了意（一六一二—九一）可說是繼承正三思想而成為排耶論者，雖身為淨土真宗僧侶，卻是假名草子或怪譚故事的創始者，在所謂的文學領域中顯然受到天主教所影響，朝向某種宗教式的故事發展。前文略提到有關破斥鬼利、至端的論點，亦是在其故事中逐漸表現。

筆者想盡量針對這些佛教人士或僧侶，來就前述與信仰有關之思想型態史進行探討。然而，有關佛教的資料，在被視為問題所在的思想史前期（自戰國時代末期至江戶時代初期），雖有經由法律化的重要文獻遺留至今，但與天主教的史料相較之下依舊稀少。至江戶時代後期（十七世紀後半），則遺留相當多已歷經作品化的資料。故在本章中，尤其在前半部分多採用天主教資料，後半則多採用佛教資料。

此外，有關文本方面，筆者則順應時代運用當時以拉丁語、葡萄牙語、西班牙語為主，已翻譯成和語、國語（日本語）的資料做為基本或背景題材。此外，有關語言的問題不僅發生在日本，在中國或朝鮮亦是如此，故在掌握或進行比較上亦十分重要。然而，姑且有時針對此項課題略做探討，但畢竟不會做為本章的直接課題。筆者希望能超越此情況，在今後的論文中有所發展。因此，以現今的和語（日本語）為主，對於其他文獻則僅針對最近的研究而已，並試圖以前述的基本型態史做為探討課題。

三、天主教徒——受難、救濟與方濟．沙勿略等人的活動

當時進入及傳入日本的切支丹、天主教原本究竟為何？首先簡單做一探討。天主教是信仰活動，切支丹（荷蘭語 christo、英語 christ）則是指救世主、救濟者，甚至是受難者。天主教的天主，亦指具有人身的耶穌。而其人（耶穌）在日文中是以漢語的「耶蘇」來表現。若從宗教組織的立場來看，是與具有救濟或受難之意的耶穌．基督所發揮的作用有關，以及成為基督之聖體（教會）。人們為此立誓成為修行的修道士（Irmão），進而授予品級並成為傳道、宣教的神父或司祭（伴天連，padre）。所謂的天主教徒，原本是指仿效基督、身為進入基督聖體之信徒的門徒及傳教者，或其從事的活動。所謂的排耶、

反／非天主教，是針對天主教組織而採取的否定或排除運動。此外，如同天主教所從事的運動，是將「己所欲，施於人」（《新約》〈馬太福音〉七：十二）視為黃金定律般，與東洋的被動思維方式「其恕乎！己所不欲，勿施於人」（《論語》〈衛靈公〉二十四）相較之下，顯得更具有主動性。

然而，如今的用語「切支丹」並非指天主教本體，而是指方濟・沙勿略（Francisco Xavier，一五〇六—五二）於西元一五四九年在鹿兒島登陸後，以其為先鋒在日本從事天主教傳教活動的流脈。沙勿略是以立誓修道、傳教而舉行重大活動的耶穌會（Societas Iesu）創始人之一，依納爵・羅耀拉（Ignacio López de Loyola，一四九一—一五五六）則是該會首任總長。此後，沙勿略與耶穌會成為在日本推行天主教活動的重大推手。「Societas Iesu」的日譯為「耶蘇會」，相關人士則記載為「耶蘇〔會〕者」、「耶蘇會士」，甚至是「排耶蘇」。這些

天主教傳入日本後，長崎是較早接觸天主教的地區之一。圖為長崎大浦天主堂聖母像。（吳宜菁攝）

「耶蘇」、「排耶」用語，在當時未必是採取天主教或反天主教之意而廣泛使用。雖說如此，本章因應所需，在某種程度上將這些用語視為天主教的一般用語。

第二節 〈山口宗論〉事件發生前後

一、赴日前的天主教徒

那麼，天主教徒與佛教又是如何邂逅的？首先，本節將探討方濟・沙勿略的傳教活動，進而探討繼承其志的島來斯神父、斐迪南修士與佛僧及信徒之間的交流與對話（「宗論」），進而探討其傳承方式。令人意外的是，其中保留了當時天主教徒與佛教之間最根本的宗論史。

方濟・沙勿略於西元一五四九年八月十五日（和曆天文十八年七月二十二日）來到日本。赴日前，首先於西元一五四二年在印度果阿製作《公教要理》，是兼具祈禱功能的短篇教材，並做為傳教之用（沙勿略書簡十四，以下簡稱為「書簡」）。也於西元一五四六年在德那第宣講「使徒信條（Credo）」（書簡五十八），兩年後在果阿記錄「祈禱方法與救贖靈魂的方法」（善良信徒悉皆寄託於神，為能達成自我的靈魂救濟，每日應有進行祈禱的順序及規則）（書簡六十六）。這些記錄於西元一五四九年，首先由島來斯與斐迪南一同前往天主教信徒彌次郎（受洗名為保羅）的故鄉鹿兒島，並透過彌次郎等人的協助進行翻譯，其內容成為在鹿兒島、山口傳教的教理及信條（Dogma）。更經由傳述後，在日本印刷成「教理書」，成為表現天主教信仰之本體。在此過程中，當然有語言上的修訂及變化，儘管如此，依然是與信仰有關的教理及規則的根本傳承。就此意味而言，方濟・沙勿略所表達或參與處理的文本，成為「傳教活動之根幹」（平凡社，河野純德，註七十八），顯得極為重要。

在日本印刷天主教的教理書之前，首先是以口頭傳述教理（要理），當然已由神、其獨子耶穌・基督、由聖靈授予瑪利亞所誕生的聖嬰、基督歷經受難之死與重生，皆集結於十字架之中。如今雖未解其詳，但在對於「創造主」、「全能」之神的禮讚，而將自身創造成與神「相似」的形象。但「相信」因有大「罪」，並藉由基督受難而獲得救贖。相對之下，則忌諱或嫌惡將野獸或惡魔等「偶像」崇拜為神。於是有「告解」，進而提示天國（神國）之存在（書簡十四）。

方濟・沙勿略採用這些教理或譯成日語，並於西元一五四九年，與曹洞宗忍室（？—一五五六）等人在鹿兒島進行交流（書簡九十，〈一五四九年十一月五日寄於鹿兒島〉，十二—十九；書簡九十六，〈寄於科欽〉，一、十三前半）。更於西元一五五〇年十一至十二月、一五五一年四至九月，在山口與佛教人士進行「宗論」（討論）（一五五二年，書簡九十六，〈寄於科欽〉，二—十二、十三—三十四）。然而，方濟・沙勿略於西元一五五一年九月中旬離開山口，此後與在山口的島來斯神父、斐迪南修士進行議論。其議論內容雖非出自方濟．沙勿略，卻是由兩者負責報告及記錄。後世稱之為〈山口宗論〉，記載內容極為重要（《日本関係海外史料　イエズス会日本書翰集　訳文篇之一》下，以下簡稱「史料書翰」）。

首先，當時的方濟．沙勿略等人起初並無意於只是與對方「諍鬥」而已。此外，絕不認為對方是截然不同，在思想信仰上原本毫無關聯的看法。此點是必須事先意識到的課題。

二、在鹿兒島發展的佛教與日本人

方濟．沙勿略抵達鹿兒島後，在最初記錄的書簡（書簡九十至九十四，〈一五四九年十一月五日寄於鹿兒島〉）的結尾中，對四名出國的日本人有如下結語：「為了表示對天主之愛，懇求將您們的恩惠賜予前往該地的僧侶」（書簡九十四．九），顯然發現僧侶具有重要的可能性。方濟．沙勿略於兩年後離日，將曾在山口所目睹的日本人之行為舉止，以及與僧侶討論的內容彙整後，針對昔日在山口的情況做如下總結：

我認為或許〔昔日的〕日本在某個時代曾傳達神或天主教的知識，為了調查此事而極盡劬勞，即使藉由文書或傳承，仍無法獲得與神相關的知識確證。我們在滯留一年的鹿兒島，目睹領主及其親戚所使用的紋章上有白色十字架，這並非是基於認同主耶穌才會如此。（書簡九十六・三十五，約於西元一五五一年十二月二十四日）

方濟・沙勿略認為過去日本或許曾有神或天主教的傳承，但經由詳細考量及查證後發現並非如此。他原本並不認同除了自己等人之外、或在此之前，日本完全沒有天主教信仰。然而，畢竟日本並沒有神與天主教傳入，正因如此，才有傳教之必要。沙勿略甚至記錄「傳教計畫」（書簡九十六・四十一之後）。

那麼，應該成為傳教對象的日本人，又具有何種形象？方濟・沙勿略在鹿兒島針對許多「日本人」或「眾人」，認為他們「平易近人、普遍良善、不懷惡意。榮譽感極強，已到令人震驚的地步。……大多數的人民一貧如洗。但無論是武士或其他身分者，皆不以赤貧為恥」（書簡九十・十二）。換言之，認為日本人是具有某種不含惡意的天然良善，不分貧富皆深具榮譽心。然而，沙勿略針對這些日本人有更多描述如下。內容顯得略長，但因與後續內容有關，故而引用之。

他們欣喜不已地詢問神之事。尤其在心神領會時，會感到喜不自勝。……他們不瞙拜獸像，而是以信仰遠古賢士居多。就我所能理解的，是一些過著猶如哲學家般生活的人物（釋迦或阿彌陀）。他們多崇拜太陽（日本自古以來的神道），農耕者則敬拜月亮（須佐之男命）。

他們喜歡詢問合乎道理之事。其中某些人懷有惡習或犯下罪過，若能舉出理由來指出其惡，則認為是應行合理之事。（書簡九十・十五）

「他們」或「眾人」並非「膜拜獸像」，而是「以人為信仰對象」，是屬於「佛教或神道」的崇拜方式。然而，沙勿略卻認為他們是對「詢問神之事」、「詢問合乎道理之事」所表現出「喜悅」的態度。沙勿略雖將他們的行為在某種程度上評價為已是超越偶像信仰，卻仍僅止於對古人或哲學家、自然崇拜而已，是處於尚未真正信仰的狀態。沙勿略認為只要向這些日本人提示他們所喜歡詢問並能理解的課題，亦即有關善惡的「理由」或「道理」即可。

相對於此，沙勿略又是如何看待僧侶或尼僧？尤其是認為僧人雖具有「惡」、「罪」，當時人們仍對其惡習纏身而感到習以為常（書簡九十・十六—十八）。然而，仍有理智兼具的僧侶並未同流合汙。換言之，沙勿略對於忍室（曹洞宗僧，福昌寺第十五任住持，西元一五四五年出任該寺座主）有如下描述：

> 我與在僧侶之中最為學識淵博者屢次交談。尤其在當地眾所欽敬的人物，其才學淵博，生活態度儼然，身居高位。此人以八旬高齡而備受崇仰，其名為忍室。此「名」之意為「真理之心」，於眾僧中高居司教（東堂）之位。且忍室若能與（真理之心）其名相符，則為有福的人。我們在各種交談之中，就靈魂不滅，或魂隨身滅表述己見，我知忍室心存疑惑，不能妄下斷論。忍室在某些情況下聲稱靈魂不滅，在別的場合卻又否定其說。我擔心其他碩學該不會亦是如此。（書簡九十·十九）

方濟·沙勿略表示「忍室與我交情篤厚，令人驚訝不已」（書簡九十·十九）。忍室對於靈魂是否不滅，僅止於尚未確定的懷疑。原本從忍室的立場來看，既然身為禪僧，更想表示靈魂的滅與不滅是無法以各種方式妄下定論。如此表現方式，在巴鼻庵的著作《妙貞問答》之中批判佛道是將心視為「虛空佛性為無物」，如此說法亦與將空、無之論視為空虛而予以否定的思想有關。當然，沙勿略並未深入探求其理。但他本身若具有「真理之心」，則認為靈魂應是永恆不滅。不僅如此，反之亦觀察到在沒有真理之心狀態下的惡魔、尤其是撒旦，亦在日本人之間發揮作用。「（惡魔）從（天國）被驅離後，盡可能向更多人展開復仇，日本人亦深受其苦」（書簡九十·五十二）。沙勿略將「我們內心祈願被撒旦俘虜的靈魂獲得自由」（同）向神表達。或許源於這項問題意識，他在離日後記述了在鹿兒島的非屬領主管轄區內，當地信徒所認同的天主教及獲得救濟的事跡，其記載如下：

〔在鹿兒島〕度過一年，了解領主並不樂見宣揚神教，我們改赴他方。信徒們對我們關愛有加。對於我們教導靈魂獲得救贖的方法所付出的勞苦，由衷表達謝忱。故在送別之際，眾人紛紛潸然落淚。（書簡九十六．十四）

三、「宗論」及其後續發展

那麼，方濟．沙勿略轉赴山口的活動，亦即宗論又是如何展開？他以赴京（京都）為目標，西元一五五〇年夏季自鹿兒島前往平戶，十一月在山口宣講教理，又於十二月出發後於翌年抵京，盼能拜謁天皇及計畫訪問延曆寺的學問所，卻因戰亂紛仍難以遂願。最終在西元一五五一年四月末返回山口並移居該地，在兩個月內為五百名當地人受洗，同年九月中旬離開山口。此後，經九州豐後、馬來西亞麻六甲等地，於西元一五五二年一月抵達印度科欽，在寄給歐洲耶穌會會員的書信中述及在日情況（書簡九十六）。此外，寄函於依納爵．羅耀拉（書簡九十七）。西元一五五二年寄自科欽的兩封書簡，其內容是方濟．

沙勿略曾於離日前，在山口彙整在日期間的思想認知（是以不包含公家、神道的形式），堪稱是未來發展的指針。然而，其前提在於方濟・沙勿略在離日不久後，亦即自西元一五五一年九月末至十月中旬，由島來斯神父與斐迪南修士所進行的天主教徒與佛僧之間的「宗論」（收於前述的史料書翰）。這封書信的收信者是耶穌會會員與方濟・沙勿略。沙勿略必然是以此做為參考前提，再加上個人體驗，此後於西元一五五二年一月，將耶穌會天主教徒對佛教的認知及自身活動做成計畫並寄出信函（書簡九十六、九十七）。

「宗論」的記錄當然是出自天主教的立場。此外，並非後世所撰文獻，若求取當時的史料，具體是指記錄在西元一五五一年九月二十九日及十月二十日，由島來斯神父與斐迪南修士寄自於山口，對象則是在九州豐後及印度傳教的耶穌會士沙勿略的信簡中（引用之際，例如參照史料書翰第四十一號等附有頁數）。所謂「宗論」，是在書簡中稱為「我們」的島來斯和斐迪南，與稱為「他們」的人士及僧侶、在家居士之間，針對教法所提出質疑及答覆的部分對話記錄。

首先，令人深感興趣的是在宗論內文中，並未記載島來斯與斐迪南的實際名字，僅以「我們」稱呼。此外，稱為「他們」的僧侶在實際上並非稱之為僧，而是稱為「坊主」。不僅如此，此後屢次記載「神父」（此後以漢語化記錄為「伴天連」）。換言之，對島來斯等人而言，或許與對方發生論戰，心生嫌惡、甚至有意排除，但首先認為彼此並非無關，而是視為同類的伴天連。換言之，對方具有自、他親疏關係的特性，但問題在於是否果真如此，以及屬於何種層次。

有關此方面的記錄，「法蘭西斯（沙勿略）神父抵達這個市鎮後，至今已近五個月。伴天連（僧侶）或俗眾們每日登門拜訪，無有寧日，從早至晚詢問神究竟為何、又在何處、為何沒有形象、靈魂為何有始無終，以及提出其他種種異常難解之問題」（四十一，十九頁）。相關紀錄各式各樣，勉強而言，最終成為問題的是「神」（Deos）與「靈魂」（alma），以及相關的認知及歷史。而其內容又是如何？

「宗論」所掌握的內容（四十三，二十七—三十七頁；四十三A，四十—六十二頁），首先是「靈魂」超越四大，透過神賦予的言語及意志而被創造（四十三，二十八頁；四十三A，四十五—四十六頁）。「神」是超越「物」、「四大」的「無始無終」、「地位更高於創造物」、「居萬物之上」（四十三，二十九頁；四十三A，四十八頁）。簡言之，就是述說「道理」，亦即神與靈魂的不滅論、永遠論，人魂具有自由意志，不僅接近神聖場所，亦能接近惡而墮入地獄（四十三，三十二頁；四十三A，四十三頁）。

對於「我們」的上述發言及答覆，書信中隨處可見「他們」的回答是「原來如此」、「當然」、「誠然」、「有道理」（四十三，二十八、二十九、三二七頁；四十三A，

四十二、四十三、四十六、四十七、六十一頁）。雖說如此，未能解決問題的答覆亦不少。其根本問題在於不斷詢問「善人」回歸的「神界」為何，以及與前者相對的「惡人」及「惡魔」、「地獄」又為何，究竟是「何種人」與其相關。有關此部分的問題，最終不僅是地獄、天國論，墮地獄者絲毫無法獲得救贖，未能與神充分維持聯繫的亡者究竟又會如何？後半部分亦屬於佛教思想中的惡人往生問題，此問題一般堪稱是「對未信仰天主教者的救贖」。

斐迪南答覆：神的教法是超越場所、歷史，是原本賦予人的睿智。換言之，「神的教法從創世至今，傳入世界各地一切眾人所擁有的睿智之中。即使人類被養育在無人叢林中，依然能知善惡，亦知己所不欲，勿施於人，否則將有罪過」（四十三，三十五頁）。「以神的慈悲為仲介，遵循自然教法生活之時，他們應會獲得可被救贖的恩寵。受罰者皆依罪而定（四十三，三十七頁）。如此答覆堪稱是超越時空且無不遍在的「神之慈悲」、「人之睿智」，是理神論、自然神學的表現。然而，是否就此能解決問題？畢竟終究發展為信仰問題。

故其結局又是如何？島來斯神父在寄給沙勿略的最後一封書簡中，有如下敘述：

他們〔當地的伴天連＝僧侶〕之間摻混著剃髮貴人。若非我們的天主特別恩賜，將無法駁倒其說。原因在於他們是深入冥想者，在他們提出的疑問中，若沒有信仰聖托馬斯或斯科特，將無從答覆，亦無法使其理解。為此我們充分理解所說的教理，並非出於自身所言。（四十二，二十二頁）

島來斯表示對於真正深入冥想的禪僧，唯有透過信仰，亦即藉由神啟及神語才有可能應答。有關此問題，或許沙勿略本人亦能切身感受。沙勿略首先在書簡九十六（致歐洲耶穌會會員）中，針對「日本人」表示「許多人聽聞基督的生涯，皆感欣悅，聽至受難之時，潸然落淚」、「（日本人）極好聆聽耶穌受難的深奧蘊意，有些人聞言落淚」（書簡九十六・十四、四十五）。然而，進而針對「信徒」卻有如下記述：

日本信徒有一件感到悲哀之事。當我們表示墮入地獄的人無法獲得救贖之時，他們哀慟至極。為了表達對於已逝父母、妻、子，或對他人的關愛，可感受到他們對先人所懷的虔敬之心中流露著深切悲哀。許多人為逝者流淚，向我詢問是否能以布施或祈禱的方式使其獲得救贖。我回答並沒有任何方法可救助這些人。……當他們得知先祖無法獲救，就悲泣不已。我目睹這些為此流淚的親愛友人們，悲痛之情油然而生。（書簡九十六・四十八──四十九）

方濟・沙勿略在離日後，亦將有關亡者救濟的問題，在致羅耀拉的信簡中略為提及，表示「日本人對煉獄一無所知」（書簡九十七・九）。

正因如此，此後沙勿略應曾向信徒更深入談及其親友逝者所墮入的煉獄課題。實際上，約於十年後的永祿四年（一五六一）發生一件「諸多天主教徒皆知之事」，亦即一名無法在十字架墓地下葬的婦女在重新受到祭祀後，竟然使一名原本罹病的年輕人獲得康復（路易士・佛洛伊斯，《日本史》第一部第三十章）。此事件顯示佛教對煉獄的救濟，就佛教而言，這堪稱是舉行追薦供養。

儘管如此，如前文所見般，沙勿略描述「信徒的哀慟」（致耶穌會會員，書簡九十六・四十八—四十九），進而在陳述「煉獄」後，隨即在致羅耀拉神父的書簡中有如下敘述：

> 為了答覆其問，必須有學識淵博的〔神父〕，尤其善於哲學，擅長辯證法的人士，〔透過討論〕必須有能立即掌握其說法明顯有所矛盾之人。若被僧侶指出矛盾而窮於回答，則深以為恥。（書簡九十七・十）

實際上，在方濟・沙勿略之後，更為普遍說明的是「學識」、「道理」。毋寧說是更凸顯「道理」，並強調與其相關的人魂（alma），更深入表現靈魂救濟。換言之，此即之後從天主教徒的立場明顯表現的「宗論」，誠然，與其表示⑴信仰本體的內容，毋寧說是提示⑵屬於理神論、自然神學式的課題，而非啟示神學式的內容。

雖說如此，反之與信仰更密切相關的事物，理所當然會由此發生，此點亦十分重要。有關於此，例如前文已略提及，但不會在檯面上說明的「煉獄」。不僅如此，天主教徒所說的「神」究竟為何？首先，在沙勿略的書簡中提及「僧侶在說法時，人潮大量聚集，對我們的天主口出極惡之言」，甚至有如下記述：

他們（僧侶）在說法時恣意解釋神的名稱，將「神」（Deus，デウス）說是「ダイウソ」（daiuso，兩者日語發音相近）。「ダイウソ」在日語中是大謊言之意，表示要提防我們的神。（書簡九十六・三十三）

方濟・沙勿略是以拉丁語發音，將神稱為「Deus」，故遭僧侶妄自曲解。有關此點，雖未在致沙勿略的書簡或探討宗論的島來斯等信函中記載，但在此後的書簡中，記錄探論「Deus」究竟是否為「大日」、亦即「デニチ（denichi）」或「ダニチ（daniche）」（西元一五六〇年所寄的信函，收於岸野久〈仏キ論争〉史料文獻）。這恐怕是完全踏襲上述用語在內容上的差異。路易士・佛洛伊斯（Luís Fróis）在著作《日本史》（約收於西元一五九三年原本）之中，針對〈山口宗論〉有如下描述：

他們〔真言宗的僧侶〕所言的「大日」（ダイニチ），與我們〔歐洲〕哲學家的第一元素（materia prima）相同。然而，僧侶將大日稱為至尊無上、廣大無限之神，陷入許多謬誤或矛盾中。……〔他們〕聽聞我們所言，認同神的屬性與他們的大日極為類似，對於沙勿略神父，在語彙上雖因語言或習慣而有所差異，伴天連認知的教義卻與己方一致，是同樣內容。……這是由於他們的宗派，更可向這些異邦人大為宣揚，並認為如此就能獲得信徒或國主所給予的利益。（第一部第五章）

據路易士・佛洛伊斯所述，沙勿略「重新深思熟慮」後，詢問僧侶「是否能相信或願意傳述以下之事，亦即三位一體的深奧蘊意與神之位格的關係，以及具有至聖三位一體的第二位格（聖子）擁有肉體、化為人身，為了救濟眾人而捨身於十字架的事蹟」（同前）。僧侶則表示「對此一無所知……還以為是寓言或夢譚，玄事……甚至有人一笑置之」（同前）。佛洛伊斯在《日本史》中述及神父（沙勿略）有以下描述：

神父觀察並了解到惡魔是如何假借美名，同時兼造許多穢業，開創這般令人詛咒的宗派。故而命令約翰・斐迪南修士〔亦是口譯者〕在街頭宣教，切勿膜拜大日，切勿將大日如來視為神，真言宗與其他宗派皆是虛偽教法，是惡魔設想的教說。自此以後，真言宗僧遇到神父等人，絲毫不准他們進入僧院。豈止如此，這些僧侶開始憎惡神，在當時，他們恨不得將他（神父）除之而後快，或仗著自己力量對他施加種種惡行。（第一部第五章）

此段說明了神異於大日，大日亦非神，僧侶則被惡魔附身。在此階段，甚至明確掌握了神、魔對立。反之，這不僅是針對未信仰者所採取的自然神學或理神論式的因應之道，而是顯示對信仰者有更深入的因應處理方式。當理神論被凸顯及強調的同時，更強化了煉獄救濟或天主教的修行。不知方濟・沙勿略自身是否如此思考，但佛洛伊斯所描述的神（Deus）與僧侶明確提示了這種思維方向。

第三節 從「綸旨」、「覺」、「定」到「邪法」

路易士・佛洛伊斯在《日本史》（一五九三年原本）中描述佛教與天主教的關係，恰如惡魔在與神爭奪地位。自從在山口舉行宗論之後，在京都亦有僧侶與洛倫佐、佛洛伊斯針對相關問題進行辯論。有關於此，筆者將略做說明。在此同時，天皇與神道、佛教方面開始出現反天主教的行動及表現。當時的情況又是如何？

一、天皇發布綸旨

反天主教運動亦出現在島原等地區，但對於日本而言，最重要的地點畢竟仍在京都近郊。京都的天主教徒於西元一五五九年（永祿二年）展開傳教活動，翌年發生法華宗要求驅逐伴天連的運動，西元一五六三年（永祿六年）天台宗僧亦請求驅逐伴天連。當然，並不僅止於佛教有此舉動。尤其是正親町天皇（一五五七—八六在位）曾發布綸旨（奉天皇口諭授意發布的命令文書），分別於西元一五六五年七月三十一日（永祿八年七月五日）針對「大うす（Deus）」，以及西元一五六九年五月十一日（永祿十二年四月二十五日）下令驅逐「ばてれん（padre，神父、傳教士）」。故將京都的伴天連驅離出境，教會則遭破壞。「大うす」原本為「Deus」的日語用詞，幾乎皆是對伴天連的通稱。（佛洛伊斯，《日本史》第一部八十八章，註七）。如此結果，首先導致身為核心人物的傳教士與排除伴天連的結構之間形成問題。

正親町天皇發布的反天主教綸旨，首先在西元一五六五年（永祿八年）的情況是，具有法華宗徒身分的公家竹內季治與松永久秀等人所策動的「驅逐伴天連」、「驅趕伴天連」（《言繼卿記》三之五一四頁、《御湯殿上日記》六之三六八頁）。佛洛伊斯的記錄是「主公們……決意接受來自治理一國之君（內裏）所發布的敕令，要求將伴天連等人視為散布敵視日本神佛之教法的宣傳者，並將他們驅離都城，沒收教會及家宅。敕令隨即落入前述的（竹內）兩兄弟之手中」（《日本史》第一部六十六章），由此可確認在反天主教的過程中，存在著神佛結合所發揮的作用力。

在西元一五六九年（永祿十二年）發布綸旨之前，曾發生在僧侶朝山日乘的策動下，與洛倫佐在織田信長面前進行宗論一事（《日本史》第一部八十七章，以下皆同，但在同一時期的佛洛伊斯書簡記錄中則更為誇張化），而此事件成為驅逐伴天連的前置階段。「信長（向佛洛伊斯、洛倫佐）詢問：『你們崇敬神佛嗎？』兩者回答：『不，神佛皆與我們同樣是人，蓄妻生子，有生有死，自身是無法獲得救贖而死亡的未解脫者，根本無法救濟眾人。』」（同）意指神佛沒有超越死亡，豈能救濟人類。或許這是蘊藏著對日本當時開始對祖先產生強烈崇拜的傾向所提出的批判。

當時有記錄如下：「宗論」是從洛倫佐詢問「日本的八宗、九宗之中，您皈依何宗？」而展開序幕。日乘則表示「貧僧未屬任何宗派」（同《日本史》）。洛倫佐描述神（Deus）原本是人類在本性及理性之下亦「無法以肉眼得見」之存在，如此才是「人類蘊宿的生命本源（alma，principio）」、「支配萬物的生命與睿智」，肉體則為其所支配。如此說法，亦即所謂的靈主體從。佛洛伊斯稱之為「理性靈魂」，反之則批判「日本宗教是基於『無』的原理」。日乘遂揚言：「既然你說人有靈魂，就現給我瞧瞧！」更為此拔刀相向，卻被信長按住制止。

日乘在「宗論」中負敗後，「入內裏伺詢君意，遂獲得敕令，不止於京都及堺，諸國亦紛紛驅逐伴天連，最終將之驅離海外」（同）。此為西元一五六九年五月十一日（永祿十二年四月二十五日）所發布的驅逐伴天連綸旨（《御湯殿上日記》六之五，十四頁；〈大日本史料〉十之二之一，六十五頁）。由此情況下，可指出正親町天皇曾參與其事，並從諸國、海外的文字表現中，可理解到在驅逐伴天連、排除天主教的行動中，明顯包含了天皇的中心地位獲得提昇、佛教超越宗派的勢力結合、反天主教運動擴展至日本全國的情況。換言之，「天皇對天主教的批判與發布綸旨所蘊涵的意味，不僅是只在京都市內具有影響力，而是以天皇為中心的反天主教思維方式具有廣泛的宣傳力，進而擴張至廣大

區域，滲透於民眾之間」（五野井隆史，《日本キリシタン史の研究》，二二八—二二九頁）。

二、門徒的「覺」與「定」

自天正十年（一五八二）六月發生「本能寺之變」及信長離世的事件後，豐臣秀吉在戰國時代末期以所謂「取得天下」的事態成為執政者，至於日本是如何將宗派予以組織化的問題，則在秀吉執政之時逐漸顯著化。起初秀吉對天主教徒的態度，是在建造大坂城之際，給予傳教士懇求的教會用地，並盛情接待來自長崎的教區監督長加斯帕爾・科埃略（Gaspar Coelho），說明自身將征服朝鮮及明朝（「入唐」），並述及「將會命令支那人皆信奉天主教」，此外，「（將來）會有半數或大部分的日本人成為天主教徒」。此外，甚至在眾大名前表示「天主教更勝於禪宗」（佛洛伊斯，二〇二以下）。此後，秀吉將傳教朱印狀（特准文書）授予科埃略，其內容為「准許伴天連在日本國內任何地方居住」（天正十四年五月四日）。

翌年（天正十五年，一五八七）三月，豐臣秀吉自大坂出發，其目的是為了平定從事貿易且成為入唐前線的九州，且是初次親赴當地。同年六月，秀吉抵達博多布陣，斷然採取處置天主教徒的行動。至於促使秀吉改變對天主教徒所採取的因應態度，其契機就在於博多發生「伴天連追放令」事件。

為何豐臣秀吉會斷下如此決定?當時,秀吉麾下有許多信奉天主教的將領,其中又以高山右近為代表。身為天主教徒的安威了佐(右近門下)甚至擔任秀吉的右筆(擔任武家祕書之職的文官)。然而,因有僧醫全宗(秀吉侍醫,奉正親町天皇敕命而出任施藥院使)成為秀吉側近,據傳全宗曾記載後文所述的法規「定」。姑且不論秀吉並未聽聞全宗傳達的天皇旨令,而是具體前往視察北九州的情況,但應該實際感受到全宗指出的天主教徒問題。

在全宗的記錄中,最重要的是六月十八日的「覺」,其內容為秀吉的家臣針對天主教徒(伴天連及伴天連門徒)所記述的留意事項,以及翌日十九日的「定」,內容為明確否定天主教徒,以及規定「日本」在整體上所抱持的立場。在此雖無法針對細部內容做解釋,但先探討當時採取的具體型態,是如何將天主教徒視為問題所在。

「覺」是由十一條項目構成。第十條是有關禁止「日本人遭人口販賣至大唐、南蠻、高麗」,第十一條是禁止「買賣及宰食牛馬」,並稱為「荒唐之事」。這恐怕是針對擁有對外關係的伴天連(神父)個人的行為問題。然而,問題進而針對國內宗教組織的「門徒」,相關內容是第一至第九條。有關日本門徒的論述是以第一條「伴天連門徒應依其所願」為開端,末尾則是第九條「伴天連門徒應依其心意,與八宗九宗皆同,無有疑慮」。

此外，在第五條中亦強調「八宗九宗」。在此尚未使用天主教徒之語（如「きりしたん（切支丹）」、「大うす（伴天連）」等）。總而言之，伴天連門徒是否應納入「八宗九宗」則是問題所在。在此情況下，第一條與第九條「應依其所願」、「應依其心意」，第五條則是「應依各人所願」。「依其所願」是指由伴天連的「門徒」或「各人」所認同。儘管如此，這究竟是否真正納入「八宗九宗」，依然是問題所在。

豐臣秀吉針對的是「身為輪替擔任國郡領地的扶持者（大名），卻有逼迫寺庵百姓成為伴天連門徒的無理行徑」（第二條、第三條）。秀吉政權並不認同身為輪替制度下的政官來強行威逼百姓成為天主教信徒。這就是將所謂的主動採取折伏（折破催伏，使人離惡受善）的天主教伴天連及其門徒視為問題癥結所在。然而，這項課題亦與「一向宗」的問題有關。加賀的「一向宗」驅逐「國主」，逼使當地民眾皆成為「加賀一國門徒」（第六條）。「本願寺門徒」、「及其僧侶」亦同，對秀吉政權而言，這些行徑是「妨礙天下（編案：秀吉）統治」、「應予以懲處」（第七條、第八條）。

相對於「將領國加賀的民眾悉數成為一國門徒的一向宗本願寺門徒」造成了「妨礙天下統治」的情況，又該如何定位「行徑無理」、「逼迫就範」的「伴天連門徒」？秀吉表示「聽聞伴天連門徒較一向宗門徒更設於外」（第六條）。至於「較一向宗更設於外」的「外」又指何義？此點仍有待商榷，或許高山右近等人無法繼續成為伴天連門徒，充其量就是被定位在所謂八宗九宗同心圓之外的另一環節。然而，伴天連門徒豈止「居外」，不僅讓「一國門徒」成為入信者，甚至連「寺庵百姓」皆成為天主教信徒。這種基於共同目的所組織的團體，相較於畿內，反而是在北九州更為顯著發展。

有關「覺」的規約，豐臣秀吉試圖壓制伴天連及其門徒，認為他們的舉動已逾越「依其所願」。「覺」是指約定，亦可成為將伴天連及其門徒的自主行動設定為要求僅止於「各人」、「依其心意」的非政治契約。然而，身為伴天連的加斯帕爾·科埃略，以及身為門徒的高山右近當然不會遵從其約，故秀吉政權於翌日又重新發布法令「定」。

倘若伴天連及其門徒不歸屬「八宗九宗」，那麼後果又將如何？天正十五年六月十九日的「定」是由五項條文所構成。與「覺」的項目總數不同，內容結構卻十分相似，末尾部分的第四條、第五條是敘述對外關係的因應方式，從最初的第一至第三條則是所謂的國內問題。然而，兩者內容明顯有異，「定」是從最初的「日本」與「國」，或「切支丹國」予以述說。此外，「伴天連」並非「依其心意」，而是針對「神國」、「佛法」所顯示的「邪法」。換言之，就是「神國」的「佛法」與「切支丹國」的「邪法」。

「定」是由第一條「日本位處神國，不可由切支丹國授予邪法」。以下堪稱是敘述「邪法」的內容。第二條則以「將其國郡者成為門徒，使其破壞神社佛閣，此乃破天荒之事」為開端。此事並非當時執政「官吏」所應為，是未能遵守「天下（編案：秀吉）制定法令」的荒誕無稽之「荒唐事」。國郡之內徹底成為伴天連門徒與破壞神社佛閣之事，才是問題癥結。反之對秀吉而言，神社佛閣是經由其個人認定的形成方式，才是天下人理應追求的目標。第三條是將第二條所針對的荒唐事視為「破壞日域佛法之舉」，並將伴天連的「智慧之法」若「依其心意」則將趨於破壞。此外，條文中要求伴天連在「廿日間返國」。第一條提示「日本」成為受到「日域佛法」所壓迫及控制的世界。

由此看來，可知在法令「定」之中，「佛法」將對外感覺與對內的「日本」相結合，隨著成為中心的「神國」而逐漸提昇地位。「伴天連」在此「國」內並非被定位為「外」，而是徹底被視為「邪」。

前述的「伴天連御成敗」法令文本，與「關白秀吉朱印」一同奉納於伊勢神宮。有關此法令的解釋議論甚多（岩沢愿彦，〈豊臣秀吉の伴天連成敗朱印状について——天正十五年六月十八日付朱印条批判〉，《國學院雜誌》八十—十一；清水纮一，〈伴天連追放令の発布をめぐって〉，《中央大学文学部紀要》史学科三十三号，一九八八年等）。總而言之，如同在「定」中被視為問題癥結般，實際上曾發生天主教徒破壞或焚毀神社佛閣，或將社寺轉為其他用途。在戰國時代末期，確實出現僧侶在正視此問題的同時，亦與以伊勢神宮為基礎的「神國」思想緊密連結的情況。

三、近世的「邪法」型態

「定」顯示出在神佛勢力相結合之下所形成的天主教徒（伴天連）「邪法」觀，此後與對外的「日本」、「神國」觀同樣，絕不會就此消失。實際上在博多及京都等地區，「定」（追放令）被公布於高札（編案：告示木牌）之上。以南蠻寺為首的各地教會遭到破壞或接管，傳教士集結於平戶或潛伏於西九州。儘管如此，其實「定」（追放令）並未充分擴及「日本」，而是控管相當有限。正因如此，天主教徒得以集結於平戶，潛伏於西九州，進而積極推行教育及出版。甚至獲得豐臣秀吉准許，在京都從事傳教。另一方面，秀吉亦曾造成「二十六聖人殉教」（一五九六—七）等事件發生。總而言之，天主教徒的人口依然有增無減。

有關這部分的信仰史，筆者將在下節探討。總之在此先掌握「定」頒布之後的發展流脈。換言之，做為「追放令」的「定」，即使因其流通管道縮減，但在本質上依舊沿襲未變。此後更以「岡本大八事件」為契機，在德川家康執政時期成為名符其實的「禁教令」（慶長十八年十二月〔一六一四年一月〕訂定），在國內更為明確顯示，如今則稱為「慶長十八年禁教令」。「禁教令」是由臨濟宗僧崇傳（一五六九—一六三三）所制定，並成為幕府推行天主教與佛教政策的型態之一。崇傳曾侍奉家康，對德川家的佛教信仰影響甚深。慶長十八年禁教令首先在江戶、駿府等幕府直轄地或領地開始實施。然而，其實禁教令的實施方式在經由各種變革後，歷經時代變遷而普及至全國。就此意味來說，筆者認為應是建構近世日本的核心信仰之原型。

如今「禁教令」的禁令文，其內容又是如何？此亦稱為〈排吉利支丹文〉或〈伴天連追放文〉。然而，其功能確實包含驅逐伴天連在內，但內容不僅止於此，恰是針對「邪法」的「禁令」。全文皆以漢文撰成，首先描述此令是根據「三才」所立之「定」，並以「日本原為神國」為開端。進而敘述「佛國」、「佛法」、「歸仁道之教」，中段內容則彙整為「日本為神國、佛國，尊神敬佛，專仁義道，匡善惡法」。最重要的是更與儒教結合，成為所謂的神、儒、佛的三教之「國」。若違反此構造，則強調將被視為「邪法」、「大禍」、「神敵」、「佛敵」、「國家之患」。而與三教敵對者，則是「吉利支丹徒黨」、「伴天連徒黨」。有關「徒黨」，則有如下引述：

可畏、可畏。伴天連徒黨皆反政令，嫌疑神道，誹謗正法，殘義損善。見有刑人，即欣即奔，自拜自禮，以此為宗之本懷。此非邪法又為何耶？實為神敵佛敵。若不急禁，後世必為國患，尤司號令。若不制之，反蒙天譴。日本國內寸土尺地，手足無措，應速掃攘之。

令人印象深刻的是，應「速掃攘之」的「神敵佛敵」天主教，其「宗之本懷」是向「刑人」表以欣悅之情，並對其禮拜。換言之，「刑人」是指殉難者，亦即基督像。如此令人反生「恐畏」，招致掃蕩行動。這與天主教的十字架像，及其贖罪觀的根源有關。但從反天主教的立場來看，如此反而促使強烈否定天主教信仰的運動產生。

關於此點，在信仰史方面又成為問題癥結。姑且不論此事，但若彙整這項課題，此後將會產生何種構造？例如，在家訓中述及「神君御詞中，神道、佛道、儒道，如三足鼎立」（《楠龍公訓論》）。神、佛、儒相即相融，成為生活之準則，實際上天主教亦存於此背景中。近代的小崎弘道將這段歷史彙整為「三教」構造，進而有「基督教（編案：切支丹）」，並對此有以下敘述：

除以上三教之外，國民對基督教的態度又是如何，既遭幕府嚴禁，故一般人對此宗教所抱持的感情，豈止是憎惡如蛇蠍，甚至連聽到切支丹之名，就掩耳戰慄不已。「嚴禁信奉切支丹邪宗門」的高札在日本各角落豎立，殘暴至極的迫害記憶深切腐蝕人心，光是眼見耳聞，無不令人驚悚莫名，此乃想當然耳。

具正規武士身分者在繼承家業之時，立下絕不信奉切支丹的誓文，必將寺院住持給予的添附文書一併上呈國主，又命農、工、商等階級每年一次至役所踐踏基督畫像。

世稱「踏繪」即是指此。殘忍迫害的記憶猶新，更加上將此制度普遍施行，故而國民對基督教異常嫌惡，不，毋寧說是懷著恐怖之情，此事絲毫不足為怪。（〈日本基督教史・遺稿〉，《小崎全集》第二卷，六—八頁）

小崎弘道認為「國民態度」是將天主教排除於「三教之外」，並對其感到「戰慄不已」、「異常嫌惡，不，毋寧說是懷著恐怖之情」，並認為「想當然耳」、「不足為怪」。這項問題其實十分嚴重，自中世末期至近世，不僅是日本國內，甚至連世界各地，皆出現在態度或認知上的歧異，並成為從根柢產生的認知。筆者將針對此點做更深入的探討。

第四節　天主教的教理與信心

第三節最後所提及的「嫌惡」、「恐怖」，是反天主教人士的觀感。在「禁令」之中，認為與天主教十字架有關的「宗之本懷」，「若不制之，反蒙天譴」、「日本國內寸土尺地，手足無措，應速掃攘之」。相對於此，天主教徒反而更積極與基督像產生連結，在此「宗」的表現方式之中所存在的根本差異極為重要。儘管如此，天主教徒總是讓基督像發揮其功能，並不給予干涉。這是由於天主教不僅是信仰，亦是與教理相關的宗教運動。

如本章的第二節後半所示，島來斯神父在記述宗論的最後一封信函中，表示參與議論的僧侶中有「剃髮貴人」、「深入冥想者」，對於他們的感想是「若沒有信仰，則無從答覆……」（四十二，二十二頁）。這顯然是天主教的信仰問題。然而，方濟．沙勿略亦目睹日本人對教理表示極為關心，以及惡魔所發揮的作用，並在離日前夕，對羅耀拉表示應對日本人提示「哲學」（書簡九十七．十）。簡言之，「信與知」的問題已明顯呈現。

其實，此後的天主教方面所採取的行動，表面上是敘述理性或道理的形式，進而成為神義論、辨神論（theodicy）。然而，猶如描述信仰原型般的用語或舉行典禮、祈禱，或許是特別以信徒或與信仰有關的一般百姓為對象。這兩種面向是與許多文本的根源相互連結。從歷史角度來看，首先前者的面向十分強烈，進而隨著殉教，讓後者的面向被強烈掌控及表現。

一、教理、道理的表現

如同第二節的最初內容所示，方濟．沙勿略在赴日前就已深諳「教理」（拉丁語：doctrina），此後則在日本從事弘教活動。然而，至傳教內容出現明確的日譯文本與普及化為止，依然需要時間及情況配合。首先，從事重大活動的是身為巡查使的范禮安（Alessandro Valignano，一五三九—一六〇六）。他在編纂日本教理思想暨問答書《日本のカテキズモ》（*Catechismus*）（約於西元一五八〇年）之際，曾描述「舉凡日本全土之諸宗，不知天主教之教義根源」，並批判「諸宗」為「虛妄」、「愚拙」。該書則被視為包含批判意涵的首部教理著作（海老澤有道）。

接下來，筆者想提示「教理」進而出現的兩種論述。換言之，第一是《どちりなきりしたん》（*Doctrina Christão*，天主教教理）。這是以日語記載的實際出版著作（西元一五九一年以和製漢字發行天正版國字本，一五九二年發行天正版羅馬字本）。此外，亦包含變更內容後重刊的著作在內（西元一六〇〇年慶長版羅馬字本、國字本，其中羅馬字

本為當年刊行的教理著作〈どちりいな〉，如今亦以片假名表記。根據現在易解的特定文字表記或表現，因應所需附上出版年份，而有天正版、慶長版之稱。有關於此，請參照海老澤有道於西元一九九三年解說的《キリシタン教理書》）。〈どちりいな〉的日語本堪稱是信徒普遍皆能取得，亦可閱讀及傳述的著作。第二是雖未出版，卻由佩德羅・戈梅茲（Pedro Gomez，一五三五—一六〇〇）採用羅馬字表記方式，並以拉丁語或日語傳達的著作《講義要綱》（*Compendium*）（一五九三、一五九五年編纂，以下依據《キリシタン研究》第三十四、三十五、三十六輯、《イエズス会日本コレジョの講義要綱》Ⅰ、Ⅱ、Ⅲ等內容論述）。這是學林（拉丁語：collegio），亦即以維持聖職者具備學養為目的之高等教育機構的教科書。從此機構或從其周邊，實際上在西元一六〇一年任命首位神父之後，進而又在二十五年間促成四十一名日本神父產生（H・チースリク，《キリシタン時代の日本人司祭》，初刊為一九八一年，修訂為二〇〇四年）。從這個大發展來看，或許《講義要綱》是以聖職者、高階信徒為對象的重要教理書。

目前並無法充分探討這些著作內容。但針對《講義要綱》中呈現日本所應探討的「教理」基本問題，首先關注的兩項課題，就是與地球球體說有關的「天球論」（是由西元一五九五年日譯《天球論》，以及日後由小林謙貞〔義信，一六〇一—八四〕所撰的《二儀略說》傳承其說），或是「靈魂論」（簡稱為「靈魂」論三部曲）。

前者（天球論）是說明球體說的「天文地理之事」。這顯然是超越了收攝於天竺、震旦的佛教世界觀，或以天圓地方等思想為首的儒家天地觀，並述說將「天地」視為「一個」球狀的動態地球論、宇宙論。這恰巧提示了以當時的西洋宇宙觀為背景，試圖超越儒、佛世界的思想。

後者（靈魂論）是托馬斯·阿奎那（Thomas Aquinas）以亞里斯多德（Aristotle）的著作為背景所述說的靈魂論。令人印象深刻的是，尤其在第三部「靈魂的真正本質是不滅」（全十二章）為日語版，況且「認為是最想在日本強調而附加的內容」（尾原悟，《講義要綱》I解題、解說，四六四頁）。這應是自方濟·沙勿略以來，試圖在日本的教說中，特別強調闡述靈魂的理性作用及其不滅的特質。

然而，《講義要綱》的教理不僅只有上述內容，進而「真實教理的問題是在於信仰之上」（《講義要綱》II所收）、「真實教理的問題是在於七種祕跡、神的十條戒律、善與惡兩者之上」（《講義要綱》III）。在此「真實教理」是名符其實針對「信仰」（Fides）或「祕跡」（Sacramentos）而表述，也是信仰論的源起，對天主教徒（信徒或傳教士）而言，恐怕是首先在信仰中做為先知的天球論或靈魂論。

雖說如此，在獲得出版的教理中，這種信與知的表現方式亦存在著歷史因素上的差異。有關此點，堪稱是最為普及化的教理書《どちりなきりしたん》，如西元一五九二年刊本（天正版）與一六〇〇年刊本（慶長版）之中就明顯具備此特徵，並出現差異。例如，在針對最初「成為天主教徒」的內容方面：

天正版：「聽聞教理，蒙受道理之光。」

慶長版：「細心聽聞說法旨趣，蒙受神之御光。」

慶長版比天正版的「道理」更為強調「神」及其「御光」。此外，由此出現的「差異」，在「第一至要題目」則有如下所示：

天正版：「其一，是從一無所有來創造天地之神乃是唯一聖體，亦即成為在現世、來世為我們考量及籌畫之主。若能禮拜、崇奉此唯一聖體，則將賜予來世之扶濟，此外無他。又來世之途，唯將天主教之教理奉為規臬。應明曉若不依此道而成為天主教徒，來世將不可獲得扶濟。」

慶長版：「其一，是在空蕩無物之處，無一種子而能造天地萬象，以神之籌量創造萬物，是促使萬物消長之推手，此為諸善萬德之源，為無量智慧並能使萬事遂意、自由無礙之唯一天主聖體。

其二，是……。其三，是……。其四，是……。
其五，來世之途是唯將天主教之教理奉為規臬。應明曉若不依此道而成為天主教徒，則來世不可獲得扶濟。」

天正版是述說「創造之神」的「考量及籌畫」所賜予「現世、來世」之救濟（「扶濟」）。「神」在此如同僅位居於現世、來世的救濟者立場。相對於此，慶長版則是首先定位在「神」自身。「神」在「無一種子」的情況下創造「天地萬象」，是「諸善萬德之源、是促使創造萬物消長的無量者」，且是「自由無礙」之「主」。這堪稱是強調所謂的神之創造力與無限的主體性。

不僅如此，因其內容頗占篇幅，故將前述兩版本其他項目之比對或引用部分予以省略。慶長版的第二項是敘述「善惡報應」、「來世扶濟」，進而在第三項敘述天主教的本質，亦即「位格（Persona）有三……，真正稱之為本質（Substantiam）者唯有一體」。第四項是父之子，亦即基督是身受「與我等無異之靈魂」，並由瑪利亞賦予生命而成為「真實之人」，況且是「替一切眾人贖罪，教導人們步向扶濟來世之道」的「由天降生者」。換言之，由瑪利亞誕生的真實之人基督所提示的贖罪論，與第二項的善惡報應、來世扶濟的內容之間明顯有連貫。第五項則是將前述內容彙整為「來世之途是唯將天主教之教理奉為規臬」。

天正版首先敘述的，僅有慶長版「五項」中的「第二項」來世救濟而已。然而，慶長版在根本上首先極其強調說明「神」的無限創造力與主體性（「自由無礙」、「萬德之源、是促使創造萬物消長的無量者」）（第一項）。這與三位一體或基督受難之間明確予以結合（第三、第四項），並由此敘述對來世的救濟是「唯將天主教之教理奉為規臬」（第五項）。

總而言之，天正版首先強調「道理」，就是所謂的基於神義論式的「考量及籌畫」所獲得的「報應」。然而，慶長版更為強調神之主體性，並明確表述了由身為三位一體「靈魂」的基督所提示的贖罪、救濟論。為何會有如此表現方式？這恐怕是在西元一六〇〇年慶長版成立的背景下，曾於西元一五九七年（慶長二年）發生豐臣秀吉所造成的「二十六聖人殉教」事件。慶長版以此事件為基礎，此後明確述說神的無限主體性與基督受難的救濟論。

以上是針對一般天主教信徒的文本而做探討。至於天主教與佛教、神道等宗教進行的議論又是如何？有關於此，將在以下的「宗論」內容進行探討。

二、「理」、「天地」、「主」——《妙貞問答》

有關「宗論」的課題，在天主教方面經常被提及的知名著作，就是由不干齋巴鼻庵彙整的《妙貞問答》。巴鼻庵（一五六五—一六二一，Fabian，又名好庵），少年時期曾入京都的臨濟宗大德寺，後於西元一五八三年，十八歲時在京都成為天主教徒，天正十四年（一五八六）成為修士，更深入學習天主教教理。豐臣秀吉發布〈伴天連追放令〉之後，巴鼻庵甚至遠赴天草、長崎等地從事教育及出版之職。慶長八年（一六〇三）巴鼻庵獲得拔擢，再度返京與僧侶進行宗論，基於此次經驗，又於慶長十年（一六〇五）四十歲之際，撰寫護教論書《妙貞問答》。

慶長十一年（一六〇六），有關巴鼻庵對僧侶所採取的行動，則有如下記錄：「巴鼻庵修士對日本各宗教理極為精通，故在僧侶中無人能出其右者，亦不敢駁斥其說。他主張隨著日本各宗派的偽善態度，以及日本各宗派已到了無藥可救之地步，故能讓僧侶藉此獲得眾人的尊重或崇敬，更可賴以維生。這恰是僧侶格外重視的謀生之道。」（同年十月十八日，日本準管區長巴范濟〔Fransesco Pasio〕，寄自長崎，致總會長信函。井出勝美，《キリシタン思想史研究序說》，一九九五年，一八九頁。以下有關巴鼻庵的史實亦參照此書）。據傳巴鼻庵曾描述僧人救濟就是所謂的偽善，僧侶則無法反駁其說，這是自方濟・沙勿略以來，傳教士對僧侶所抱持的普遍認知。至西元一六〇七年為止，巴鼻庵續留於京都的「修道院」；然而，卻在大坂之役的前六年，即慶長十三年（一六〇八）突然脫離耶穌會，並放棄天主教信仰。巴鼻庵潛伏一段時間後，與長崎奉行等人同赴江戶，謁見幕府將軍及要人，不久滯居於長崎。或許是在西元一六二〇年之際，刊行反對天主教的著作《破提宇子》，之後撒手人寰。

有關《破提宇子》的內容將待後述，首先是探討《妙貞問答》。此書在前言述及「我朝之人」原本為吟詩作歌或撰文著述，「然於慶長五年初秋」發生了關原之戰，又因「京勢敗北」，導致諸眾分崩離析，「惜名譽、知榮辱者，皆遭討伐身死，化為關原草露」。某婦因其夫支持「京方」（西軍）而陣亡，此後遵從「貴聖」教，身著「墨染衣」出家，名為妙秀，朝夕繫念往生淨土。妙秀聞說有「貴理師端（編案：天主教）之教」，故而探訪幽貞，對方為「年齡正值五旬的尊貴尼師」，兩人就展開問答。妙秀、幽貞的問答即為此書題名。不可輕忽的是，書中描繪的「我朝」與「京勢」、「京方」動向亦成為文本發展的脈絡，巴鼻庵畢竟仍將京都視為核心之地。

在文本方面，上卷是在前述的前言之後，以「佛說三界建立沙汰之事」、「釋迦之因位誕生之事」、「八宗之事」為首，進而分為八宗或九宗來闡述，共由十節所構成。中卷是「儒道之事」、「神道之事」共兩節，下卷是針對「貴理師端之教」，並以「大綱之事」為首共六節（《キリシタン教理書》，一九九三年所收著作。原版的假名表記是採用漢字及平假名，並以送假名〔編案：在漢字後面附有假名〕的方式易於解讀）。

若探討《妙貞問答》的基本表現架構之際，首先在章節方面，分別是以十節探討佛教、兩節探討儒教及道教，由此可知佛教在對他宗方面的問題甚大。那麼，對佛教方面的內容究竟為何？在正文論述中，首先在「三界建立沙汰之事」中，幽貞是以「此宗」、妙秀則以「我宗」的立場展開陳述。而幽貞請求妙秀「以理分別」。藉由「理」展開的議論，就是所謂的比較世界論。幽貞說明妙秀認為的「三界」是「徹底憑空捏造所說」的「虛偽之事」，又相對述及「貴理師端之學」所提出的地球論，認為「六道」等概念是「難以分別之事」。妙秀則認為「顯然可知信三國並存之事皆為謊言」。在此特別強調前文已略提到《講義要綱》的「天文地理之事」（天球論），並藉此否定佛教的「三界」，甚至連「六道」、「三國」等各種世界皆予以否定。

其次，在「釋迦之因位誕生之事」中，從妙秀終於對佛教世界觀的「理」有所理解，進而詢問救濟論又是如何、倘若來世能獲得救濟，豈不是就可解決問題？幽貞對此表示，若憑靠佛教救濟來世才是最不可行。原因是釋迦的「天上天下唯我獨尊」是「事理不明、虛言」、「無道理」。雖說佛的「悟」是「空」，卻絲毫不值得尊崇，這就是所謂的否定佛性論。

相對於此，妙秀說明「空」、「虛空即是佛性」，更表示此為「無」，八宗、九宗僅是就此區分宗派而已（唯無者……虛空之空，佛性之空……言唯佛性，應知此為無之道，分八宗、九宗……宗旨皆無隔別）。進而以「八宗之事」來針對各宗展開論述。

在此並沒有針對個別內容進行追述，根本上認為「佛法將地獄、極樂，來世之判定視為究竟無物」，天主教的立場則非如此（三四一頁）。換言之，「天主教既有地獄，亦有極樂世界。佛法的內證則是無論神、佛、地獄、極樂世界皆為無」（三三六頁）。其文中認為無論是地獄或極樂世界，在佛法中是假有或內心現象，實際上並不存在。

這與對惡的虛偽化及毫無根據亦有關聯。例如針對禪宗，特別強調「為無主無我，既無〔如同天主教般〕造惡行罰者之主，亦無雖修善而獲行賞之處。生於虛空，成於虛空，不以自由自在所教之事為不合理」。禪宗的虛空、自由自在，「就貴理師端所見，唯以邪教視之」（三四三頁）。

儘管如此，若依照天主教徒說明的救濟論，「淨土宗」的問題則更為嚴重。在最後一節「淨土宗之事　付一向宗」之中，妙秀自稱「貧尼信奉淨土宗，念佛三昧」，從「淨土宗不言無來世」之處展開議論。幽貞對此則表示「誠如所言，淨土宗既有地獄，亦有天堂」。進而說明實際上是同樣出自「諸宗悟道」、「虛空法界」，「悄傳末世之愚，乃為善行方便」，並表示「淨土宗亦云無來世」。進而指出阿彌陀實為「血肉之軀」，西方淨土「實無存在」，「此皆歸於虛空法界之空無」、「阿彌陀佛所云，為虛空法界無物之名」（三五三頁），結果造成「淨土宗亦領會無來世」（三五四頁）。

兩者針對各種課題進行詳細探論，指出各宗派因以「虛空」為本質，故無論提出如何言說，其實仍無法「往生」。「所謂佛法，與八宗、九宗、十二宗為同……皆視來世為無物。雖云佛事、追善，唯有不斷之世諦、世間而已」。結論則是「來生之濟助、後世之處置，除貴理師端之外無他，應銘記於心」（三五四頁）。

至於中卷的「儒道」是「尊仰天道」，可視為「自然（Natura）之教」，並下結論為「但將天地陰陽視為太極、天道，不云其作者。其所言雖人畜草木亦轉化氣質，其性無隔別之事，此說為迷也」。雖可認同「天地」、「天道」的自然法，卻沒有主要創造者，亦沒有定位人性（三六七頁）。至於「神道」方面，「開天闢地之國常立尊現身，若從開天闢地之間始生國常立尊，則不應有開創者」。在此僅只於批判「國常立尊」並非「開天闢地」的「開創者」，只是「開天闢地」的誕生者（三七一頁）。此外，針對《日本書紀》的內容或引用其說的吉田家等所提出的論述，而對神道提出各種批判，認為其「背離道理」、「貧法之神」（三七七、三八二頁）。

在中卷最後，幽貞說明「佛法、神道，若皆不知天地真實之主，則不知其真貌。雖祈現世安穩，後生善處，亦應先識天地之主」（三八三頁）。總而言之，「理解天地之主」

而後能「祈求現世安穩，後生善處」，如此才是「貴理師端之教」。此外，下卷最初為「至今不直言佛法、神道之旨趣，〔妙秀〕智慧賢達，〔恰為〕心意質直，故能明辨此道理，若能辨明邪法，則為心悅之事」（三八四頁）。因有智慧賢達、心意質直，而能徹底分辨「事理」，理解「佛法」、「神道」為「邪法」。在此判斷基準為「道理」之正邪，貴理師端為「正」，佛法、神道為「邪」。

那麼從反面來看，「幽貞（巴鼻庵）」所指的正信天主教究竟為何？下卷的「貴理」之教是由以下章節構成（各節編號是由本章作者所添加）：

一、貴理師端之教的大綱之事。
二、現世安穩、後生善處之真主一體存在之事。
三、謂後生來世者為理性靈魂之事。
四、後生善處，稱為天國，於天所有，惡處云為地獄，為地中有之事。
五、謂後生以何事得扶濟，以何事不得扶濟。
六、針對貴理師端之教有種種不妥之事。

首先，最初的第一項是「大綱」，最後第六項則是再度提問。從第二項至第五項是以「現世安穩、後生善處」為問題，無論何時皆能處理。針對此，分別說明第二項是「真主」、第三項是「靈魂」、第四項是「天國（Paraiso）」和「地獄（Inferno）」、第五項是所謂的必須實踐及救濟。在此提示「現世安穩、後生善處」的基本發展脈絡形式，堪稱是藉由敘述「信仰（fides）」與述說信條（Credo, Dogma）來強調教理中尤其合理的報應。前文已指出《どちりなきりしたん》天正版與慶長版的相異點，《妙貞問答》首先是以「道理」為立論基礎，就是提示神義論的「籌量」所給予的「報應」，此非慶長版，而是由巴鼻庵堪稱是以獨特表現方式來提示天正版的發展脈絡，以及在《講義要綱》之中格外強調的第I部分。

具體而言，第二項是顧名思義在做為「現世安穩、後生善處」的「真主」，「天地創作者」、「天地之主」是「應成就二世之願者」、「萬事自由之主」，此與「祈求之處，若畢竟成空，則應無感應之主」，就是強調所謂無感應的「佛法」是不同的概念，是屬於更上層的本質層面。而此「天地間之規矩」既是宇宙論，亦是報應之倫理。

第三項「理性靈魂」就是所謂的理性魂，是「人類延至來世的生命」。這與「天地日月」、「金石等」的「無機物（實有）之類」，以及「非情草木之類」的有生命現象而無知覺，或「鳥獸蟲魚之類」的有生命現象而僅有本能的情況相異。如此說明「知物理，論是非的智慧」，而此為「人倫」、「後生」。理性靈魂才是「永恆不滅」，是永遠（「永劫不退」、「未來永恆」）決定應升天國（「至善處」），抑或墮地獄（「落惡處」）。

第四項是天國、地獄，亦即「Paraiso」、「Inferno」，重新表示「以理決定」、「貫徹」之事，而此並非佛教的「空」。此外，「天狗」、「怪異」亦是撒旦（惡魔）。第五項是敘述此項課題無論在任何時代或場所皆是相同，並說明教會活動的重要性。

《妙貞問答》之中，絲毫沒有提及在慶長版中明顯提示的超越天地之神所具有的主體性，或三位一體的人類所保有的「靈魂」、基督是以受難或贖罪的方式來給予救濟。然而，若述說神為「天地之主」，「現世安穩、生善處」的「道理」，則神義論、理神論在天主教徒殉教的時代情況下，將變得無法立即成立。在《破提宇子》之中，終於明確表現出這種經由反向思考後所產生的認知。

三、信仰動向

以上是探討巴鼻庵的宗論式論述，但天主教的思想流脈還不僅於此。慶長版《どちりなきりしたん》所顯示的神之超越性與基督的受難及贖罪，並無法在宗論上明確表述。但對信徒而言，基督像原本就存在於教理之中。正因為其本質與祕跡（拉丁語：Sacramentum）更有關聯，故而並非只有表象而已。有關其周邊課題又是如何，將在最後略做說明。

天主教並非僅有理論而已。神、基督如此彰顯其存在，是基於信仰中的信心。實際上，當時標明為信心錄（Xinjinrocu）的文本，是早在〈伴天連追放令〉（一五八七）發布後，將路易士・格拉納達（Luis de Granada，一五〇四—一八八）的《信仰綱要序論》（*Introduction del symbolo de la fe*, 1583）的部分內文，以題名《ヒイデスの導師》（羅馬字本）翻譯出版，並由信心會（Confraria）所有（一五九二）。路易士・格拉納達的信仰著作此後傳承於世，並留下許多紀錄且為人所讀誦、聽聞。例如，西元一五九九年以最初的完整和漢活字版，在長崎刊行《ぎやどぺかどる》（*Guia do pecador*，善導罪人之義），其序文為「為能讓不識字者易於閱讀，將具有傳達訊息作用的文字予以蒐集，記於此經典末尾」。「自刊行以來，雖歷經天主教時代，又進入受迫害時代，此書仍長久受人閱讀」（尾原悟編，《キリシタン研究》第三十八輯，解題）。此外，前述的《信仰綱要序論》的部分內容，則成為西元一六一一年在長崎出版的國字本《ひですの経》（最近由折井善果發現此書），這些信仰著作隨著人們對罪的自覺而廣泛成為熟悉的書籍。這種記錄的連結，雖在文本內容上有所差異，例如西元一六一九至一六二一年，以長崎為中心傳教的道明會士柯略多（Diego Collado，一五八九—一六四一）曾記錄信仰的情況，並在西元一六三二年刊行《懺悔錄》（記錄教義與告解的著作）之中亦明顯可見。

在天主教信仰中，會出現承擔某種罪責的情況。有關其表現方式，是在日本早期就已翻譯的《コンテムツスムンヂ》（*Contemptus Mundi*，原書《イミタティオ・クリスティ》〔*De Imitatione Christi*〕，仿效基督）之中明確顯示。據說《コンテムツスムンヂ》是自中世末期以後，成為僅次於聖經而被廣泛閱讀的著作。此書的西班牙語譯本，據傳是由前述的路易士・格拉納達所譯。實際上，日本信徒皆能廣泛取得此著作，日語羅馬字本於西元一五九六年刊行，國字本則於翌年刊行。西元一六一〇年，國字抄本《こんてむつすむん地》則以木刻活字的形式在京都出版。三年後，路易士・格拉納達在此年信函中述及「此書是日本人最喜愛的著作，目前出版一千三百部，每日由我們的印刷機刷印一千三百頁」（尾原悟編及解說，《コンテムツスムンヂ》，三〇四頁）。仿效基督受難的信仰書，是由「日本人」殷切期盼而不斷閱讀，此點當然導致了依納爵・羅耀拉承襲該書思想而撰寫《神操》（*Exercitia Spiritualia*）拉丁語版，並於西元一五九六年在天草刊行。此外，亦促使仿效《コンテムツスムンヂ》所編著《スピリツアル修行》（*Spiritual Shugyō*）的羅馬字本於西元一六〇七年刊行。

自西元一五八七年發布〈伴天連追放令〉之後，顯然促成了記錄信仰的著作問世。對信徒而言，在歷經十七世紀之後，這些著作更為人所熟悉及接受。這亦是多數信徒對於少數神父所發揮的回饋作用（川村信三，《キリシタン信徒組織の誕生と変容》）。在此筆者針對信心論及其周邊課題，指出以下三項重點。這亦是超越《妙貞問答》〈宗論〉的議論所出現的問題。

第一，在此是「日本人」具有廣大信心的修行及道程，而其內容究竟為何？《ぎやど

ぺかどる》（善導罪人之義）中針對人的「稱義」（Justificatión）有如下敘述（上卷第一篇第五）：

人心若無法仰賴可使諸事遂願的神力，僅憑人之精力，將無法從邪惡中獲返恩寵（葡語：Graça）之位。有關於此，托馬斯・阿奎那（Thomas Aquinas）有言，石頭是自行落下。猶如為求向上，若不依靠他力，則無法達成。人因落入罪業科罰中，受到為了求取壞土的心願所牽引，冀求能昇至自然（Natura）之上的天界，而此為過去自力所無法達成之事。（尾原悟編，《キリシタン研究》第三十八輯，五十三頁）

在此是將基於人的自由意志所產生的行為，以「自力」一詞來表現，至於藉由神的恩寵或恩惠所產生的作用，則以「他力」一詞來表現（折井善果，〈キリシタン文学と浄土真宗との教義的交差について——ルイス・グラナダ著《罪人の導き》の対訳分析から〉，HISPÁNICA 五十，根據二〇〇六年研究指出）。以上的引用文述及「自力」是「無法達成」。或許此點與淨土真宗的教理相似。故而書中才指出「雖稱人皆好善，仍唯慕惡也」（序）。雖說如此，在序的最初是以「神」的「約定」為基礎，更明確說明「人是為求登善位」。就此意味來說，書中亦針對「自力」做說明。

《コンテムツスムンヂ》（原書《イミタティオ・クリスティ》仿效基督）闡述其文本顯然比《ぎやどぺかどる》更接近神的作用。這部著作堪稱是更加以「自力」為訴求。儘管如此，在此道出了憑藉自力的嚴酷性，身為述說者的基督本身既是神，亦是受難者。此書畢竟是藉由「殉教」（Martir）來尋求贖罪之道。在天主教中，自力救濟與他力殉教是形成徹底連結的關係。正因如此，才會繼續記錄或不斷編纂闡述殉教意義的《マルチリヨの理》或《マルチリヨの栞》（丸血留之道）。

第二，如此孕育受難或殉教的救濟流脈，堪稱是天主教在本質上具備的特性。然而，難道唯有天主教才是如此？的確，如同前述的慶長十八年（一六一三）的〈禁教令〉所示般，當時其本質亦被視為「邪法」而遭到嫌惡。但第二次世界大戰後，在日本史中重新發現這種包含孕育受難的思想流脈，例如和辻哲郎〈埋もれた日本——キリシタン渡来時代前後における日本の思想的情況〉（一九五一年二月）、西田長男〈古代人の神——神道より見た〉（一九六二年四月）、鈴鹿千代乃〈代受苦の行方——浄瑠璃芝居に見る宗教性〉（一九七五年三月）等，應更深入探討此項問題。

第三，問題在於不僅是天主教發展之前，此後亦是如此。《こんちりさんのりやく》（こんちりさん〔葡語 contrição〕：痛悔；りやく：要略或利益）是在不斷變化中形成的隱匿天主教著作，《天地始之事》被稱為變質的民間信仰。後者的流脈亦有「隱匿吉利支

丹」之稱。在此出現的在地化或混合語化，應如何掌握其發展樣貌？此問題將持續存在。

但無論如何，其信仰傳承是絕對不容否認的。

第五節　神佛的神義論的形成及其後續發展

本節是針對前述發布「禁令」之後所產生的反天主教行動來做探討。因其型態頗為多元化，在此將針對最重要的思想家來介紹其採取的行動方式。當然，佛教勢力亦與其有關。

一、《破提宇子》的論理

首先探討的是巴鼻庵及其著作《破提宇子》。如前所述，巴鼻庵雖曾受學於寺院，但至西元一五八三年（約十八歲時）改信天主教，更以修士身分弘教，四十歲時撰寫《妙貞問答》。然而，卻在約兩年後（一六〇八）棄教前往江戶，此後為了協助幕府取締天主教活動而赴長崎。巴鼻庵在西元一六二一年離世的前一年（約五十四歲時），撰寫反天主教的著作《破提宇子》。

《破提宇子》是由序、正文七段、附論所構成。「序」描述主張有神（提宇子，Deus）的天主教宗門教義，亦即「提宇子宗旨」，並說明其「事」及「法理」。昔日無論是「佛家」或「神官」皆無法徹底摒除其思想，以致「邪說」、「無道」愈漸熾盛，作者甚至為此虛擲歲月長達二十餘載。然而，其說實為「奸邪之法」，若能「一旦豁然」，則知「以巧言近理」乃是「鮮少有真」，故而棄教。作者在文中混入自身經驗，述說在棄教後的十五年間，日日嘆息該教為「悖逆大聖正法」、「蠻夷的歪曲之見」。又「無需忌憚有過則改之事」，故而撰寫此書來駁斥「悖逆大聖正法」的「提宇子邪法」（〈破文〉）。

在「序」的表現上，顯然採用更多「一旦豁然」、「蠻夷」等儒教（朱子學）的用語。然而，當然這是將「佛家」、「神官」置於中心之位。此外，議論中恰以「理」為基本型態。如此構造在更深入天主教的文本中亦顯然可見，進而繼續探討其內容。

正文共七段，首段是針對造物主之神的論述。第二段是靈魂的現世與往生來世、天國地獄論，第三段是天使與惡魔論，第四段及第五段是亞當與夏娃論，第六段是耶穌・基督誕生論，第七段是十戒論。首先描述巴鼻庵是以「提宇子云」做為天主教立場的發言，並針對此提出「破斥（破）」。而此「七段」實際上是作者轉入天主教的立場發言之時所呈現的型態，與范禮安於西元一五八三年將「教理」彙整為「七項問題」的內容十分相似（收於《日本諸事要錄》，東洋文庫二二九的《日本巡察記》，七十四頁）。然而，在此並沒有述及范禮安所彙整教理中的「信仰」。當然，亦絲毫沒有提及〈七つの秘跡〉（約於一五八六年記述，收於《日本のカテキズモ》，一五二頁）。

在《破提宇子》的七段內容中，首段的主神論十分冗長，與《妙貞問答》中不斷強調神是「現世安穩、後生善處」的「真主」這種說法十分相似。此外，與范禮安、甚至是沙勿略在追求信仰中，首先仍以強調神與理性為訴求，並試圖闡述其道理亦有關聯。但針對天主教的因應態度及方向，則完全反其道而行。

在最初段落中，首先由提宇子指出神（Deus）是「能造之主」、「天地開闢之主」、「天地作者」，「智慧之源」、「大憲法之源」、「大慈大悲之源」、「諸善萬德之源」。此外，貶抑神佛為「神佛若皆為人，則不應備此德義」。對此，從破（巴鼻庵）的立場來針對本地垂迹的觀世音菩薩或國常立尊等諸尊，表示「無有一人出世之前神已在之」，就是所謂超越人的普遍性。進而針對提宇子，有如下敘述：

> 可怖、可怖。實招拔舌之業也。日本為神國，依東漸之理，亦云為佛國。故罵詈神佛之提宇子，不待當來之世，現世即遭佛罰神譴，其速之快不及旋踵。

巴鼻庵表示日本為神國，於理則為佛國，若罵神佛則將遭受罰難。此後，文中描寫以大友宗麟為首的「門徒」逐漸衰微而遭弒的情景，「一族多不得善終，此輩子孫如今何在？此皆眾人有目共睹，心知肚明之事」。總之對巴鼻庵而言，這些事件成為具有報應觀念的神義論，歷史將神（Deus）的不恰當，用來做為證明神佛之恰當性而予以表現。並在首段說明「古往今來千聖萬賢，無不述此理」，舉出諸思想家的「理」，並以批判提宇子做為總結。

從第二段之後，恰是將前述的巴鼻庵所提出的神義論予以延伸。此段提出立論，認為提宇子將神視為「賞罰之源」，尤其是「人心」的「理性靈魂」雖無形，卻是「永劫不退」，並與天國、地獄有所關聯。對此，巴鼻庵表示此為「不知真理」，說明成為朱子學、佛教根本思想的理一分殊論（闡述一理與萬物關係之思想）的普遍性，並指出天主教的地獄絲毫不具「大慈大悲」。在第二段中，天主教徒在探論「理性靈魂」之際，提出「靈之實體」（葡語：Spiritual sustancia）的說法。然而，巴鼻庵表示這才是「業由己作，作繭自縛」（第三段）。巴鼻庵否定天主教所描述的靈界，當然認為天國與地獄皆是「提宇子虛構之事」（第四段）。第五段進而否定亞當的罪科，第六段則指出以瑪利亞的處女懷胎為首，包括基督的十字架受難等事「皆是虛構」，更指出此為「邪法」、「魔法幻術」。第七段是否定「殉教」，稱之為「邪法……天魔所行」。附論則指出其「魔法」為「殘賊（迫害）」、「謀反殺害之導師」的宗旨，並表示認為將「誅罰」視為「神妙靈驗」的伴天連，其實是遭到「欺騙」。

以上是逐一說明其內容，大致而言，巴鼻庵強調以報應論為基礎的神義論，並藉由描述神、佛、儒三教做為其思想結集。反之，基督受難或十字架則完全是邪法，甚至可見其迫害行動。這不僅是與他界觀有所連結的「靈之實體」或天國、地獄並不存在，亦不與許多日本人追求的「煉獄」有關。毋寧說這些思想只是遭到否定而消失，況且令人覺得「可怖」。

《破提宇子》是深入探討天主教思想的詳細記述，其表現方式除了更強調新儒教之外，基本上是與慶長十八年（一六一三）的〈禁教令〉具有相同思想型態。就此意味而言，《破提宇子》的神義報應論，與《妙貞問答》處於同一層次。《妙貞問答》是試圖探討天主教理論中的歷史肯定（基／天主高於神、佛、儒），《破提宇子》則是從不曾成立的反向思想型態來構築（神、佛、儒高於基／天主）。然而，不論是何方立場皆屬於神義論的兩者中，天主教原本是以十字架做為象徵的受難、贖罪逐漸消失。當然，這並非來自他者或神界的啟示（拉丁語：Revelatio）。

近世以後，天主教的受難局面可說是從原本在日本史中顯著呈現，逐漸銷聲匿跡。雖說如此，在天主教信仰史中，從十六世紀初期開始，卻出現博得更多信徒強烈支持的情況。或在近世之後，形成與天主教之外的思想十分類似的型態。前文略提及的和辻哲郎、西田長男、鈴鹿千乃代，皆追溯其源流而探討其思想。進而在近世的能或歌舞伎中，亦有類似的流脈發展。

二、雪窗宗崔整合對天主教的批判

巴鼻庵最終前往長崎，而其生存年代仍早於島原之亂（一六三七—三八）發生的時間點。島原之亂發生後，某些並非天主教棄教者，而是原本就具有僧侶身分者親赴天草或長崎，在當地從事反天主教的說法活動，並有相關紀錄存世。本章列舉的雪窗宗崔、鈴木正三，是造訪當地的最重要人物。首先探討雪窗宗崔的活動（以下記述的史實，是根據大桑齊編著《史料研究　雪窗宗崔——禅と国家とキリシタン》）。

雪窗宗崔是豐後國人氏，當地曾是天主教徒與南蠻貿易共同活躍的場所，雪窗出生之際，正逢原本繼承大友宗麟大名身分的大友家遭到改易（解除官職，由他者代任），但天主教仍在當地維持某種程度的影響力。雪窗起初出家成為真宗僧侶（一五九九），後卻改為師從臨濟宗妙心寺派的多福寺開祖了室宗密，並向其修習禪法（一六一三）。自此雪窗勤勵於禪修，輾轉徙居日本各地，在此期間曾與鈴木正三相遇（一六一六、一六二二等），並締結修行的盟約。元和七年（一六二一），在那須雲巖寺後山修行而證得大悟。寬永九年（一六三二）四十三歲時，返回多福寺並重新營建其寺，更成為妙心寺首座（一六三三）。此後，接受後水尾上皇招請而入宮傳法（一六四〇），正保三年（一六四六）獲敕授紫衣袈裟。翌年雪窗為五十九歲，在長崎興福寺宣說反天主教的法理，《興福寺筆記》即是記錄其排耶說法的著作（以下略稱為《筆記》）。至於將《筆記》改訂補充後獻於幕府的著作，或許正是《對治邪執論》（一六四八）。

以上是針對雪窗宗崔的人生履歷而略做追探，這是基於其生涯與前述的兩部作品關係甚深所致。明確而言，《筆記》、《對治邪執論》並非僅是闡述論爭及排除天主教的論述。實際上，雪窗是所謂的開悟者，是根據自身體驗來定位天主教，此點與巴鼻庵《破提宇子》差異頗大。

在《筆記》中，首先記述天主教（喜利志袒）的「異教（gentio）談義」與「喜利志袒之事」，認為其思想「非如來正法」，「喜利志袒始於約一千六百餘年前，其時天竺佛法為末法，故此出家示教之法，佛道、外道混雜不分」。換言之，佛法更落於外道，成為「喜利志袒之本源」。《筆記》將天主教的各種概念，以「謂不生不滅之體，真如性也」、「謂天主為六師外道之法，此天云勝妙天」等，將天主教諸語彙以佛法用語予以定位，並以頹廢視之。天主教具有願求死而復生的信心，「唯求天主而其信心不退轉者，死後生其天，受無量樂」。此外，天主教的教義具有「若能為天主捨身殉教者，天主將即時派遣天使來迎往天國」。

「外道」主張為了赴天國所具備的信心，或為求往生而殉教，這當然不僅是天主教，其他佛教宗派中亦有此說法。雪窗宗崔針對「今時之念佛宗」、「日蓮宗」提出批判，亦批判「稱禪宗者，執於外學文字」。對雪窓宗崔而言，這些宗派「失正法，向外求佛，……念死後佛」、「不知現身成正覺，別作口誦模樣心念」。從禪宗本有的佛法漸趨墮落，存在於包括問題更大的天主教在內等諸宗派中，而此課題則是雪窓本身所關切的問題。

《對治邪執論》的內文在本章中是由筆者另行以漢字及假名重寫，原文皆是漢文。此書更為深入探討天主教文獻，從政治立場更強而有力進行批判。其論據為「對治邪執者，一切邪執皆依我見」（《大乘起信論》），並以此為題名。至於內容，則與上呈幕府之事必然有關。《對治邪執論》將天主教視為「外道」，此與《筆記》相同。進而從惡的作用來探討耶穌，「是寸須（Jesus，耶穌）不拘人之浮沉（是否往生），只為結邪黨而奪國。……殺人奪國」。具體而言，就是強烈責難「卑劣聖賢，罵倒佛神，焚燒經像，破壞社堂。多方引誘，黨于邪見，令凡夫親附于我一法」，並將之視為「無他，為欲假眾力，奪國位故」。天主教徒的活動，其實終究是「欲奪國位」。《筆記》與《對治邪執論》的相異點，恰與豐臣秀吉頒布的「覺」與「定」之差異相似。然而，與其說是從「定」或「禁教令」來針對《對治邪執論》，倒不如從政治侵略的角度來探討，此著作應是針對幕府而撰寫。

《對治邪執論》最後針對天主教的作用提出疑問，「歸彼宗門人，愛其同門人，甚於父子兄弟，必有所由。他門人不然矣」。雪窓宗崔對此當然不將「愛（charidade）」答覆為慈悲，認為「人有本性差殊」，將天主教視為「招怨讐之道」，重新批判其破壞神社及寺堂，並提出結論：「諸人莫受此邪魔所惑。」雖說是根據佛教在中世以來流傳至今的怨親平等觀，卻顯然將天主教的破壞行動視為低層次的「本性」。

新井白石（一六五七—一七二五）應曾取得《對治邪執論》一書，在與西多契（Giovanni Battista Sidotti，一六六八—一七一四，一七〇八年渡日，一七〇九年被護送至江戶）進行議論後所記述的《西洋紀聞》中，將天主教提出的愛視為不及仁義的秩序破壞。在已朝「德川和平」（Pax Tokugawana）邁進的時期，縱使未將天主教視為侵略者，卻認為其具有破壞力。

三、鈴木正三的報應觀及其傳承

鈴木正三的胞弟重成（一五八八—一六五三）在島原之亂大為活躍後，成為首任天草代官（一六四一）。重成奉命進行「亡所開發仕置（整頓及開墾已棄地逃亡的農耕者所遺留的荒地）」，自寬永十九年（一六四二）起約費時三年留居天草，正三為了協助其弟而前往該地，並安置「佛及二十五菩薩像」，復興及創建許多寺院及神社。正三在此期間撰有《破吉利支丹》，據傳曾將此書奉於寺院。書中講述的佛法，甚至具有近乎立誓般的願求，盼能讓天主教徒明確改宗度日。就此部分而言，《破吉利支丹》的「破」比《破提宇子》顯得更為震撼。

《破吉利支丹》有許多段落，是由〔鈴木正三〕「聞及」天主教教理及表現方式，並對此以「破云（破斥之）」的發言結構來組成。九段中的結尾段落是以「應知此理」為總結，最終附上「願以此功德，普及於一切，我等與眾生，皆共成佛道」之「願」做為總結。對正三而言，其議論之「理」是與此「願」相關。

若將各段以數字標示，首段敘述天主教是「稱為天主之大佛」、「天地之主」曾於一千六百年前在南蠻以「耶穌．基督」現世，相對之下，是除此時期之外連各國眾生亦無法救度的「荒謬佛」。天主教的教理並不知「本覺真如之一佛」，而是傳布魔法邪義的「拙理」、「應招天罰」。第二段是進而述說釋尊出世之「理」，相對於此，天主教的教理創造則顯得拙劣。第三段是「日本」論，天主教將崇信「非天主」之神視為過誤，並對此表示「夫日本為神國也。……云神、云佛，唯是水波之隔」、「敬奉神之心，亦為奉報彼一佛」，述說對於神、佛相融一體的敬畏之意。如此成為各種形式的上下「敬」、「法」，天主教則是唯尊「上一人」，此為不符「正理」的「非儀」。

第四段是在日本針對天主教所批判的敬奉日、月之事而提出反駁，認為這是不知具有感恩觀念的「正理」所致。第五段是將天主教提出的奇蹟論視為「天魔外道」。第六、第七段是批判天主教主張人的「實靈（理性靈魂）」之永恆性與天國、地獄論，並指稱為「外道」、「雖稱與佛法相似，卻僅為自眼不明之言論」。鈴木正三將天主教的自我認知視為「實有見」、「有為法」，並相對主張「廣大之佛」、「一切眾生，悉有佛性」、「萬法一如」、「草木國土則成佛」。這是強調所謂印度哲學「梵我一如」的「梵＝大我」，並將天主教視為在此思想層面上的墮惡。

最後第八、第九段說明「佛」為「大醫王。以治眾生迷倒之病為誓願也。眾生信佛是用時，煩惱業障無不除癒」，並稱此為「三界唯一心」。鈴木正三將佛、一心，以醫術的療癒力來予以掌握。然而，天主教徒（伴天連等輩）不知本來「一心」，豈止如此，「更不畏天道，將己身視為開天闢地者，滅除神社佛閣，欲謀此國（編案：日本）以利南蠻，百般虛言誑騙於人」。因犯此「科」，「故遭天罰、佛罰、神罰、人罰，無一得免，皆絞殺之」，將天主教徒視同當受誅罪。

正三更有以下之言，認為假若〈天主教徒〉是「真佛弟子」，則「雖一人死滅，應有天譴」。然而，「伴天連」、「吉利支丹宗」獲死罪無數，卻不曾發生天譴之事。「彼等幾度來日，凡有天道，無疑其皆自滅。」——最終以此做為總結。

鈴木正三認為天主教徒的行動，是不具本來佛性的「誑騙」詐術，將從近世發展至導致發生島原之亂的天主教勢力敗退或獲判死罪，視為理所當然應受的「天罰、佛罰、神罰、人罰」。在此同時，其論述是以若是對其誤罰則應遭「天譴」，但實情卻絕非如此而作結。

鈴木正三的如此表現絕非輕率之言，這應是該論結語，無疑是正三自身的想法。這與「正三語錄中出現許多在魔怪或幽靈等故事中才有……的妖怪」（神谷滿雄，〈鈴木正三の人と思想〉）有所關聯。例如，正三撰有《因果物語》，進而「知所悔改，好守因果之道理也。……萬事依因果而守之，處置不應有分別」（《驢鞍橋》上一二四）。然而，進而針對集中一念以求淨化而提出說明（「唯今一念不空過，清淨用事也」，同），其以不唯有分別的天道而成（「依事物分別不能成物，皆依天道而成物也」，同）。這堪稱是從倫理角度來集中描述超越假言令式的定言令式及其成立概念。難道認為即使將天主教徒「皆絞殺之」，亦不會遭致「天譴」，而是「無疑其皆自滅」？

此後更近一步探討天主教徒，而其情況又是如何？新井白石遇見西多契，並閱讀《對治邪執論》，當然亦取得《破吉利支丹》一書。儘管如此，新井白石甚至論及若將數十萬亡魂棄而不顧，恐會導致將軍治世或後繼不穩的情況（《祭祀考》）。總之，天主教的毀滅中，持續著不僅是徹底「自滅」的情況。筆者認為在其影響作用史中，就近世時期大致分為三個層次。

第一是以天主教的隱匿、潛藏、變遷等角度來探討信仰情況。至近代，曾存在著重新被認為是天主教徒的潛伏天主教徒。此外，明治時代中期曾有《天地始之事》等受到天主教思想所影響的說話故事。縱使受到「禁止法規」，天主教至近世卻仍未消失，在近代的禁教過程中依舊殘存。第二是以文學史的角度來掌握其樣貌，這是屬於反天主教，或尚未明確是否為天主教徒的流脈。例如，鈴木正三的文本是從寬文初期（一六六〇年代）開始，亦即在宗門改明確普及化的時期，並承襲淺井了意（一六一二—一九一一）所撰的《鬼利至端破卻論傳》，進而予以變更內容。淺井了意為真宗僧侶，是創作假名草子的重要作者。此外，堤邦彥、青山忠一等人所掌握的近世佛教文學、傳說、物語中的幽靈故事或怪譚，進而在能劇或歌舞伎中亦有延續傳承。第三，就是所謂民俗學發現的流脈。姑且不論柳田國男自身，折口信夫（一八八七—一九五三）的貴種流離譚、五來重（一九〇八—九三）探討的民俗信仰型態，谷川健一（一九二一—二〇一三）探討的「賤民」信仰與藝能——這些堪稱是發現天主教與佛教的文化基層。總而言之，在此領域中產生並發現了超越「天主教與佛教」的近世初期構造。

專欄一

秀吉的征韓與佛教

大桑齊（大谷大學名譽教授）

僧侶涉入征韓

在豐臣秀吉征韓行動的外緣勢力中，零星可見某些僧侶之名。例如，身為秀吉側近並追隨參與入侵朝鮮的相國寺西笑承兌，以及博多聖福寺的景轍玄蘇，兩者是以對馬宗氏的外交顧問身分出使朝鮮，安國寺惠瓊則是以武將身分參與征戰。至於其他，例如在大名軍隊裡亦可散見從軍僧名列其中的情況。在朝鮮方面，則有組織義僧軍以抵抗秀吉軍的西山大師休靜，以及身為西山弟子及義僧軍副帥，並於日後擔任講和使者的松雲大師惟政。日、朝兩國僧侶恰是形成對照關係。

李朝朝鮮在十五世紀末曾歷經廢佛政策，至十六世紀中葉，反而邁向佛教中興期。推動復佛的核心人物是西山大師，義僧軍則是奉敕命而組成。若從護國活動的角度來看，從遭受彈壓至再度復興，韓國是屬於國家佛教，但亦可說是將抵抗侵略當成一種逆緣，並藉此恢復佛教所具備的民眾性。此點與日本佛教形成了明顯差異。成為核心人物的西笑承兌、景轍玄蘇等人，或許抱持著如此信念參與其事，但許多投入從軍的僧侶應非如此。最知名者如小西行長軍的妙心寺天荊、鍋島軍的泰長院是琢、吉川軍的宿蘆俊岳等人。這些僧侶是分別奉命以外交顧問或醫僧、伽眾（將軍或大名側近，擔任傳述諸國見聞或雜談之職）等身分從軍。又如島津軍的面高連長坊撰有《高麗日記》（《改定史籍集覽》所收）傳世般，亦有擔任記錄之僧者。太田秀元在著作《朝鮮記》（《續叢書類從》所收）之中，記述「有號稱關山派勤首座之出家人望得佛典」，依此看來，亦有僧侶借此機緣而求取朝鮮佛書。他們在為參戰感到遲疑的情況下依然從軍，由此可推測在寺社勢力的各種特權慘遭剝奪的背景因素下，是無法拒絕豐臣政權在整體上要求僧侶亦能從軍的情況。

佛法東漸

日本具有佛法東漸的思想。佛教一逕東傳，終抵日本。故而產生一種意識，就是欲將途徑反向西還，重興已失的佛法，故有逆東漸論之稱。此論是在十五世紀，由神道家吉田兼俱彙整成為根本枝葉花果論（《唯一神道名法要集》）。其論理是以日本神道為根本，在中國促使儒教枝茂葉盛，在印度結成佛教花實。如同枝葉花實落於地面般，最終返本歸元於日本。德川政權在針對天主教徒所撰寫的排吉利支丹文中，亦採用此思維方式。明治時代的佛教徒在向中國及朝鮮半島傳法之際，同樣採用此論述，結果造成導致帝國日本侵略他國的助因。

雖然無法明確得知與秀吉征韓戰役有關的佛教徒，是否曾意識到逆東漸論，但多少隱約受到前述的背景因素所影響。在釜山開創的真宗寺院高德寺所記載的發展源流記中，是以「夫惟佛隱於西天，餘光猶傳於東土」的東漸論為開端，並記述當時欲向朝鮮有緣眾生弘傳念佛法門。從文中傳達出逆東漸論的蘊意，卻招致義僧軍的抵抗。

安養寺慶念的非戰主張

安養寺慶念為真宗僧侶，曾撰有從軍記《朝鮮日々記》。慶長二年（一五九七）七月，慶念於釜山登岸，並參詣高德寺。在此之前，追隨小早川隆景的端坊明念於文祿元年（一五九二）創立該寺，寺內供奉親鸞肖像畫，其畫背面有本願寺教如的親書註明。據傳藤木久志讀其記載後，認為「曾經不斷正面敵視統一權力」的真宗竟然見風轉舵，成為助長侵略朝鮮的立場，如此行徑委實令人「神昏目眩」。

慶念在一向一揆時期，曾是大坂本願寺的堂眾，在因緣際會之下至臼杵（今大分縣臼杵市）開創安養寺，領主太田一吉隨即捐贈寺領。據推測一吉曾命慶念從軍，其所擔任的職務應是醫僧或祐筆（編案：書記）等職，但實際情況未明。慶念臨危受命，以「迷惑無極躰（困擾至極）」來表示困惑處境，在日記中一貫堅持態度，接連表示從軍實為「膚淺」之事。當他目睹秀吉軍粗暴而毫無章法之際，對於自己同樣萌生掠奪之心，有感於自身乃是「粗淺凡夫」、「吾心拙劣」、「不分你我爭相掠物殺人，強取豪奪，令人不忍卒睹」（八月四日條）。「小孩被五花大綁，父母慘遭劈砍，親子再無重逢之日。彼此相嘆之間，猶如在地獄受獄卒折磨一般」（八月八日條），就此目睹秀吉軍釀成的人間煉獄。在戰場上雖逢善知識的忌日，亦無法舉行謝祭，慶念一逕為自身膚淺至極的舉動而心生慚愧。慶念在目睹眼前的煉獄景象之際，因無法向善知識報恩感謝而就此步向地獄之途，故而為此感到悲嘆不已。

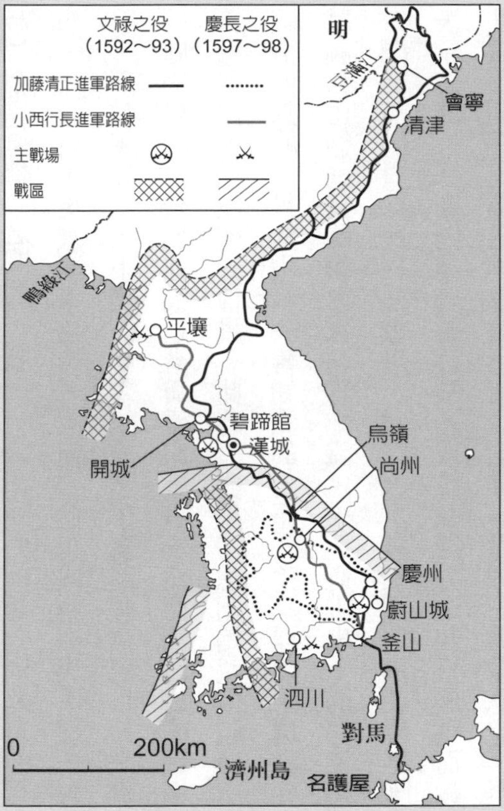

文祿、慶長之役

　昔日大坂本願寺與織田信長的雙方爭戰，是為了救濟民眾而引發所謂善知識的宗教權威與身為「天下樣」（編案：江戶時代對將軍的尊稱）的世俗權力之間的決戰。「善知識的幻想」因敗退而遭到征服，不僅被「天下樣的幻想」所吸收，更被要求侍奉，故而一體化成為「天下樣＝善知識的幻想」。對外的侵略戰爭，則被視為「天下樣」與善知識為了實踐救濟現世、來世眾人而戰。在雙重幻想之下，一向一揆的苗裔們亦被迫參與侵略戰爭。然而，現實的戰場是露骨顯現征服戰的真姿，並刻意展露地獄現前的情景。此時，雙重幻想開始產生破綻。在「天下樣的幻想」失去成為救濟幻想的力量之中，「善知識的幻想」逐漸浮現。慶念痛惡地獄現前，一意求取往生，試圖藉由徹底實踐報恩感謝善知識，來迴避戰場上的悲慘情境。遭到統一權力所征服的真宗門徒被動員參與對外戰爭，猶如天主教徒遭人逼使踩踏聖像的踏繪般，被迫要求對天下表示忠誠。許多門徒身為兵卒，或身為苦力，為征服戰而疲於奔命。信仰催生厭戰，貫徹非戰原則，此為日本佛教所衍生的唯一厭戰、非戰思想。至於述說此事的，唯有慶念的日記而已。然而，《朝鮮日々記》遭到德川日本、帝國日本所封印。此日記在做為佛教面臨對外戰爭所衍生出的非戰思想方面，今日應予以重新關注才是。

文獻介紹

朝鮮日々記研究会編，《朝鮮日々記を読む——真宗僧が見た秀吉の朝鮮侵略》，法藏館，二〇〇〇年。

藤木久志，《日本の歴史十五，織田・豊臣政権》，小学館，一九七五年（改題為《天下統一と朝鮮侵略》，講談社学術文庫，二〇〇五年）。

第二章

近世國家與佛教

曾根原理

東北大學學術資源研究公開中心助教

第一節　追求結緣者

一、近世佛教的方向性

如同釋迦「出家」般，佛教在基本上與世俗世界保持距離。但在傳統上，日本佛教具有與世俗世界維持連結的特徵。不難想像的，對於促使日本邁向近代化的人士而言，或許認為日本佛教欠缺宗教內涵。實際上，在明治時代以福澤諭吉為首的許多啟蒙思想家，將日本佛教與外來宗教的天主教互做對比，藉此批判日本佛教的世俗性。姑且不論日本人多數缺乏自覺，但在近年總算體認到與他國佛教相較之下，日本佛教的世俗性相當顯著。對於僧尼嗜菸好酒、啖魚食肉、娶妻蓄孥的情況皆能接受，並不覺得有何不妥，這堪稱是日本佛教之特徵。

實際上是自近代以後，日本佛教才發展至離反戒規，僧尼逐漸經營世俗生活。如此情況與神道國教化的政局趨向有關。在此之前，日本僧侶在原則上必須遵守戒律。

然而，僧侶與世俗世界拉近距離的轉捩點，就在於中世與近世之間。中世時期因個人較能自由選擇信仰對象，在各佛寺、甚至各宗派或外道宗教人士之間，為了爭取信眾而展開激烈競爭。相對之下，近世民眾甫從出生即被認定為某特定佛教宗派的信徒，在自由信仰上受到大幅限制。佛寺基於排他的立場來爭取為各信徒之家（檀家）舉行喪葬祭祀的保證權，故能確保其社經地位。不少僧侶汲汲追求名聞利養，奔忙於積蓄倉財，勤勵於教學或修行淪為一種形式化的象徵儀禮。但最重要的是在另一方面，亡者供養得以在安定社會中獲得保障。此外，不應對佛學研究逐漸精緻化的積極發展面向過於貶低評價。

如此從中世至近世的變化姑且遑論好壞，若能構築世俗化的日本佛教傳統，那麼，必須關注的課題是，近世佛教確立期的情況應與日本佛教的方向性有密切相關。

二、中世後期的談義所寺院

從中世至近世的轉換期，若思考當時民眾對佛教的需求為何之際，此時關注的課題就是談義所寺院的普及。

若參閱現存的典籍與聖教，可發現從南北朝至室町時代，在各地的主要據點寺院中盛行撰寫與前朝教學著作有關的口述記錄或注釋書。此外，經由學者關注到當時的典籍或聖教中出現許多「於某談義所抄寫」的後跋，並藉其研究而明確發現在中世後期出現了積極舉行學術活動的地方寺院。在奈良或京都等中央寺院內，從古代即盛行學術活動，至中世後期出現稱之為「談義所」（或稱為「談所」、「談處」、「法談所」等）的地方寺院，亦可發現學術普及的狀況。這些學者進而研究後，逐漸闡明多項事實。

首先發現談義所出現於天台宗、真言宗、日蓮宗、淨土宗等宗派，其名稱多冠有地名（如某某談義所，某某是地名）。著名之例是現今位於橫濱市的寶生寺（真言宗）曾為「小石川談義所」，地點位於東京且在後世稱為傳通院（淨土宗）的寺院曾為「石川談義所」。在經由確認曾是談義所的寺院中，約有大半位於東國，尤其多在關東地區（至少可確認有六十處），這或許是深受中世日本的第二都城（鎌倉）所影響。此外，這些談義所並非單一存在，而是在近處即有其他談義所，地點位於主要衢道，或位於國分寺及國府所在地的近郊、沿河等處的道畔。

學者尤其針對仍在持續研究中的天台宗談義所，指出其主要功能是做為提供學僧考取比叡山僧籍資格（豎者）的學習場所，天台宗寺院內多設有日吉神社，在舉行法會祭儀時的論義，成為僧侶的重要學習場域。此外，亦舉例指出比叡山因重視與日吉神社關係深厚的良源（九一二—八五），故而舉行慈惠講（論義）。

談義所是由教師「能化」（亦稱為學頭）與學生「所化」構成，雖有例子顯示是由一名或數名能化教導四、五十名所化，但其實規模不一。基本上是屬於僧侶鑽研學問的場域，在談義所學習的僧侶亦有可能在個人的住寺教化一般信眾。

目前可確認最早的談義所，是在建治二年（一二七六）所建的津金寺談義所（信濃國

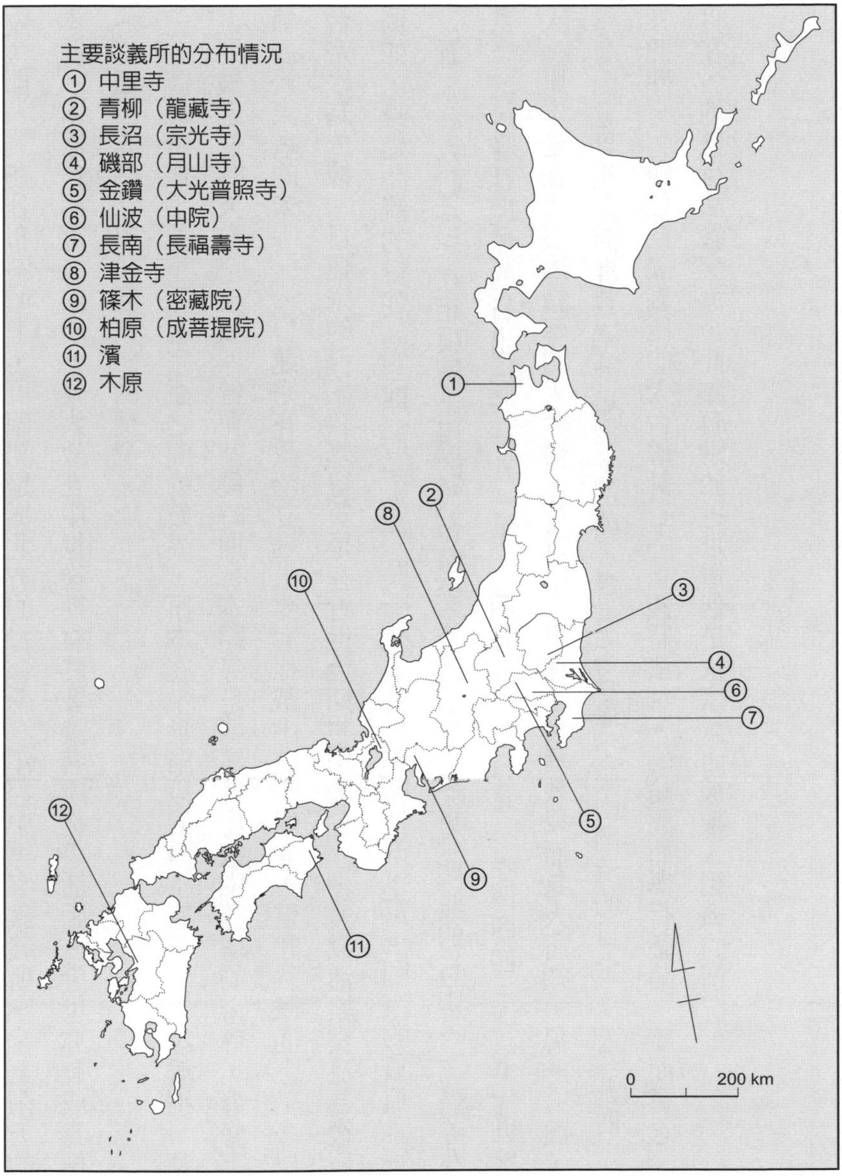
主要談義所的分布情況
① 中里寺
② 青柳（龍藏寺）
③ 長沼（宗光寺）
④ 磯部（月山寺）
⑤ 金鑽（大光普照寺）
⑥ 仙波（中院）
⑦ 長南（長福壽寺）
⑧ 津金寺
⑨ 篠木（密藏院）
⑩ 柏原（成善提院）
⑪ 濱
⑫ 木原
0
200 km

主要談義所的分布

佐久郡）。在分布區域上，可確認是從北方的青森縣（津輕中里寺談義所），至南方的熊本縣（木原長壽寺法談所）。大致在中世後期有許多談義所從事活動，近世亦有成為檀林（宗派公認的宗學研究所）的情況。

談義所似乎並不重視宗派之間的歧異。原本在中世階段的淨土宗或真宗等派別，基本上是被定位為天台宗支派（曾在某段時期，本願寺是隸屬於比叡山西塔的末寺，專修寺是隸屬於東塔的末寺）。日蓮宗在政治立場上雖與比叡山處於對立，但在教學面上仍多以天台宗學為依據（日蓮宗的自宗教學特質是在近世後期才顯著化），並以活絡交流為後盾。例如，身延門流的日朝（一四二二—一五〇〇）在武藏國仙波、富士門流的日侃（一五二五—一六〇一）在相模國土屋的天台宗談義所修習。比企谷門流的日山（一三三八—八一）、身延門流的日出（一三八一—一四五九）及日意（一四四四—一五一九）等人，原本是在談義所修學的天台僧，後以改宗日蓮宗復興教學而為人所知。另一方面，當然有因意見相左而導致議論之例。例如，曾有記錄顯示中山門流的日全（一二九四—一三四四），與仙波談義所的天台僧針對「止觀勝法華」的論題而舉行議論。總而言之，確實在各地盛行法義交流，此點有別於近世僧侶是依宗派而被編入組織的情況。

三、「直談」問世

談義所在中世後期逐漸活絡化，在此之前與京畿外圍地區的上層階級得以從事鈔經或誦經的情況相較之下，地方民眾因缺乏聞法的機會，更難以理解佛法。

古代的僧侶可享有機會在宮中法會向貴人闡述經義（講經），或受請至貴族宅邸釋經（唱導、說法）。此時，其基本構成為「大意」（述說經旨）、「釋名」（解說經題或各品名義）、「入文判釋」（說明經文用語），並常以深具權威性的祖師注釋為基礎。在舉行法華八講等講會時所舉行的「論義」（學僧彼此針對命題而從事議論），或以更自由的型態來針對佛教問題議論的「談義」，兩者基本上是屬於學僧之間的互動。然而，貴族以敕使等身分參與法會的情況亦是屢見不鮮。原本出身於貴族階級的高僧並非罕見，在日常中接觸機會甚多。對於具有俗眾身分的上層階級而言，佛教知識在某種層面上並未脫離常識的範疇。

然而隨著時代推移，僧侶不僅是針對某些特權階級，而是將更廣泛的眾人納入說法對象。在順應此趨勢下，至南北朝時期之前在傳法過程中採用說話故事或和歌，甚至採取譬喻或佛教的因緣故事，以悅耳動聽、平易近人的表現法進行解說的方式逐漸普遍化。例如，天台僧鎮增（一三七五—一四六〇？）的傳法記錄中，記述其師心空（一三一九—

一四〇一）於延文三年（一三五八）向民眾說法，當時「鄰近者皆敬信信伏，集來聽法」。此外，又於嘉吉三年（一四四三）在洛西說法之際，「嵯峨中諸人群集結緣，其盛況難以言喻」，在在顯示當時一般民眾與佛教的關係。

相對於過去的「談義」，彷彿是受此趨勢所影響般，出現了「直談」的傳法形式。身為佛學家的僧侶以正統注釋書（如天台智顗述《法華文句》等）為依據，進行所謂「經釋」的法義詮釋，以此為基礎的「談義」活動則配合時代發展，在某些情況下出現模式化的情況，最終淪為儀禮辭令而已。相對於此，「直談」是擔任講師的僧侶以長年精研義理為基礎，試圖以平易的方式闡明經典本質。自十五世紀後，僧侶大量撰寫統稱為「直談抄」的書籍，因有接受者存在，亦即出現了試圖理解經文的讀者，顯示這些著作逐漸普及化。

另一方面，促使直談得以形成的僧侶界出現何種變化，亦是不可忽略的課題。天台僧貞舜（一三四九—一四二二）曾開創具有代表性的談義所——成菩提院，若觀其修學情況，可知在教學傳承方面已獲取更多自由。此外，亦可窺知貞舜曾赴各地蒐集各種聖教並彙整內容，或將其師蒐羅的同類典籍傳於弟子，由此可窺知其蒐集同類典籍與傳承相續不絕的狀況。即使是同樣傳承，仍有別於在古昔封閉世界中傳授切紙的情況，可令人感到朝開放方向發展。這並非在上層階級的特定集團中彼此授受，而是賦予懷有學習欲及才能卓越者的受法機會。若非如此，則不可能出現僧侶可往返於不同談義所修學的情況。談義所寺院的活動跨越區域且交流活絡，形成更穩固紮實的世俗關係。但在另一方面，重視朝學術開放方向發展的志向，亦在某種程度上（即使重視程度不如近世）成為宗教人士之間所形成的時代產物。

四、學問與知識的擴大

誠然，僧侶的修學需有經濟援助為後盾。如此可假設僧侶能獲得其師或親族、與其結緣的富者等提供後援。在談義所抄寫聖教著作，並將之視為買賣對象，如此情況亦為人所知。在談義所獲得的知識成果，無論在宗教或世俗層面皆為稀有罕見，價值不斐。由此促成各談義所的藏書訊息互為流通，試圖聚集更多書籍。隨著僧侶自行捐贈或進呈，尤其是透過招請碩學之僧擔任住持而取得學問知見上的優勢。在歷經此過程中，不僅是人事權或經濟能力，更逐漸形成在學問上亦保有優越性的「本寺」。

藉由僧侶往來於寺院之間鑽研學問與不斷累積成果，以及向信眾直接宣講的活動，促使篇幅龐大的編纂著作就此形成。較知名的著作如叡海撰《一乘拾玉抄》八卷（長享二年，一四八八年完成）、尊舜撰《法華經鷲林拾葉鈔》二十四卷（約於永正八年，一五一一年完成）、實海撰《轍塵抄》十卷（大永六年，一五二六年完成）、榮心撰《法華經直

足利學校為日本現存最古老的學校遺跡，此為足利學校入德門。（秦就攝）

往京都比叡山修學，更將觸角延伸至南都及足利學校。在其主公家系葦名氏沒落（天正十七年，一五八九）之後，遂以關東的天台宗寺院（江戶崎不動院、仙波喜多院等）為據點。從當時天海的藏書中，可窺知其修學不僅限於天台教學，而是透過輾轉各地之際，並不拘於任何宗派而從事活動的特質來予以強化修行，亦發掘得以跳脫學僧框架的人才。例如，重興高野山且使其免遭與秀吉對立而瀕臨衰亡的應其（一五三六—一六〇八），有一說指出是修木食行（編案：斷五穀，以樹果或山菜為食，生食不以火炊）的勸進聖，並非單純的學僧身分而已。佛教浸透於社會各面向、各階層，近世佛教的形成堪稱是奠基在這些成果之上。

近世佛教得以確立的重要因素，就在於中世佛教累積許多典籍，此事可從在復興織田信長所焚毀的比叡山延曆寺之際，從各地天台寺院匯聚大量典籍的情況來獲得確定。例如，成菩提院（柏原談義所）向天海獻呈許多典籍來支援比叡山復興教學，談義所寺院堪稱是盡可能累積了足以復興教學的典籍。原本在火攻比叡山的階段，比叡山僧為求避難，而以仙波（如舜慶避居當地）、黑子（如亮信避居當地）、柏原（如光榮避居當地）等談義所做為安身之處。天台座主在為了召喚離開仙波談義所的舜慶返回本寺所發布的命令文書中，可發現他極為稱揚舜慶蒐羅經典的成效十分良好，由此可知復興比叡山就在於從事復興教學（實際上是重新編制近世教學）。

中世的地方教學寺院中，有數座是在近世教團形成過程中，成為宗派間公認的學問所（編案：傳授佛學的設施）。其中，又以天台宗的關東八檀林、淨土宗十八檀林、日蓮宗的各檀林最為著名。然而，據傳在近世新編制的宗派架構中，為了使自宗內部鑽研的教學成為重心，導致漸失中世談義所的寺院氣氛。

第二節 「國民宗教」的成立

一、區域社會的變化

從中世後期至近世初葉，是形成與現代連結的社會及文化結構的時代。在與佛教的關係方面，最值得關注的就是「家」的成立。過去是從大家族演變成以雙親與未婚子女為基礎單位、進而凝聚為複數的家族集團。原則上是由男子擔任家長，維持家督相續的型態逐漸一般化。從中世後期至近世初期，不僅是血緣集團，而是以家業或家產共有經營體形式的「家」在各地逐漸成立。如此趨勢在十七世紀後半普及於全日本，形成延續至近代的家族模式。

然而，街町或村落的變化，以及在此過程中成立的近世之「家」，絕非平順安穩。當時在稱為小冰河期的氣候變動中，以及在飢荒與動亂中，人們賭命構成的安全網愈漸明朗化。在形成自我共同體的過程中，建造做為人們共同生活重心的宗教設施，並使其成為維繫精神緊絆的場域。在街町或村落建造具有鎮守功能的神社，在鎮守森林中從事祭祀儀禮。透過支持者而形成「宮座（編案：由祭祀神社氏神者所構成的組織）」等團體，就其舉行的祭儀深具當地特色此點來看，有別於先前時代的特徵。在此社會變遷中，對於佛教發揮的功能不斷進行重新檢視。

在戰國時代，過去曾屬弱勢教團之中，有數派是以急遽發展而為人所知，並成為現今以日蓮宗、淨土真宗、曹洞宗而負有盛名的教團前身。其弘教或傳法途徑的擴大，則與「家」的成立產生連帶關係。

從中世後期至近世初期，是以個別的「家」為單位，並取代過去氏寺而展開祭祖活動。古代官寺或中世武家政權所建立的禪寺，是以研修佛學或祈求為本業，原本與亡者供養無關，故需設置憑弔菩提的寺院。近世初期在受此趨勢影響下而大量建寺。若根據針對《蓮門精舍舊詞》（十七世紀末成立）的調查，可確認現存的淨土宗寺院多創建於十六、十七世紀。至於淨土宗之外的其他宗派，亦可假設具有同一傾向，故從中世後期至近世初期，形成許多具有菩提寺（編案：供奉與憑弔歷代祖先牌位的寺院）功能的寺院，並逐漸發展喪葬儀禮。

原本這種寺院可大致分為兩種源流。其一是當地的有力人士、具有如武士性質般的農民（地侍），他們在私邸設置持佛堂。其二是為了區域社會大眾共同經營的宗教例行活動而設置的惣堂（編案：村民聚會堂），最初是屬於暫設的宗教設施。然而，據稱是因有「家」的成立，為了因應宗教人士在各地區的所需漸增（尤其是追悼亡者）的情況之下，原本在各地巡錫的僧侶逐漸定居，村落及街町的寺院就此成立，而其時間點應在於近世初期前後。

佛教的原本立場就在於自我開悟，或拯救苦惱之生者。就此點來看，或許十五、十六世紀的轉變不僅止於古代與中世佛教的變遷，而是從印度或中國所發展的佛教之中，具有可飛越突破的面向。但對當時者而言，自身逝後則由他者代為舉行喪儀是明確的救濟方式。藉由受人讀經而保證成佛，被認為是給予人們現世生活安泰、喚起活力的方法。

二、「葬式佛教」的展開

在歷史考古學方面，以十五世紀為分水嶺，隨著武士、土豪階級或上層農民階級的合葬墓成立後，造成簡易火葬普及，甚至連帶促進近世墳墓的發展。在此時期，六字名號、妙法蓮華經題目、光明真言等易行化的佛教深入當地，十三佛（編案：審理亡者生前罪福業報的十三名佛菩薩之總稱）信仰亦趨於穩定，是在上層農民等階級之間成立區域信仰團體的時期（在東國的石板型立碑上明顯可見）。在地佛教信仰的趨勢，亦反映於中世至近世的墳墓變遷中。

在此時期之後逐漸一般化的戒名，就是明確之例。目前日本一般舉行喪儀之際，是採用由僧侶為逝者所取的「某某院某某居士」、「某某院某某大姊」等戒名，並支付一筆為數可觀的費用。然而，原本戒名是在成為信徒時由師父所授，是表示成為佛弟子的「Buddhist Name」。

即使至今，基督徒（尤其是天主教徒）在受洗時仍獲得「教名（Christian Name）」。例如，李振藩（Liz Zhenfan，藝名李小龍，一九四〇—七三）使用的教名是Bruce，故亦稱為布魯斯・李（Bruce Lee）。鄧麗君（Deng Lijun，一九五三—九五）從事演藝活動時，是採用教名Teresa的泰瑞莎・鄧（Teresa Deng）。在同樣情況下，戒名原本是在生前使用，不會因為名字而造成尊卑問題，甚至導致價值改變（但避免使用聖者之名等狀況，又與教名有所不同）。在佛教起源國的印度並無戒名，在中國亦僅有「法名」。為逝者設定價值而進行買賣的習俗，似乎唯有日本是如此，而其淵源應在於近世初期的佛教。

至中世的某段時期為止，死被視為穢厄，僅限於部分僧侶（如時眾或禪律僧）參與喪儀。但自西元一五〇〇年前後，認為人本清淨的思想愈益顯著化。如前述所示，民眾祭祖日益普及，大量建立新寺的情況漸增。原本嚴格規定信徒應在生前即可獲得的戒名，卻在逝去時廣被授予，成為反映村內秩序與氏族階級的產物。在此情況下，衍生出授予下層族群「差別戒名」的問題。總而言之，任誰死後皆成「佛」的觀念，恐怕深植於眾人皆具佛性的本覺思想中，成為當時日本佛教發展階段的達成點。

在以「家」的普遍形成做為分界點的日本人之間產生一種說法，就是為現實生活帶來幸福的神，以及保證逝後靈魂獲得救度的佛，兩者互補合一，逐漸形成「國民宗教」。佛教成為其核心要素，以成為國民信仰之規模獲得穩定發展。上至天皇或將軍，下至庶民百姓，皆具有菩提寺，並有下葬墓地，舉行佛式喪儀。進而祭祀氏神（同聚落供奉的神道神祇）或鎮守神，舉行祭儀亦逐漸普及化。佛教是採取兼容神道的形式來管轄眾人生活。

三、本末制度與寺檀制度

日本近世佛教的特徵，在於本末制度與寺檀制度。本末制度是指數座寺院彼此結合為本寺與末寺的關係，末寺不僅受到本寺各種庇護，亦從屬於本寺，聽命行事。在中世階段，寺院關係是以雙方住持關係（如法脈等）為最重要，維持固定的本末關係是受到限制而非普遍化。相對於此，近世因受政府命令所影響，在從屬各宗派規定的大寺院管轄下，促使多層的上、下關係構造化，一般寺院無法自行處理人事或經營寺務。

另一方面，寺院與信徒是藉由寺檀制度互為連結。日本近世的民眾遵奉政府之令，成為特定寺院的信徒，無論是年中例行佛事或自族喪事等，皆需肩負身為信徒的義務（尤其是經濟方面的義務），無法任意改奉其他宗派的菩提寺。此外，在婚姻關係上，一家之內出現多種宗派信徒混合而居的情況（半檀家），有時則成為爭論的導火線。

有關寺檀制度方面，過去認為是幕府為了禁信天主教才予以推廣，之後的研究則認為反而是執權者為了追加認定寺院或民眾的信仰趨勢才加以推廣，如此才更接近實際情況。

試舉關東地方之例，可確認的是東寺寶菩提院的僧侶從十六世紀前期開始傳法，許多古義真言宗寺院皆歸屬其法脈。由此可知即使是系出天台宗同一法脈，亦以獲得中央大寺院的認同為目標志向。

以上事例顯示本末關係形成期的情況，元龜元年（一五七〇）前後，關東地區的真言、天台二宗的寺院論爭（絹衣相論）即是明確顯示此趨勢。在此之前，亦有透過以法脈為媒介所形成的師徒關係來形成本寺與末寺的稱呼方式，但此關係僅限於師徒一代（此為中世的本末關係）。有別於以往的是，直到元龜元年，寺院彼此意識到上、下秩序關係，以寺格為基礎的本寺與末寺之間形成的固定關係就此成立（此為近世的本末關係）。再加上中央大寺院或戰國大名承認寺院秩序的形成，更可確認促進此關係的形成。

即使是當地社會，亦可見其變化。對於鄉村或數座村落所形成的「鄉」民（因地緣條件形成共享水利或共用資源等生產條件的集團）而言，鎮守社（編案：為鎮守寺院而建的神社）或神宮寺是心靈寄託，研究者在分析這些寺社的過程中，指出為了因應區域社會變化所形成的趨勢。換言之，就是為了確保當地社會為了獲得現世利益而極度需要祈求，故藉由區域寺院（神佛習合時代的寺院與神社成為一體化）透過修持密法來培育人才，進而需要可認定修密資格能力的寺院機制。兩者皆需仰賴中央大寺院介入，區域社會盼與中央鞏固關係的契機。在因應地區邁向近世社會的需求中，闡明了地方寺院與中央本寺之間雖幾經波折，卻仍維持本末關係的情況。

有關本末制度的完成時期，在過去議論中予人的印象是認為應在十七世紀初期（慶長、元和年間）就已一氣呵成，權力是由單方決定。但歷經前述的近年研究後，研究者們取得共識，認為實際上是延至十七世紀後半（寬文年間）方才形成。

同樣在針對寺檀制度的形成方面，過去認為是藉由幕府權力形成的固定制度，卻出現難以解釋的事例。例如，幕府頒布的法令〈御條目宗門檀那請合之掟〉，要求檀家若不遵從寺院指示，將被視為邪宗（如天主教、日蓮宗不受不施派與悲田派），即使此法令是偽造文書（據稱是元和三年〔一六一七〕作成，實際上是由僧人偽撰於元祿四年〔一六九一〕之後）卻依然廣泛流通般，在在顯示出佛寺企圖保有利權，將偽撰法令或判決予以流布，檀家則在某種程度上依然予以接納。檀家與寺院雙方理解的結果，甚至出現承認加持祈禱的檀家認同離檀（編案：放棄信奉固有菩提寺的檀家）之例。與其說幕府或藩是強制執行寺檀制度，毋寧說是認同宗教人士的權利主張，如此看法則更為確實。

在發掘這些多元化事例的過程中，顯示執權者採取單方制度化的看法逐漸難以成立。如此闡明了各種制度在與國家權力形成中並行發展，且在順應寺院或民眾動向的過程中逐漸形成的情況。近年研究並非從「由上」或「由下」單向來探討近世佛教。此外，其主張並非以簡化為權力與民眾的二元論方式，而是從各集團之間的緊張關係中逐漸形成。近世佛教並非由近世初期的幕府權力所構築，而應是在中世末期的各地以多層方式存在的區域權力、民眾、寺院，無論孰好孰壞，皆在嘗試構築彼此的關係中逐漸形成。

第三節　佛教界的重組

一、「新佛教」的發展

在佛教與社會關係產生變化之基礎上，佛教教團與政治權力的關係也產生新的變化，近世的宗教秩序就此成立。

南都北嶺的僧侶原本成為中世宗教的勢力核心，他們是以獲得莊園獻納資財或取得本所的利權做為收入來源。中世社會秩序瓦解之際，倘若不改變學僧的行為模式，將無法避免陷入經濟困境。有「勸進聖」或「本願」之稱的低階僧人在中世後期嶄露頭角，因參與念佛系統的活動及葬儀，故而獲得洛中工商業者及村落有力人士的信奉，並在護持者支持之下擁有經濟實力。將勸進聖或本願納入管轄之下，亦是為了獲得「末寺錢」或「合力」（編案：在信徒組成的講會中，提供出資或米糧做為資金融通之用）。在中世時期具有影響力的固有寺院與禪宗、日蓮宗、真宗之間屢次出現政治對立，此事已廣為人知。但在另一方面，兩者卻維持並實際發揮了互補關係。寺院組織設有勸進聖及本願（編案：建造寺院或佛像、舉行法會之發起人），藉此利用其經濟實力，促使從事修復堂舍，而其型態可見於京都

中世時期吉野金峯山寺擁有廣大的寺領莊園，此為掛於本堂的金峯山寺額匾。（秦就攝）

清水寺、吉野金峯山寺、熊野那智山等處，如此情況絕非罕見。

當初僅是以少數英才信奉其異端教義的「鎌倉新佛教」教團組織，隨著時移世易，其教義漸趨於世俗化。在此同時，亦與固有的大教團在互尊互讓的過程中逐漸成長，直至近世初期，在宗教界中逐漸占穩其位。對於豐臣秀吉或德川家康等人的統一權力而言，鎌倉新佛教的教團組織成為無法忽視、實可利用之存在。

二、近世八宗體制的成立

中世後期因戰亂及區域秩序面臨轉變，故而停止舉行國家層級的法會。例如，公家的御八講是由跨越宗派的學僧們所提供的論義場所，大永四年（一五二四）成為最終講會，此後中斷七十載（在豐臣政權下再度舉行）。以足利將軍為中心所推行的武家八講，則早在明應二年（一四九三）成為絕響。根據翌年的《大乘院寺社雜事記》十一月三日條的記述所示，「前年能登國納三萬疋，南都、北京、僧綱以下各分一萬疋以開八講。然今年來至三萬疋，兼用為公方元服，故而停講」。政權實力（尤其是經濟力）衰微，無疑將導致法會難以舉行。

大規模的論義法會亦是學僧發表成果的場域，如此機會若遭剝奪，不僅造成鑽研教學的學僧無所適從，對於以學識為準則的宗教界而言，更阻礙其秩序形成。如此情況，可說是在國家級的祈禱，同樣面臨了中斷的狀況。當時學僧疏於學問及修行，在某些情況下，甚至蒙受「懈怠」或「墮落」的誹謗，但在另一方面，這種情形確實存在。就此點來考量，豐臣政權舉行的大佛千僧會產生了莫大影響。

文祿四年（一五九五）九月，在與東山大佛鄰接的妙法院經堂內，舉行京都東山大佛千僧會（以下簡稱「千僧會」），是以供養豐臣秀吉（一五三七—九八）的祖父母為目的，故始有此稱（亦有論點指出，原本目的是供養秀吉父母，此後卻出現變化，其背景因素就在於養子豐臣秀次遭到處決所致）。根據當時最高執政者下令，各宗僧侶每月聚集一次，共由八百名僧人舉行法事。

雖稱為「千僧會」，卻動員八百名僧，其原因就在於是以「各宗遣百僧」為基準召集。那麼，為何並非十宗而是八宗？當時身為公家的山科言經在日記中記述：「昔日京都無八宗，故重立八宗」（《言經卿記》），可知「八」這個數字被賦予特別意義。

在日本古代與中世，國家公認的佛教宗派稱為「八宗」，分別是：1.俱舍；2.成實；3.律；4.法相；5.三論；6.華嚴；7.天台；8.真言。然而，因教學內容雷同等因素，1.俱舍被視為4.法相、2.成實被視為5.三論的「付宗（編案：附屬宗派）」，並無獨立的八宗派。即使如此，正統宗派是「八宗」的觀念甚強，對豐臣政權的宗教政策造成影響。

舉行千僧會之際，則決定為新八宗，分別是：1.真言；2.天台；3.律；4.禪；5.日蓮；6.淨土；7.時眾（以「遊行」表示）；8.真宗（以「一向宗」表示）。從第4.至第8.項是取代從古代發展至中世的八宗而新添的宗派，反映了前述「鎌倉新佛教」的成長情況。另一方面，以興福寺、東大寺等處為據點的法相、華嚴等宗派則不在此列，當時對此的說明是「為了確立京都八宗，故而排除以南都（奈良）為據點的宗派」。然而，即使檢證後續發展的佛教史，新八宗成為近世佛教核心卻是不容否認的事實。

八宗對於傳統宗派（真言、天台）之外，更加入所謂的「鎌倉新佛教」各宗，彼此為了座次順序的問題而引發激烈爭論（座次相論）。與天台宗爭奪上首的真言宗僧，曾留下記錄：「將我宗與淨土、日蓮、時眾、真宗等宗同列，情何以堪。」（《義演准后日記》）即使如此，豐臣政權之命難以違抗。如同淨土宗與日蓮宗之間，亦出現安土宗論（以淨土宗方面的訴求為基準，織田政權於天正七年〔一五七九〕針對日蓮宗進行彈壓的事件）般，可透過回溯二宗論爭史來發現座次之爭。

豈料，慶長四年（一五九九）五月卻情勢驟變，原本是由各宗分別遣一百名，並根據座次位階，最初是由真言宗遣一百名、其次是由天台宗遣一百名的方式輪替舉行法會。相對之下，由此時間點開始決定每月改由一宗負責舉行（但在秀吉祖父母的喪月忌日等情況下，則是由八宗共同舉行）。藉此可讓原先以擔任法會順序的形式所留下的座次傳統逐漸消失，八大宗派的關係更傾向於不分軒輊。至豐臣家滅亡為止的十五年間，就是以此形式延續千僧會，各宗以彼此對等的形式分別自立。此外，如同在中世形成激烈對立的延曆寺（山門派）與園城寺（寺門派）統括為「天台宗」般，宗派比寺院更顯得意義重大的傾向愈益明顯。

三、門跡與院家

另一方面，新成立的正統八宗在近世衍生出異端宗派。主張拒絕參與千僧會，甚至創立不受不施派的日奧（一五六五—一六三〇），其活動即是顯著之例。

與此動向並行發展的，是從各宗派促使內部的上、下秩序更為明確化，或形成跨宗派的秩序，同時在此過程中持續創造「正統中的正統」。在隸屬僧團的個別僧侶之中，是以各宗派為單位整頓寺院階級，藉由僧位（法印、法眼、法橋）與僧官（僧正、僧都、律師）或袈裟顏色來促使位階明確化。僧位與僧官是淵源於古代律令制，在歷經整個中世時期皆曾存在。然而，在基本上是屬於人的範疇，近世則以寺院為基準。例如某寺的住持為僧正、某寺的住持為律師，如此結構成為主流。進而超越宗派藩籬，跨越宗派而制定法令。門跡、院家、坊官（編案：為門跡處理寺務的俗僧）的順序得以整備，並將身分法令的秩序（理應出家的）僧侶導入僧團。據說此秩序約確立於十八世紀初期之前（元祿—正德年間）。

慶長二十年（一六一五）七月，大御所德川家康（一五四二—一六一六）、將軍德川秀忠（一五七九—一六三二）、前關白二條昭實（一五五六—一六一九）連署制定的〈禁中並公家諸法度〉，是以制定公家社會的新上、下秩序而為人所知。在門跡方面，藉由出身而依序訂定親王門跡、攝家門跡、准門跡的順位。當時出現許多世襲親王家出身的法親王，卻積極推出方針來嚴格限制冊封上皇、天皇之外的皇子為親王，並限制法親王人數。至於院家方面，中世出現不少與門跡並行的情況，約從此時開始限定具有入清涼殿資格的堂上公家（公家家格之一，准許昇殿）之家系，並置於門跡的較低位階。

在親王門跡彼此之間，出現了試圖藉由與天皇的血緣親疏關係來做為地位歧視化的基

日光山輪王寺黑門，位於輪王寺地基西側。輪王寺由法親王任住持，是天台宗的門跡寺院。（秦就攝）

準。但在近世中期之後，因皇子人數遞減，造成對親王策封的設限成為有名無實。世襲親王家出身的法親王甚至跨越宗派而轉移他處，替高階門跡提供人才。在此情況下，輪王寺門跡占居至高無二的地位。近世新設立的輪王寺門跡是以護持東照宮為使命，不僅擁有滋賀院、毘沙門堂成為直接的預備、後備門跡，卻因皇子出生數目減少，難以確保門跡人才，在此情況下，即使直到轉移至其他門跡為止，亦常以確保門跡人才為優先。唯有輪王寺門跡在歷經整個近世的過程中，得以一直擔任住持之職而已。在整體上，親王門跡堪稱是輪王寺門跡的預備門跡。在此明確顯示了以將軍家祖神的日光東照宮，與做為別當寺（編案：設置僧職管理神社事務的寺院）的輪王寺門跡視為至高象徵的近世宗教樣貌。

第四節　佛國、神國觀與德川政權

一、研究觀點

至西元一九八〇年代，在日本史研究領域中針對近世權力的型態方面，可發現潮流變化十分顯著。從將近世權力型態視為幕府與藩所構成的權力機構，並試圖從中分析各種現象的「幕藩制構造論」、「幕藩制權力論」，進而使幕府運用朝廷權能來增添其權力，並促使權力成立的「近世國家權力論」。幕藩制權力論是透過關注公家或天皇等在過去不被充分重視的研究對象，來檢討近世國家的門跡與本所（例如掌握工商業各種營業准可權的公家）所擔任的角色，並迫使重新檢討對宗教的定位。這並非關注只是加入權力機構且被利用的客體層面，而是做為形成權力來支配民眾的主體層面。其代表研究則有與身分的周邊關係密切之各種論述考證。

另一方面，在社會經濟史盛行下，反而造成與歷史研究難以銜接的狀況，而以此為基礎的近世思想史研究，約於此時形成共識，認為若欲掌握近世佛教的總體本質，就無法迴避與國家的關聯，故亦關注國家意識型態的思想（儒學、天道思想、神國思想）。至於民眾思想研究方面，並不拘泥於脫離國家權力別有「生存機能」的看法，而是以傾向於遵循接受國家意識型態的立場來進行研究。

過去研究者指出近世國家不具宗教性的通論說法，就此產生強烈動搖。在探討何謂近世國家的問題之際，必須闡明包括宗教或文化、意識型態層面在內的整體樣貌，這顯然是不爭之事實。在與此議論有關的課題中，近世佛教研究亦針對佛教與國家權力的關係提出問題。

在此情況下，近世佛教產生新成果，但在本質上仍有不少議論空間。在近世各種制度或型態逐漸被闡明的過程中，存在著規定及形成這些制度或型態特色的本質，而應該追求此本質的時期已然來臨。換言之，就是指探討既不同於古代、中世，亦有別於近代的日本近世佛教，究竟具有何種獨特樣貌的課題。

二、佛國、神國

「佛國」、「神國」的用語，正提示了宗教與日本人之間維繫著難以切割的關係。

日本是佛國的說法，早在中世就已成立。日本在本地垂迹說流行之時流傳一種說法，就是日本是佛界至高無上的大日如來所統領的本國，故有「大日本國」之稱。此說法不僅是包含天皇的祖神天照大神在內，甚至連日本各地的諸神皆是大日如來化現之相，他們的真實心意在於藉由佛教救度群生。

「日本＝佛國觀」與「日本＝神國觀」是難以切割的連帶關係。自古即有將印度佛教、中國儒教與日本諸神互為對照，並藉此發現日本信仰的特質。此外，藉由本地垂迹說的理論將神佛視為一體，促使神國日本被定位成與佛國印度等國是居於對等立場。所謂神國日本的言論，是各時代人們在提出對己有利的主張時才會予以強調。至院政期末期與蒙古來襲之時，此說受到熱烈宣揚。後至十五世紀，吉田神道以反其道而行的方式來處理神佛一致的課題，主張「根本枝葉花實說」（將佛教傳播以樹木為喻，印度為根、中國為枝葉、日本則為最優美的花果），並克服當初就蘊涵在神國觀中的「日本＝邊土（從印度的立場來看，日本是佛教的化外僻地）」之劣等感。此外，亦倡導「三國佛法衰滅論」，主張印度與中國皆已佛法式微，唯有日本能使佛教興榮。並藉此理論導入神國日本亦是佛國，是舉世間佛法最興隆的優良地區。

在接受中世的佛國、神國觀之下，近世並未將這些觀念單純視為知識，而是更充分運用在政治場域中。其中最為人所知的，就是豐臣秀吉的外交文書。例如，天正十九年（一五九一）致葡屬印度的高爾總督之覆函中有如下內容：

日本原為神國。神為心。森羅萬象、無不依一心。若不依神，則靈亦無所生。若不依神，則道亦無所生。無論世間有何事，神不增不減。《易經》有名言，云：「陰陽不測之謂神。」故神為萬物之根源。神之教，於印度謂佛教，於中國謂儒教，於日本謂神道。若能會通神道，則可謂佛之教理、儒之教理皆習於身。（大意）

禪僧西笑承兌（一五四八－一六〇七）奉秀吉之命所記載的文章中，主張日本是佛國、神國，故為舉世最優秀之國，此說法的根據顯然是出自吉田神道系統的理論。

三、德川政權與神國意識

豐臣秀吉歿後，德川家成為日本統治者，樹立長達近三百年的政權，他同樣表明佛國、神國觀。慶長十八年（一六一三），禪僧崇傳（一五六九－一六三三）奉家康之命起草〈伴天連追放令〉，在篇首的記載內容如下：

（前略）日本原為神國，如名言「陰陽不測之謂神」所示，聖物為能成聖物而所依、靈物為能成靈物而所依者是為神，無人不尊崇神者。……（中略）……又日本為佛國之事亦有明據。神道書有「日本為神佛變現之國，亦即大日如來之本國」。又《法華經》云：「諸佛救世者，……現無量神力。」可知依神佛之教法，神佛之名雖異而同體。古昔日僧得神助而渡海，遠至中土求佛典、儒籍而持歸故國。後於日本以師弟傳法，佛教榮盛凌駕於他國，誠如佛法東傳而興榮之所言。

如前所述，近世初期的執政者強烈抱持著佛國、神國的觀念。這是基於日本對外有西方列強入侵東亞，對內則有以吉田神道為代表的理論形成及流傳的狀況為基礎。此外，從佛僧（禪僧）負責起草外交文書此點來看，可知即使是踏襲室町時代的傳統，仍可察知當時的佛教與神道、儒教並無二致。

豐臣秀吉、德川家康以武力統一日本，在此同時，是以樹立有別於往昔的強固王權而為人所知。當近世初期面臨王權重組之際，此時積極提倡佛國、神國觀一事，顯示出兼容神道的佛教是以一種支配思想而逐漸成長。倘若踏襲著研究史認為近世佛教並非單純從權力層面形成的觀點來看，則意味著佛國、神國觀具備「國民宗教」的重要因素。

四、將軍、天皇與東照宮

對德川政權而言，姑且不論佛國的立場，當標榜自身為神國統治者之際，其問題就在於被稱為神裔的天皇家已然存在。即使對佛教教團而言，若考量佛教在近世社會中被如何定位時，天皇家的存在亦成為無法避免的課題。如同近世屢次提倡的排佛論中亦顯示般，在理論上是可設置「外來佛教」與「日本獨有的神道」的對立軸，但在實際上，日本近代的國家神道在摸索過程中逐漸推展天皇的神格化，佛教就此甘拜下風。

然而當時雖強調神國，但在主觀上並未認定天皇家或朝廷就能凌駕將軍家的權威。近世成為日本國之代表的「公儀（編案：近世由幕府取代天皇執政）」，是由將軍家持續獨占。雖是神國，卻不以天皇為至尊，就近代觀點來看，這種彷彿充滿矛盾般的意識又是如何得以存在？

天台僧天海曾任輪王寺貫主，是中興日光山之祖，此為位在輪王寺神橋前的天海僧正雕像。（秦就攝）

在考量近世初期的天皇與將軍的關係之際，東照宮的存在十分值得關注。身為德川將軍家始祖的家康於歿後以「東照大權現」之名獲得祭祀，與西國的天照大神（伊勢神宮）成為對比，形成東國德川王權的象徵之位。東照宮的創設者是天台僧天海。從寬永十三年（一六三六）至寬永十七年（一六四〇），以天海為中心撰述的《東照社緣起》全八卷，在針對將軍與天皇的關係方面，是可獲知天海構想且耐人尋味的史料。

在《東照社緣起》之中，最早開始撰寫且最能將主張完全彙整的著作，就是以漢文體書寫的〈真名緣起〉上卷。其內容是將德川家康描寫成佛菩薩轉世，歷經千辛萬苦而統一戰國之世，離世後則返還佛菩薩的世界。另一方面，若閱讀天皇的相關記述，在有關活躍於九世紀的桓武天皇與僧侶最澄的彼此關係方面，則可確認兩者是以志在憑藉佛教之力護國的「二聖」身分登場。至於天照大神，則記載是由最澄傳授佛法（治國利民法），並獲得佛教之力而進行統治。就此點來看，可確認天海認定即使是天皇或天照大神，仍屬於奉持佛教的身分。相對之下，東照大權現與山王權現（編案：指天台宗神道的傳統神祇）互為一體化，並以世界諸現象所依據的根源神（產生世界一切現象的根本之神）來予以定位。這顯示出與佛教本質一體化的東照權現，與藉由佛教力量而獲得支持的天照大神互為對比。

在更晚成立的其餘七卷中，亦是採取同樣論調。例如，〈真名緣起〉中卷援引《日本書紀》的內容，描述天照大神曾提出預祝子孫（天皇家）寶祚永續的「天壤無窮神敕」。若僅就此點來看，天海應認同天皇家統治日本的立場。但在細讀後，發現其內容是針對主張神佛一致的文章說明，神國的主張與佛國的主張是屬於並存立場。至於其他幾處亦有同樣情形，即使在更晚撰成的七卷內容中，在針對天皇定位之際，仍應保留了天皇是以神佛一致為基礎的立場（天皇家是為弘揚佛法而存在）。

《東照社緣起》是經由將軍所屬的德川政權首領請託而撰寫，並基於他們的立場來將緣起繪卷供奉於將軍家的祖靈。若從這個角度來考量天海主張的神佛一致理念，則可掌握當時政權所採取的立場。實際上，可從德川政權的行動中確認許多佛國意識與神國意識。將軍家的年度供養法會是在菩提寺的增上寺、祈禱寺（編案：祈求家族繁榮安泰的寺院）的寬永寺盛大舉行。另一方面，天照大神取代過去的國常立尊而成為至尊無上之神，在此轉變中，可窺知第三代將軍德川家光態度十分積極，試圖藉由佛教與神道之力而使政權得以永續化，更為此不斷促使神話形成。

第五節　德川神話與御威光

一、德川神話的形成

與天海幾乎在同一時代活動的禪僧澤庵（一五七三—一六四五）在其著作《理氣差別論》中，記述統治者若具備對萬民皆能以平等心施予慈悲，在逝後將會被尊奉為神，而東照大權現即是如此。同樣身為禪僧的鈴木正三，則將德川將軍視為「聖王」。在僧侶中出現一說，主張家康或德川家是特殊且神聖之存在，其中，淨土宗教團採取的行動尤為顯著。

至第二代將軍秀忠的時期，出現了對德川將軍家而言十分重要的兩處寺院，亦即將家康予以神格化的天海所擔任住持的寬永寺，以及成為將軍家菩提寺的增上寺。兩者分別是以寬永寺為祈禱寺、增上寺為菩提寺的形式分擔任務。現世是交由寬永寺、來世則交由增上寺負責處理，此事是由家康親自決定，而實際上，秀忠在臨終前立遺囑，表示將葬於增上寺。葬於日光的初代將軍家康地位至尊無比，後繼將軍們在增上寺處理喪儀才是符合情理。然而，第三代將軍家光在臨終遺言中，指示遺骸將葬於日光，並採用天台宗喪儀。

寛永寺是德川將軍家的菩提寺，多數德川將軍的靈廟已毀於二次世界大戰，圖為現存的嚴有院殿靈廟敕額門。（吳宜菁攝）

第四代將軍家綱、第五代將軍綱吉仍以遺言指示將葬於江戶的寬永寺，依然採取天台宗喪儀。菩提寺增上寺感到顏面盡失，激烈表達反對之意：「即使是將軍個人遺願，仍應謹遵初代將軍家康制定的準則」，不僅在江戶，甚至集結關東的主要末寺提出抗議。在情理上，增上寺的舉動完全正當，幕府畢竟無法坐視不管，試圖在舉行第六代將軍家宣喪儀之際進行調整，此後改為在兩寺均等設置將軍墓的數量。若光從結果來看，自家宣之後舉行的將軍喪儀，在寬永寺、增上寺之間保持次數的平衡。身為菩提寺的增上寺，其地位可說是勉強獲得保留。

在淨土宗方面，恐怕是以此事件為背景而促成宣揚德川將軍家的神話。《井上主計頭覺書》（被視為後述《東照宮御遺訓》的

增上寺德川將軍家墓所入口門，左右門扇上各配五個德川家家徽的葵紋。（秦就攝）

原本），是由德川秀忠的側近井上正就（一五七七—一六二八）以使者身分至駿府城謁見家康，並以筆記形式記載當時家康所述的教誨集。其中，記載家康是虔誠的淨土宗信徒，藉由阿彌陀如來之力而完成統一天下。例如記述了從家康與僧侶的對話中，可知僧人將家康視為阿彌陀佛。

源譽存應（一五四四—一六二〇）曾接受德川家康皈依，並復興增上寺，其高徒曉譽源榮（？—一六一八）是以見聞錄的形式撰寫《曉譽覺書》（撰成年代未詳），其中記錄家康與存應及其高徒的言行，當然內容虛構之處甚多。不僅出現如「主公是佛菩薩再世」等將家康視為佛的敘事情節，更描述是以直接及務實的方式利用佛教，而此說法成為其特徵。《曉譽覺書》記述了存應向家康進言，或利用淨土宗僧成為公儀的密探，並在淨土宗本山的知恩院設置宮門跡（編案：由法親王等擔任住持的寺院），在公武對立之際，則認為應擁立與武家有淵源的天皇。其內容與史實相去甚遠，應是試圖藉由將家康視為主角，而以創造其神話的方式來祈願德川政權穩定安泰。

二、《松平崇宗開運錄》

《松平崇宗開運錄》堪稱是淨土宗系統的德川神話決定版。此書是以增上寺內傳承的家康在世當時的記錄為依據，並由顯譽祐天（一六三七—一七一八）附加松平氏時代的歷史，創作德川將軍家的始祖神話。祐天善於加持祈禱，尤其在關東各地以驅除怨靈而博得高名，現代研究者亦稱其為「江戶大法師」，最終因獲得大奧（編案：江戶城內的將軍妻室居所）信仰，甚至榮陞為增上寺住持。

德川家的歷代先祖皆信奉淨土宗，從身為三河領主時期就將大樹寺（今岡崎市）視為菩提寺。《松平崇宗開運錄》中的故事發展，是根據此項史實，描述成為菩提寺的大樹寺與增上寺的僧侶共同守護松平家、德川家，至家康執政時期，阿彌陀如來終於授其統治天下的大任。書中記述：「若以家康之力，能使眾人皈依念佛，逐一獲得救度，家康將替代阿彌陀如來拯救眾人。如此一來，阿彌陀如來將歡喜交付天下於家康。」不僅如此，甚至記載阿彌陀如來是如何積極侍奉家康。當德川軍在大坂陣與豐臣軍相戰之中，家康的念持佛曾化身為武士模樣的僧兵，為守護家康而奮戰，此像即是日後安奉於增上寺的阿彌陀如來像（黑本尊）。

> 戰場屢有傳令：「我軍某某陣亡，敵軍某某遇害」，此時本陣有一素未謀面者現身，其模樣為黑衣裝束之僧兵，以超凡之銳勢，將敵兵逐一擊倒。此兵不為放箭所射中，亦不為彈雨所損傷，不知是何家僕從，委實令人匪夷所思。主公家康不禁起身，入佛閣開念持佛櫥，但見唯有台座、光背而已，佛像已消失無蹤。家康毛骨悚然，遂向一旁待命之了的、郭山（源譽存應之弟子）告言：「吾知武士來歷也。」二僧問：「究竟何人？」家康引兩人觀其

安奉於增上寺安國殿的黑本尊，是一尊阿彌陀如來像。（秦就攝）

櫥中，遂感動哽咽道：「今日之戰乃蒙本尊加庇。」（大意）

如同《松平崇宗開運錄》記述般，德川家統治天下是受阿彌陀佛所賜，家康則是足以讓阿彌陀佛為其效力的偉大存在。另有記錄顯示，身為增上寺住持的顯譽祐天曾於江戶城內，將此軼事告訴後繼將軍等人。不僅是天台宗，淨土宗亦創作家康神話並廣為流傳。

三、東照宮的普及

另一方面，天台宗促使東照宮在各地普及化，並舉行盛大活動。初期僅在久能山與日光山，此後在江戶城及寬永寺建造東照宮，進而在諸國勸請修建分社。德川御三家畢竟是最早興建，尾張藩則於元和五年（一六一九）、紀州藩及水戶藩於二年後勸請修建東照宮。此外，在外樣大名（編案：指關原之戰以後新加入德川政權體系的大名）之中與德川家維持血緣關係的弘前藩（元和三年勸請）、岡山藩（正保二年）、廣島藩（同三年）、鳥取藩（慶安元年）、仙台藩（承應三年）等，皆是較早勸請修建東照宮。其中，亦有將東照宮祭儀視為城下町的重要慶事之例。各藩舉行的祭典遊行，或有藩主御覽，或由町人（編案：商人或工匠之統稱）組成以神輿為主的祭典隊伍，各藩與町人的關係多元，例如岡山藩、鳥取藩重視彰顯領主的威光，仙台藩著重與町人交流，各藩紛紛發揮獨自特性。

建於寬永寺的上野東照宮。（吳宜菁攝）

但在整體上，據說大約只有兩成的大名家勸請修建東照宮，尤其是譜代大名（編案：在關原之戰以前從屬於德川家的大名）基於臣僚身分的考量而婉拒勸請。在主要的外樣大名之中，金澤的前田氏於寬永十七年（一六四〇）勸請修建東照宮，當地的別當寺院神護寺於十八世紀後期已名存實亡，金澤藩並無任何跡象顯示其重視領國所屬的東照宮。秋田藩、長州藩自十八世紀受到幕府及寬永寺的施壓，故而建造東照宮。在此情況下，僅縮減金費建造小規模的神社，聊表尊崇之意而已。秋田藩的情況，則是寬永寺僧為了修建秋田東照宮而遠赴當地擔任別當，卻因財政困難，總是無法開工，最後竟因此心力交瘁而亡。東照宮所提示的面向，顯示並非純粹的信仰對象，而是政權下的產物。

在篤信東照宮的第三代將軍家光時代結束後，將軍家參詣日光的次數大幅降低。或許是在信仰前提之下，首先面臨了龐大經費導致財政負擔的問題。其中，第八代將軍德川吉宗（一六八四—一七五一）十分強調東照宮信仰，雖將歷代將軍的祭祀法會儀式從簡（辭退敕使及廢止讀誦萬部經），另一方面，卻在睽違六十五年後又參詣日光東照宮，並於延享二年（一七四五）為了第一百三十回祭祀法會，在江戶城的聖域紅葉山東照宮舉行法華八講。在既非六十週年、亦非七十週年的中間點舉行法會，可推測吉宗的動機，應是意識到旁系出身的將軍人數漸增，不免考量德川家正統性的背景因素所致。

其次的分水嶺是松平定信（一七五八—一八二九）推行國政的時期。定信最為人知的事蹟，是在內憂外患之際提倡「大政委任論」，並於天明八年（一七八八）在向第十一代將軍德川家齊（一七七三—一八四一）上呈的文書「覺」之中，提示將軍經由「禁廷（編案：指宮廷）」接管日本乃是「御職」，東照宮的「御神德」使其得以實現，進而堪稱是倡說「大正至仁之御德」。此點可考慮為一大轉捩點，亦即顯示東照權現是從武家守護神的立場向外發展，進而與更廣泛的階層聯繫關係。實際上，以寬政期為分水嶺，在可直接拜謁將軍的大名階級之下的御家人可有機會「參詣」日光東照宮（在此之前僅能「拜見」），儒學家或代官（編案：管理幕府或各藩領地行政的地方官員）階層之間逐漸盛行「發掘」家康的事蹟。

東照宮在近世發揮重要的宗教設施功能，另一方面，隨著時代變遷而在性質或因應處理上產生變化。如此情況，應是與近世政治或社會變動息息相關。

四、在民俗界的普及

至於天台宗的動向方面，進而有一項頗耐人尋味的課題，就是逐漸趨近於民俗界。這種情況在天海當時就不斷表面化，例如寬永十六年（一六三九）一月，據傳曾出現以天海的名義，並透過正式承認而推行融通念佛。至於承認其念佛的對象，則是身為作佛聖的但唱（一五七九—一六四一）。

所謂作佛聖，是指戰國時代末期至江戶時代，修行木食行（斷穀米，以修持即身佛為目標）的念佛聖組織。他們尊崇的初祖彈誓（一五五一—一六一三）曾於佐渡山中修行後獲得開悟，其修行的融通念佛亦與密乘教義十分近似。念佛形式常見節奏快速、轉調富於變化、旋律激昂等特色。但唱是該教團的第二任主導者，因與天海有所淵源，如來寺（在明治時期，從今日的港區芝遷至品川區西大井）尊其為開祖，該寺則隸屬於東叡寺的末寺。這種汲取深植於民間信仰的趨勢，亦可見於出羽三山或信濃善光寺等處，東叡山在寬永晚期漸成為總本山的直屬末寺。對尊奉民間信仰的寺院而言，能成為東叡山寬永寺的末寺，將可獲得在近世社會中享有正統性的優點。原本日光山即具有一種強烈面向，成為以山岳信仰為基礎的民間信仰象徵。

因有天台宗趨近民俗界的動向，民俗界亦逐漸接納東照宮信仰。在盲僧講述的釋文中，可發現司掌四季土用（編案：立春、立夏、立秋、立冬之前的十八日）的五郎王子成為東照宮之婿的情節，證明東照權現信仰已普及於廣泛的社會階層。有關東照宮的民眾基礎這項課題，過去是以否定見解為主流，此後亦發掘出在民間獲得信仰之例，漸而闡明在各層面皆具有影響力。由此出現了各種針對東照宮在近世社會中應如何被定位的檢討方式。

五、從天道發展至「權現樣」

西元一七〇〇年前後，由貝原益軒經手並廣泛傳揚的《東照宮御遺訓》之中，有一名句為「天下非為政者私有，乃為萬民所有」，是現代亦可通用的金言。但對德川家而言，實際上決不會如此作想。為能使自身地位安定、確保後嗣傳承，必須否定天道思想（戰國時代盛行「凡於天之下者，人人悉皆平等，無論天命降於何人，亦不足為奇」的思考形式）。以下資料堪稱是明確提示這種思想的傾向：

> 父君秀忠公在世時，家光公幾經苦勞，因虔信東照權現，得以順遂治理天下，穩襲先祖東照權現之家名。此悉蒙權現之恩澤，實屬難能可貴之御恩。誠可謂拜受權現惠

賜之天下。權現存命之時，於駿府城決定家光公為後繼者，成神後則為守護一邦之大權現，夙夜匪懈守護家光公。（春日局，〈東照大權現祝詞〉大意）

在此治理天下的正統性，其由來並非源於天道，而是東照權現。若遵從權現的既定規則，是取代天道而樹立將軍威信，則德川血脈就能取得特權地位。

即使在近世，姑且不論內在實質如何，若提及「王」即指天皇（新井白石認為針對將軍而使用「日本國王」稱謂則是特例）。此外，有研究成果指出近世天皇保有「王」的自我意識。在形式上，將軍是由天皇任命。但另一方面，實權掌握在德川將軍之手，此乃不容否認之事。近年有說法指出，將軍與天皇彼此雖不可或缺，卻非屬於對等關係，而是自中世以後在武家主導權之下所形成的公武結合。

西元一九八〇年代末期，包括社會學在內的專門領域研究者提出問題，質疑「德川權力當真需要認可」？過去歷史學的說明指出德川將軍僅保有權力，為了使其正當化而需有天皇家（利用天皇家）。對此說明，亦有從文明史的觀點提出異論，主張不具權威的權力根本不可能存在。此後，亦有議論認為德川家以祖神東照大權現為核心，「難道不是試圖打造自我宗教權威的泉源」？並對此進行實證檢討。

六、崇仰的御威光

關於此問題，研究者指出不能僅止於制度或法令層面的研究，而是必須深入眾人意識或心性來闡明近世社會的實際狀態。闡明近世社會的身分、身家，是透過象徵行為（遍及儀禮或建築、服裝等各方面的社會活動）而獲得廣大支持。藉由將軍符合將軍身分、大名符合大名身分、百姓符合百姓身分的行為（或出於被動行為），產生及認定個人地位或身分理當如此的共識。

此外，當時對將軍或天皇的一般稱謂是「公儀與禁裏」，並認知將軍才是位居「公」的立場。當時仍保留自近代以後逐漸消失的「將軍與天皇」、「幕府與朝廷」之感覺。「王」的形象更傾向於將軍。

時代劇中著名的「葵」紋，若由欠缺基礎知識的外國人士來看，或許無法理解其花紋為何能受人敬畏。在具有象徵行為支持下所成立的將軍家秩序，當時是以「御威光」一詞來表現超越此秩序的權威。但至十七世紀後期開始禁用葵紋，在此之前並未限制町人使用。當時亦禁止町人配刀或使用「天下一」之號，御威光是由統治階級蓄意創造而成。

過去的研究有時會依照狀況，假設國家體系是具有物理性的強制力，其終極目標應在於追求王權。但如前所述，近年研究動向明顯趨向於將統治者與被統治者的各集團，視為是以共組一個幻想共同體來掌握王權，結果導致關注儀禮、象徵、神話的課題。

若考量對日本近世大眾而言何謂自我的共同體，顯然就從「元和偃武」之後，藉由「武威」獲得繁榮的「神國、佛國」，其所造成的就是「權現樣」。難道不是在主觀上認定身為德川家後裔的「公方樣」，就應遵守「權現樣」的既定準則，並主宰「大公儀」及守護萬民？至於身為「禁裏樣」的天皇，究竟又具有多少能耐可強行介入「公儀」的「御威光」之中？

七、結語

近世成立的「家」或社會、國家，具有與中世或近代迥然不同的特質。順應這種趨勢的發展，才是近世佛教具有的獨特性。當近世佛教與各種共同體或與國家建構關係的過程中，形成各種制度及觀念。再加上已探討許多本末制度、寺檀制度等課題，近世的門跡體制或佛國、神國觀應顯示出近世佛教的獨特風格。而東照宮正是神國家教化的極致。

東照宮於十七世紀前期確立地位，堪稱是完成近世宗教界秩序的一大型態。形成宗教界巔峰的各門跡，促成了以輪王寺門跡（管理日光東照宮）為中心而重新編制的狀況。在這些門跡之下，根據各宗派的情況形成本寺與末寺的關係，寺院和民眾之間保有寺檀關係。此外亦包含非佛教徒，神國觀念在宗教人士中處於支配地位。透過年節慶事活動或喪葬祭典、祭祀儀禮等，神國概念隨著各種教法而流傳，故而形成「國民宗教」。

在此情況下，有關德川政權的始祖神話逐漸形成及流傳。「公儀」並非僅是權力，而是以「御威光」為本源，成為類似信仰般的情感寄託對象。這種宗教世界促使近世佛教的形成。

專欄二

天海的遺產：天海版《一切經》木活字

水上文義（財團法人東方研究會研究員）

慈眼大師天海與金地院崇傳，兩者被並稱為操作江戶幕府的幕後主導者。他們藉由參與擘畫幕府政治，致力於復興曾遭到織田信長討伐及焚毀的比叡山與天台宗，並在普及佛教文化等方面皆有顯著成效。其中一項就是日本最初的《一切經》，亦即天海版的開版事業。日本在近世初期受到豐臣秀吉執政期間的文祿、慶長之役，以及南蠻人航行抵達日本之際所引進的活字印刷術所影響，故以天主教傳教士傳入的吉利支丹版（耶穌會傳教士採用活字印刷機刊行的教義書，或研究日文所用的日本文學著作及辭典）為首的金屬或木製活字印刷大為盛行。尤其是德川家康命令將林羅山與金地院崇傳以銅活字排印的駿河版，交由閑室元佶以木活字排印為伏見版，分別印刷各種漢籍或史書。此外，據推測天台僧宗存或許曾以募化方式，試圖使用木活字刊行《一切經》，卻中途受挫失敗。

《一切經》是指彙集佛典（經）、戒律（律）、論書（論）三藏集大成的叢書，亦稱為《大藏經》。因在編輯或出版上需要龐大人力及經費，故自中國宋代以後，以及在高麗雖有刊行，在日本卻遲遲無法實行。首例則是日本武州江戶東叡山寛永寺《一切經》，亦即天海版《一切經》。天海獲得第三代將軍德川家光的援助，於寛永十四年（一六三七）著手開版，並為了配合家康三十三回祭祀法會，於慶安元年（一六四八）倉促完成。儘管如此，仍耗時長達十二載，完成當時天海早已辭世。

過往對天海版已有定論式的見解，認為其主要特點在於：1.藏經規模為一四五三部、六三二三卷、六六五函；2.最初是以木活字刊印，約於正保年間改為整版（版木印刷）；3.底本是川越喜多院所藏的宋思溪版《一切經》，並以筑波最勝王寺所藏的同版做為對校本。寛永寺遺留為數龐大的天海版木活字，共多達二十二萬個以上。研究者針對這些活字進行三年初步調查，並於西元一九九八年至二〇〇一年進行官方調查，並指定為重要文化財。在此過程中闡明一項足以顛覆過去見解定論的新事實。

首先，1.的過去說法是以天海版目錄的記錄為基礎。然而，曾針對天海版各卷進行實地調查的松永知海卻指出，所謂的一四五三部是並未包含目錄的部數，至於六三二三卷的卷數則是即使內容極短的經典亦算作一卷，況且包含目錄五卷，造成目錄部數與卷數記載出現矛盾。根據《一切經》的慣例計算方式，應是一四五四部、五七八一卷。其次是2.有關川瀨一馬等人所提出的自正保年間之後改為整版印刷的說法，後世研究者卻指出這是將包括連續活字（編案：將連續數個文字刻成一個活字）在內的印字，誤認為是整版印刷的結果。原因是德川家光所撰寫的卷末願文中，出現了從原本採用的「武運長久」一詞，至正保二年（一六四五）卻改為「吉祥如意」的情況，可見當時所使用的是連續活字。此外，寬永寺並未存有天海版的版木，最終結論認為是以木活字印刷。3.有關底本方面，是將喜多院所藏、最勝王寺所藏的宋版與天海版互做比較，發現喜多院所藏的空白頁或缺損部分完全反映在天海版上，可知未必是以最勝王寺所藏的版本做為校訂底本。在對於對校本的功能表示存疑之際，甚至產生質疑，認為所謂的天海版，在與喜多院所藏版本互為對應的部分是宋版的復原版。以上是研究者從事最新調查的主要見解。

天海版是天保四年（一八三三）奉輪王寺宮舜仁親王之命而重刻數萬活字，將《法華經》〈如來神力品〉、《仁王護國般若經》等經典重刊，此項事業是交由東叡山御用書肆的和泉屋庄次郎所擔任。天保重刻活字仍現存於世，更包含《一切經》應該不曾使用的訓點（編案：以日文訓讀漢文時，在漢字上方或周圍添加的假名或符號）活字或片假名活字，或許甚至可認為是由和泉屋等商業出版所使用。倘若如此，天海版《一切經》的活字曾使江戶時代後期的出版事業受惠甚多，這堪稱是活用於日本近世出版文化的天海遺產。

文獻介紹

寬永寺編，《慈眼大師全集》，国書刊行会，一九七六年復刻。

水上文義，〈天海版一切経木活字の種類と特色〉（研究成果報告書，《寛永寺蔵天海版木活字を中心とした出版文化財の調査・分類・保存に関する総合的研究》），実践女子大学文学部・研究代表者渡辺守邦，二〇〇二年。

松永知海，〈天海版一切経覚書〉《仏教文化の基調と展開》，山喜房佛書林，二〇〇一年。

水上文義，〈古活字の時代における天海版一切経木活字の位相〉《大乗仏教思想の研究》，山喜房佛書林，二〇〇五年。

第三章

佛教與江戶諸思想

前田勉

愛知教育大學教授

第一節　本章課題

一、排佛論與護法論

本章探討的課題，是江戶時代的佛教與諸思想的交涉。具體而言，諸思想是指儒學、國學、西歐自然科學（天主教思想不在此列，改由別章討論）。這種佛教與各思想交涉的現象，堪稱極具近世特色。原因是在近世之前，雖有佛教宗派論爭或宗派內部的異端論爭，卻並非與佛教截然不同的異教進行論爭。而到了以西歐思想為中心的近代之後，在思想、宗教界中，佛教也未引起太大的論戰。就此意味來說，在檀家制度、本末制度之下，近世佛教在社會上獲得穩定地位，雖遭到後人責難為葬式佛教或形式佛教，無疑已成為遭致各方立場迎頭攻擊的核心宗教。

從儒學、神道及國學、蘭學立場所提出的排斥佛教議論，一般稱為排佛論。相對於此，佛教方面則採取護法論做為因應之道。例如，針對林羅山（一五八三—一六五七）所撰的《本朝神社考》而有真言宗寂本《神社考邪排佛教論》、臨濟宗白隱慧鶴《讀神社考弁疑》。針對富永仲基（一七一五—四六）所撰《出定後語》，則有淨土宗文雄《非出定後語》。針對平田篤胤（一七七六—一八四三）所撰《出定笑語》，則有真宗祐肇《出定笑語附錄弁駁》、曹洞宗深覺《出定笑語破講錄》等，皆是紛紛提出直接反論的著作。誠然，除了指名某部著作的批判書之外，亦有如復興正法律的慈雲般，試圖藉由重建佛教思想來間接抵抗排佛論。

本章是以江戶時代的排佛論與護法論為對象進行探討，筆者首先關注的特點是兩者在彼此攻防的過程中，「日本」或「天皇」的概念逐漸明顯化。換言之，從佛教與儒學，或從佛教與神道、國學的交涉中，逐步讓「日本」或「天皇」的概念顯著呈現。這項概念在理解近世佛教上之所以成為重要的理由，首先莫過於該思想是成為主導明治時代初期神佛分離、廢佛毀釋的核心概念。換言之，若試觀江戶時代的思想史整體發展，可描繪成一種模式，亦即當初以古代、中世以來的傳統為背景而享有獨占地位的佛教，在與各種思想形成對立或交涉的過程中，地位逐漸下降。至於「日本」或「天皇」的概念，則如同呈現反比般不斷上升，遂引發神佛分離、廢佛毀釋運動，導致佛教從思想舞台的主角黯然下台。本章根據此模式，試圖探討在佛教與各思想之間，「日本」、「天皇」的概念是如何顯著化，最終達到神佛分離、廢佛毀釋的過程。具體而言，筆者欲闡明佛教與各思想之間存在何種問題，以及該問題與「日本」或「天皇」的概念顯著化具有何種關係（雖說是探討佛教與諸思想的關聯，但因佛教與屬於西歐自然科學的蘭學之間的交涉，對於前述的概念顯著化這項課題而言是屬於次要，故不在本章探討）。

二、劃分期

本章是基於前述的問題意識，將江戶時代畫分為三期來進行考察。首先，第一期是十七世紀的儒佛論爭期。在此時期是直接針對深具傳統的佛教開始進行批判，如同後世所評「以道春（林羅山法號）為排佛之初手」（龍溫，《總斥排佛弁》）般，其先驅人物正是朱子學者林羅山。對於以禪宗為出發點的林羅山或山崎闇齋（一六一八—一八二）而言，脫離佛教是切實問題，排佛論是將儒者的存在意義廣泛宣揚於社會。故而他們所主張的排佛論，在當時引起佛教勢力的激烈反彈，並以假名草子等書籍為媒介而發展儒佛論爭。

第二期是十八世紀前期，在享保年間的荻生徂徠（一六六六—一七二八）之後的時期。因有荻生徂徠登場，江戶思想史邁向巨大轉變期，思想猶如百花齊綻。在此時期，儒者潛藏一種迫切想法，認為自身的存在意義就在於排佛論，從客觀角度將佛教與自我予以切割的想法逐漸擴散。佛教方面亦因應此道，以勸善懲惡的民眾教化效能做為基準的神、儒、佛三教一致論逐漸成為主流。雖說是三教一致論，卻出現神道家增穗殘口（一六五五—一七四二）或垂加神道思想問世，確實讓神道或「日本」的概念浮出檯面。這種傾向則與第三期的國學成立有關。

第三期是十八世紀後期本居宣長（一七三〇—一八〇一）的國學出現之後。當時，排佛論是以平田篤胤與後期水戶學為中心。尤其是篤胤抨擊真宗與日蓮宗是「神敵」，如同「近來吾國排佛家，如前列甚多人名、書名之中，今日最為恐畏者，則屬平田篤胤所造之惡口，原本若未如此則無所懼，正因如此才令人生畏」（龍溫，《總斥排佛弁》）所評論般，基於篤胤言論的廣泛流行，令當時佛教人士十分畏懼。此外，後期水戶學提倡尊王攘夷思想，水戶藩將此思想視為理論般的精神支柱，斷然推行寺院整頓（處分或拆毀寺院）。篤胤學與水戶學成為明治時代初期的神佛分離、廢佛毀釋之兩大理論支柱。就此意味來說，這兩門學說在思考「日本」、「天皇」的概念逐漸鮮明化的問題上成為重要思想。此外，在探討近世日本佛教思想發展的可能性時，亦能提出耐人尋味的論點，故而筆者想在本章予以詳細探討。

第二節　第一期的儒佛論爭

一、排佛論登場

第一期是儒佛論爭反覆登場的時期。此時，中國的排佛論與護法論的影響極為濃厚。姑且不論以林羅山為嚆矢的排佛論，在僧侶針對其言論而提出批判的護法論，堪稱是仿效宋代張商英《護法論》、劉謐《三教平心論》、明代姚廣孝《道餘錄》等中國護法論之說法。儘管如此，筆者不曾以不具原創性就完全摒除這些排佛論，而是試圖在排佛論與護法論的攻防過程中，闡明兩者所具備的近世日本特徵為何。

首先筆者想指出的是江戶時代最初在思想界、宗教界颯爽登場的儒者所主張的排佛論，為信仰虔誠的佛教徒帶來某種程度的緊張感。例如，《儒佛問答》是將林羅山與松永貞德（一五七一—一六五三）筆戰的往返書簡纂輯成書，此著作被定位為江戶時代最初展開儒佛論爭的畫時代之作（大桑齊、前田一郎，二〇〇六）。在文學史上，松永貞德被視為江戶時代初期頗具代表性的歌人及俳人，並篤信日奧（一五六五—一六三〇）所創立的日蓮宗不受不施派。故而林羅山一旦責難：「若夫佛書中有偽事」，貞德則表示：

「於何經云何偽事，汝舉一說之。此乃至要之文。如有一虛言，二話不說，即奉我項上人頭。若不然，汝命任由我處置。」貞德甚至揚言，若經典有虛妄之說，不惜以自身性命做擔保。為了一句經文而孤注一擲，洋溢著不惜身命之精神。此外，日奧在著作《宗義制法論》中譴責不受不施派的日乾，有如下言述：

若此宗行者，受謗法者施一團飯而食之，則非佛弟子。謗法之咎，最難倖免。猶不及外典之訓，更甚於無慚、非人。孟子曰：「使人之所惡莫甚於死者，則凡可以辟患者，何不為也？」夷齊饑於首陽山，為知其義理者也。縱喪身命，亦不受謗者施一飯，確依其義理。解其理者，應自覺知。（日奧，《宗義制法論》卷上）

日奧對照孟子重視義理的言論，主張應拒絕不信奉日蓮宗者所供養的「謗施」。這並非自始即否定儒學，而是以正面接納儒學的理想主義精神，並試圖從超越其說的角度來探討佛教。在第一期的儒佛論爭中，不可輕忽這種在儒、佛學者之間引發的強烈緊張感。

以林羅山為先驅（此點亦受到嫌惡儒教的平田篤胤所認同）而提出江戶時代前期的排佛論，其批判論點大致可彙整為以下四點。第一，佛教具有否定君臣、父子、夫婦、長幼、朋友的五倫或五常（仁、義、禮、智、信）的反倫理性；第二，與因果報應的理法、輪迴轉世有關的生死觀；第三，佛教具有夷狄之教的外來宗教性；第四，造成政治或經濟上的損失。這些論點皆屬於中國的排佛論，卻仍有些微差異。我們藉此應可確認近世日本的排佛論特徵。以下將分別予以說明。

二、「役之體系」中的佛教

首先必須留意之點，是第一項的反倫理性與遊民批判互為結合。原本儒者責難佛教是否定君臣、父子、夫婦三綱的出世間教法，此為最根源的排佛論述。江戶儒學之祖藤原惺窩（一五六一——一六一九）提出以下堪稱是其思想里程碑且廣為人知的言論：

> 我久事釋氏，然心有疑惑。讀聖賢書，應信無疑。道果真於此，豈有置於人倫之外哉？釋氏既絕仁種，又滅義理，故成異端。（《林羅山文集》卷四十，〈惺窩先生行狀〉）

誠然，這堪稱是江戶時代儒者所提出排佛論的核心綱領。筆者想指出的是儒者不僅有此批判，更責難相較於武士、百姓、町人各依身分而恪盡其「役（編案：指擔負的職務或扮演之角色）」，僧侶對社會則毫無助益，是糟蹋穀糧的遊民。「出家、社人、山伏、陰陽師，若在國無益於國，則為最上遊民」（山鹿素行，《山鹿語類》卷六）。在整個江戶時代，不斷出現這種對僧侶腐敗及墮落現象的譴責聲浪（根據本章的時代畫分方式，幕府末期，亦即第三期的遊民批判，則與此時期有微妙差異）。但頗耐人尋味的是，若從佛教立場來反觀，則武士、百姓、町人之中亦有遊民。洋洋得意批判遊民的儒者，難道自身不也是遊民？

或有語於吾者，今時上下略習儒者，大抵憎惡比丘，稱其為游民也。本為無智、無行、無德，實為破戒無恥之比丘游民，此為既定之事實。然憎惡者不知反觀己身亦為游民之身。若如此，游民亦存於國守郡主、大小上下家臣之中。亦有論定為博學廣聞之儒學者、町人百姓尤然。但求反躬自省修身持守，專念於裁量游民邪惡之舉。（《百八町記》卷一）

如此將儒者與佛教徒彼此提出的遊民批判予以立論，此應與近世日本的國家、社會所呈現的獨特型態有深厚關聯。根據尾藤正英所述，近世社會具有堪稱是「役之體系」的社會組成原理。所謂區分武士、百姓、町人這三大身分的「役之體系」社會，是屬於一種有機的組織體，人們被要求必須因應各種職業及社會地位，故需擔任某種「役」，守護各自

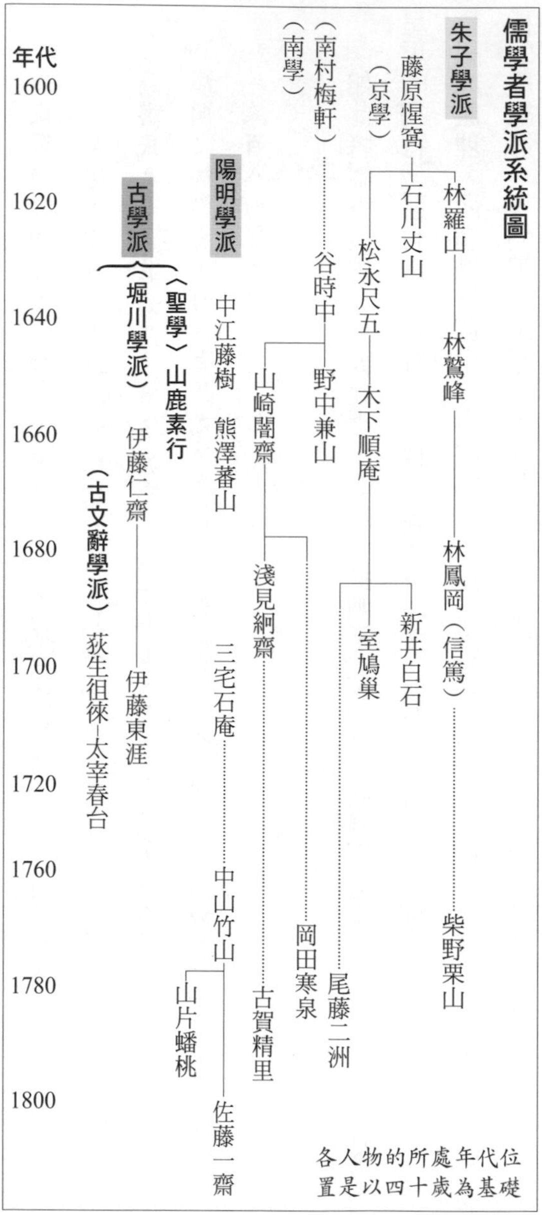

的「家」，並勤興家業（尾藤正英，一九九二）。將軍隊組編原理做為統治模式的「役之體系」社會中，強制人們履行「役（職責）」。若非如此，則被視為無用「遊民」而予以排除（前田勉，一九九六）。誠然，當時的僧侶或儒者亦無一例外。

江戶時代初期的代表禪學者鈴木正三所提出的僧侶「役人」論，是說明以信佛者的立場積極接受「役之體系」。正三是以主張「世法則佛法」（《萬民德用》）的佛教式職業倫理而為人所知。如同「夫農人受生，乃天授其為養育世界之役人」（《萬民德用》）、「此買賣之業，為天道所賜可使國內自由之役人」（同上）般，倡說發揮社會中「役」的功能就是佛道修行。在相關的議論課題中，鈴木正三主張僧侶亦是擔任教化民眾的「役人」。

以出三界，得出家之名。若無出離之修行，則非出家。故醫師治肉身之疾，佛弟子為治煩惱業苦心病之役人。（《萬民德用》）

鈴木正三提出的僧侶「役人」論，是以寺請制度、檀家制度為基礎，並提示理由來說明僧侶為何成為助長禁信及彈壓天主教之存在，這堪稱是極具近世特質的論述（大桑齊，一九八九）。

三、因果報應說

第二的排佛論點，亦即針對生死觀的課題，儒學者直接否定佛教的三世因果、輪迴轉世之說。並藉由陰、陽二氣的聚散論，批判六道輪迴轉世的因果報應說。山崎闇齋在批判佛教的著作《闢異》中，引用詹陵《異端辯正》的部分內容，指出天地萬物皆由氣聚而生，氣散而死，若氣聚，則理寓。故人之形體為精氣寄聚，形體既亡，精氣亦散，豈有復聚為人之道理。靈魂輪迴的思想，乃是「不明天地陰陽之氣，造化人鬼之理」（《闢異》）。如此否定成為輪迴轉世主體的靈魂之說，則是援引朱熹所編《小學》中的司馬光之言：「死者形既朽滅，神亦飄散，雖有剉燒舂磨，且無所施。」

如此藉由氣之聚散論而批判三世因果、輪迴轉世之說，在歷經整個江戶時代不斷上演。山片蟠桃（一七四八—一八二一）在著作《夢之代》中，提出著名的無鬼論，堪稱是借重西歐的自然科學知識之餘，貫徹聚散論的思想模式。此外，即使連嫌惡儒學的本居宣長，亦倡說「然儒者之說，可謂死而身滅，心神俱消，蕩然無存。若深思之，則聞而實為如此，然又難以理解」（《玉勝間》卷一），主張雖具批判性，卻顯示其對於氣之聚散論有某種度的理解。反言之，亦顯示氣之聚散論在近世社會中流傳，並具有深遠的影響力。

筆者在此欲指出的課題，是在朱子學的排佛論中，原本認為因果報應說是教化愚民之用，這對「中國士大夫＝文人官僚」而言，不啻是次要課題而已。朱子學認為佛教是「彌近理而大亂真矣」（〈中庸章句序〉），對於佛教，尤其是禪宗心性論則抱存警戒。禪宗因具有在現實社會中得以融通無礙的實踐性，故能吸引士大夫，以致佛教的反倫理性遭到責難。朱子學追求的是在攝取禪宗實踐主體能量之際，能在不逃避現實世界的情況下毅然面對強烈的主體性。若從士大夫的角度來看，迷惑愚民心智的佛教因果報應說，充其量只是不足為取的戲言、妄論而已。以下是山崎闇齋在《闢異》中引用朱子及詹陵之言：

（朱子曰）宇宙之間，一理而已。（中略）凡釋氏之所以為釋氏者，始終本末不過如此，蓋亦無足言矣。然以其有空寂之說而不累於物欲也，則世之所謂賢者好之矣。以其有玄妙之說而不滯於形器也，則世之所謂智者悅之矣。以其有生死輪回之說而自謂可不淪於罪苦也，則天下之傭奴、爨婢、黥髡、盜賊亦匍匐而歸之矣。（《朱子文集》卷七十，〈讀大紀〉）

（詹艮卿曰），天堂地獄之事，唯是浮屠，設以誘愚民，為善去惡之意。中國實非有此陰府之事，本視為浮屠之偽事。（詹陵，《異端辯正》卷上）

然而，近世日本的排佛論中，是以否定或批判為愚民思想的因果報應說做為中心課題，而非朱子學提出的主要問題——士大夫的心性論（前田勉，二〇〇六）。佛教方面為能因應其道，在第一期確實有禪僧澤庵（一五七三—一六四五）或雪窓宗崔、盤珪等人，從心性論的層面來探討儒、佛二教的問題（堪稱是第一期的特徵），多將因果報應說

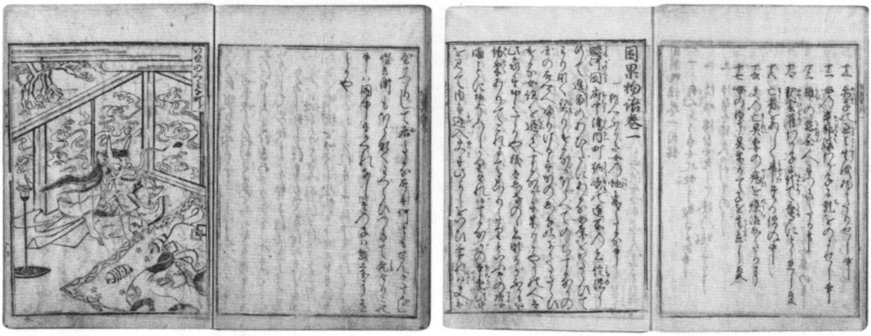

《因果物語》部分內容（出處：國立國會圖書館網站）

視為護法論的中心課題。澤庵個人有如下見解：

古代多有貴僧高僧，應在在處處教以眾生因果之理。耳聞至末世之賤男賤女，對何謂因果之教法雖無正知見，但謂依教信受乃為古代高僧之力。如今身為應受教化之僧而不識因果，又該如何教於人？（《東海夜話》卷上）

此外，如同鈴木正三門人所編纂的《因果物語》般，試圖透過明確提示時間及場所的實例，來證明「因果歷然之理」的著作在此時期大量出版（例如，淺井了意的怪異小說即是一例）。這堪稱是正三主張的僧侶「役人」論，亦即「佛弟子是治療因煩惱業苦而生心病的役人」般，在寺請制度之下，與僧侶擔負教化民眾之職責有密切關聯。就結論而言，在近世日本，如同中國宋、明時期的禪宗與朱子學形成對立般，並非將負責統治的士大夫心性視為問題，而是以針對民眾的佛教說法及教化做為課題，故而因果報應說成為護法論之核心。然而，大桑齊的學說指出近世日本在教化民眾之際，亦以心性論為核心課題（大桑齊，一九八九、二〇〇三）。據大桑齊所述，「己心彌陀，唯心淨土」的佛教唯心論認同民眾的主體性及自律性，但就整體而言，因果報應說依然堪稱是護法論的核心主題。

儘管如此，排佛論對佛教的批判，是針對佛教主張「生死輪迴說」具有「設以誘愚民，為善去惡之意」（《闢異》）的勸善懲惡教理。如此針對佛教的批判是否正確？難道在基於佛教立場的護法論中，就沒有對排佛論產生疑惑？筆者認為假使沒有疑惑，反之卻承認其說，則佛教與儒學的相異點，總之在勸善懲惡的教理方面上，會將問題集中在兩者之中何者更具有勸化的效果。從佛教的立場來看，較之於唯知現世存在的儒學，教導前世與來生的佛教更適於民眾教化。

紫陽先生有言，《小學》云：死者形既朽滅，神亦飄散，雖有剉燒舂磨，且無所施。此乃明辯儒道之理朽滅，唯人間一代之夢事。朱子既將儒佛之理，一決評義為天地雲泥，誰復為此迷惑而信儒釋一理。（心安軒，《儒佛或問》卷上）

吾謂之，如朱氏之詞，人死燒為灰，埋為土。神飛四方，儒學又為何艱難辛苦，為

誰守五常，盡身心耶？（《百八町記》卷五）

原本這種因果報應說在做為懲惡揚善的教理上是具有效用的論理，但若從因果思想的觀點來看，這種論理只是片面強調傾向於重視基於前世的業與迎向來世的現世倫理行為。原本因果思想具有兩種可能性，亦即現在的業規定未來的思想，以及現在的生存方式是由無限過去的業所規定形成的思想。前者是強調朝向來世發展的現世倫理行為，相對之下，後者則是重視追求從過去業的束縛之中獲得解放的宗教信仰（服部正明，一九七四）。若對照此模式來看，第一期是凸顯現世倫理行為（此待後述，但至第三期在針對此課題之際，或許從過去惡業之中獲得解放的因果思想應更具有真實性）。關於此點，鈴木正三有如下說法：

師示曰，農業便佛行也。不求別有用心，各各之體為佛體，心為佛心，業為佛業也。然一心向惡之故，善根乍作，還入地獄也。或憎、愛、慳、貪等，種種於我作出惡心。今生日夜受苦，未來永劫墮惡道，豈非憾事乎？遂起大願力欲以農業消業障，若一鍬一鍬耕作之時，但念南無阿彌陀佛、南無阿彌陀佛，必至佛果。（《驢鞍橋》卷上）

這是指「在一鍬又一鍬的耕作過程中，不斷唱誦南無阿彌陀佛、南無阿彌陀佛」，藉由努力耕種以求盡除過去「業障」。在此「貴賤、上下、貧福、得失、壽命長短，皆為先世因果」（《萬民德用》）。現世的境遇雖因前世業力所生，但現世的倫理行為如何表現，將決定是否能償還過去「業障」，成為「佛果」獲得解脫。如此積極進取的因果報應說，與江戶時代初期在社會整體中一般形成的「家」有所關聯。如前所述，此時的「役之體系」社會中，不僅是武士，連庶民或町人皆擁有擔負「役」的「家」，並藉由勤奮經營家業而得以維持「家」（尾藤正英，前揭書）。如同正三所倡說般，強調現世行為的因果報應說是透過個人努力與勤奮行動，故能得以維持及發展「家」，而其說法成為順應時代的產物。

四、儒佛論爭的公共性

排佛論的第三項論點是「夫佛者，一黠胡，而夷狄之法也」（林羅山，《本朝神社考》卷上），意指佛教是夷狄教法，亦是中國排佛論所提出的常套式批判。然而，當此常套說法用於近世日本社會及國家之時，則產生重大矛盾。在中國譴責佛教為夷狄之教時，是以中國自身即是中華的信念或確信做為前提。但在近世日本，縱使佛教是夷狄之教，但若說日本即是中華，則未必能如此表示。諷刺的是，若從儒者的價值觀來看，日本豈止欠缺禮教文化，更因偏重武威，實在無法稱之為中華（前田勉，二〇〇六）。僧侶在針對排佛論所提出的護法論中，亦犀利抨擊此點。

謂佛法為西天夷法，為今儒學者所厭之。若依其義，則日本之唐法儒學是為無用。日本若為神國，應慎守神道。（《百八町記》卷四）

如《百八町記》所示，從佛、儒對立之中，凸顯出不屬任何一方的「神國」日本所存在的「神道」。第二期堪稱是明確出現如此傾向。

第四項排佛論的論點則是對經濟損失的責難，這與第一項論點已略提及的僧侶無用論有重疊之處。經濟損失的課題在江戶時代最初的排佛論（例如《羅山文集》卷五十六，〈大佛殿〉）之中已可見其批判，第一期的熊澤蕃山（一六一九—九一）是以此為重點來攻擊佛教的代表人物。十七世紀中葉，佛教寺院在寺請制度下獲得經濟安定，並逐漸擁有勢力，足以與幕藩權力所掌控的年貢徵收形成競爭，故而蕃山被迫採取因應之道（圭室文雄，一九八七）。自蕃山之後，從政、經觀點針對佛教進行的批判，一直延續至幕末時期。在此補充說明，辻善之助提出的近世佛教墮落論，堪稱是將批判僧侶墮落與寺院奢侈經濟的排佛論更為延伸發展。

總而言之，在此將結束第一期的問題，筆者必須附加說明一點，就是至今所見的儒佛論爭，是隨著出版文化成立，並以書籍做為媒介發展。在此情況下，絕對受到江戶時代禁止口頭「議論」的事件所影響（例如可參照《德川成憲百箇條》四十七條），故而改由書籍取代口頭式的論爭。必須關注的是，如此結果造成隨著書籍廣泛普及，論爭必然成為一種公共活動。如前所述，真言宗僧寂本曾針對林羅山的著述而出版《神社考邪排佛教論》。此外，朝山意林庵所撰的《清水物語》販售數量多達兩、三千本，其反論著作則有《祇園物語》出版。除此之外，尚有如《大佛物語》、《見ぬ京物語》、《百八町記》般，這些假名草子是以問答形式來探討儒、佛、神孰優孰劣，亦成為暢銷著作。這些著作的普及化，促使江戶時代的大眾若能取得書籍，即有可能得知儒、佛二教的主張，並能對兩者採取理性判斷。至於往後時代的代表著作，即富永仲基所撰的《出定後語》，亦是以書籍為媒介，並在第一期以公共方式進行儒佛論爭的前提條件下產生其作。

第三節　第二期的三教一致論

一、增穗殘口的神道

自十八世紀前期之後的第二期，是逐漸以神道為焦點。在此時期，神道漸具勢力，足以與儒學與佛教並駕齊驅。太宰春台（一六八〇——一七四七）對當時形成三教論的現象極為厭惡，曾有如下責難：

> 我國不行道教，近來神道行於世，以此為我國之道。殊不知此神道於巫祝所傳之處，乃極微小之道。若儒為唐土之道，佛為天竺之道，神為日本之道，則應解其義而言之，此三道如鼎三足，不可偏廢。（《弁道書》）

如眾所周知般，神道並非與佛教、儒學並存，而是更為本源的想法，已在中世吉田神道所提出的根本枝葉花實論之中顯然可見。第二期是立足於此思想的延長線上，豈止是神道與佛教、儒學所形成的三教並存論，更出現從神道立場來批判佛教與儒學的言論。其代表者為增穗殘口，當時是以講釋神道而馳名於世。殘口在京都講釋神道之際，開始倡說神道是有別於佛教及儒學等外來宗教的「日本」之道，其主張如下：

古昔異狄蠻邦之教，亦用以潤色日本神道，借屋興榮而倒大母屋，智者碩學之輩皆墮入彼國風俗。儒者以儒理推究神道，罵詈佛子如山賊。佛者以佛習合神道，嘲諷儒士若海賊。我國為神國之故，儒未獨立，佛未獨立，遂將神道視為盟友，用為擊退他者之後盾，其勢強大，以致摧毀大母屋。（《異理和理安者世鏡》卷八）

既非神佛習合，亦非單純的神佛一致，而是主張做為「大母屋（編案：指宅邸之核心建築）」的純粹「日之本之神之道」。此後，根據國學四大家之一的荷田春滿（一六六九—一七三六）所述，縱使「今洙泗之學隨處而起，瞿曇之教逐日而盛」，卻依然「我道漸衰」，故而提倡復興「皇國之學」（《創學校啓》）。值得關注的特點是在因應神道顯著化的過程中，雖責難佛教為出世間法（前述的排佛論第一論點），第一期的儒學與第二期之後的神道、國學之間的批判依據卻有所相異。原本儒學是從違反人性的角度，批判佛法教義放棄君臣、父子、夫婦等人際關係的反倫理性。增穗殘口的神道思想，卻以佛教否定「氏種姓」的出身為理由而提出非難：

四姓出家，皆名為釋，謂佛弟子者，不擇氏種姓，本為異國蠻狄之習。無論彼國之族卑陋如此，或蠻夷之徒淺薄如此，若擅武勇，達權道，則從人而亡帝都，自戴冠而踏寶位，以與王業。只為崇義尊德之國風也。（《異理和理安者世鏡》卷八）

所謂「四姓出家，皆名為釋」，是出自《增一阿含經》卷二十一的經文：「是故，諸比丘！諸有四姓，剃除鬚髮，以信堅固，出家學道者，彼當滅本名字，自稱釋迦弟子。」如此說明「僧伽」具備的平等性，有別於種姓制度的階級秩序。增穗殘口採用其說，與重視出身的神國型態互做對照，並提出批判。佛教的平等思想在此被視為「異國蠻狄之習」，是違反「日之本」教理所重視的「氏種姓」，故而表以否定。誠然，即使是儒學的情況，亦是當違反君臣與父子關係的人性之際，此時在父子關係上，則是與毅然斷絕血脈相承的親情系譜有關。但在君臣關係上，血源關係原本即不存在，並沒有血脈或系譜出身的問題。故在君臣關係方面，是以人性為依據，並可解除彼此關係。在增穗殘口的神道思想中，認為君臣關係亦屬於血緣關係。

吾日之本，自神代以來為恪守直道之國，若為皇大神宮之御裔，則有不禮敬國帝之習。竹園生（編案：意指皇族）之末葉，非人間之種。若為天津兒屋根之末嗣，則不居攝政關白之職以掌天下律令。若為清和源氏之正統、八幡大神之氏子，則不遮補六十餘州之惣追副使之職。諸侯大夫亦代代以源、平、藤、橘四姓，菅、江二家為號，若能為尊重系脈之國，則僧徒亦應正其種姓。（《異理和理安者世鏡》卷八）

在此佛教是以否定「氏種姓」的邏輯概念而遭受批判。在松下郡高所撰的《神武權衡錄》中，亦有與增穗殘口提出同樣神國論的思想概念，亦即從重視「氏種姓」出身的立場來一併責難儒、佛二教的論說。郡高的思想，對於第三期平田篤胤提出的排佛論亦造成影響。此外，郡高亦主張「儒者荷擔中華，佛者偏袒天竺，已身以高慢邪辟之心而惑世。趁機移掠神國日本之德風者甚多」（《神武權衡錄》卷一）。「中華」儒學與「天竺」佛教玷汙「神國日本之德風」，更責難佛教攪亂重視氏族與系脈的「日本」秩序。「是百姓町人，卑賤者之子若能出家，則得以晉陞高位高官。日本天子、公卿之子若非出家，且不以氏種為恃者，又豈能恣意得陞高位？」（《神武權衡錄》卷一）。在此增穗殘口所描述的「神國」優勢是求諸於「氏種姓」，而佛、儒二教的主張皆為蔑視其說。

如此對出身的執著，實際上並非僅有神道家提出而已，佛教方面亦有採取日本人神胤說的立場。例如，第二期的淨土宗僧大我（一七〇九—八二）有如下之言：

大抵皇和之人，首先皆以神之遠孫而深感恩澤，且為神之正民。然身為吾神國之人，卻詆毀神皇先王者，恬不知恥而空有人貌，實非人也。竟行梟獍之舉。孔子證其父之曲事，更無意矯正之。然猶非難吾神國之無瑕焉？若存心唯有褒揚異邦而貶神國之識趣者，則不應居吾之神國。恰應乘疾筏而浮於海。（《三彝訓》）

然而，如同增穗殘口的責難般，倘若「四姓出家，皆名為釋」是佛教本有的平等思想，那麼從僧侶的立場來看，若將「神國」的「皇和之人」視為神嗣，將「氏種姓」出身所形成的階級秩序予以正統化並肯定其說，則蘊涵極大的矛盾。這項問題在教化民眾的層面上，其實在第三期逐漸顯著化。有關此部分，將待後文探討。

二、神、儒、佛的相對化

值得關注的是，在此時期以「神道」的獨特生死觀為基礎，逐漸產生對因果報應、輪迴轉世之說的批判。第一期僅是借用儒學陰、陽二氣的聚散說，並非自行提出新論理。第二期則以既非儒教，亦非佛教的神道的論理觀念，出現批判佛教的因果報應觀之言論，垂加神道即為其代表。垂加神道原本是山崎闇齋開創的神儒一致論，自享保年間之後，闇齋將玉木正英（一六七〇—一七三六）的祕傳教法予以體系化，並提出個人的生死觀，形成其思想全盛期。江戶的垂加神道論者跡部良顯曾汲取玉木正英的思想流脈，有如下言論：

或有人云，神道、儒道皆排天堂、地獄之說，稱無有再生輪迴之事，叱罵因果之說。於其述說道理之時，了知亦有一理，然死後之事誰亦不知，若如佛示說，人將墮地獄之苦，後轉生為惡人而遭刎頸磔刑，此時苦泣後悔為時晚矣。又轉生為鳥獸，所受之苦亦可悲之。立其證據救拔此罪而為佛者，則將成佛。汝於此事又如何作想？答曰，此事尤為殊勝，然神道之於此事，絲毫不以為恐懼悲悽。此方若遵天照太神所證之教，尊神道而學祓祈禱，則無有墮地獄，亦無有轉生惡趣之事，故毋須有絲毫掛慮。（《神道排佛說》）

在此可認同跡部良顯的說法是試圖提示「神道」的獨特生死觀，有別於肯定因果報應、輪迴轉世之說的佛教，以及對佛教之說表以否定的儒教。實際上，垂加神道的至高祕傳《神籬傳》之中述及若能守護天皇，則可在逝後「列於八百萬神下座」（若林強齋，《神道大意》）的教示（前田勉，二〇〇二）。然而，此祕傳難以擺脫遭人誹謗為牽強附會之說。雖從日本的神話、古代中求取其說法根據，但對於佛教主張的三世因果說，或朱子學為了否定佛教之說而提出的氣之聚散說，則缺乏足以與兩者互為抗衡的確實立論根據。關於此點，在此後的第三期，本居宣長將藉由求證神典《古事記》的文本，來突破神道所欠缺的確實立論依據。宣長透過文獻實證主義的方法，宣稱日本古傳是正確史實，並誇稱其正確性。

在此時期，中井竹山（一七三〇—一八〇四）向松平定信提出《草茅危言》，成為強調佛教如何導致經濟損失的代表著作。竹山在〈佛法之事〉、〈寺院之事〉、〈寺町僧侶之事〉等諸篇中，論述寺僧造成的弊害。有關於此，將在後述第三期中與人的逝後問題一併探討。

整體來看，第二期堪稱是神、儒、佛相對化的時代。試想之下，在此時期主張大乘非佛說的富永仲基之所以出現，並不足以為奇。仲基曾修學於大坂懷德堂，其著作《出定後語》最為人所知的特點，是藉由思想史的方法，針對自原始佛教至大乘佛教各宗派的教義發展進行分析。本居宣長對於仲基所採用的「加上之說」或「三物五類之說」表示褒揚及推薦，至今仲基的文獻批判方法仍以深具學術性而獲得高評。第二期的特徵，堪稱是將佛教文本予以客觀分析，亦即將探討對象與自我價值觀予以切割的一種態度表現。

儒固或以疚乎。佛氏者非也。吾非儒之子，非道之子，亦非佛之子。傍觀乎其云為，且私論之然。（《出定後語》卷下，三教第二十四）

若以既非儒、亦非佛、更非道的狂妄態度來觀察之際，「一切教說＝意識型態」是從能否具有效用的立場來予以評價。富永仲基對於「方便」所提出的理解方式，則明確反映其說。據仲基所述，無論是「竺人」喜好的「因果報應、天堂地獄之說」，抑或「殷人」主張的鬼神論，不變的皆是教化的「方便」之事（《出定後語》卷上，神通第八）。原本第二期是以三教一致論為主流，其理由在於因果報應說在做為懲惡揚善的教理方面頗具效用，而此想法在與自我價值觀或信仰互做切割上，可形成理性的判斷。

若從執政者的立場來看，總之最重要的莫過於治理民眾與教化風俗之目的為何。無論是神道或佛教、儒教，皆不拘任何教法手段。荻生徂徠認為只要不違反社會安定秩序，即可認同佛教（《徂徠集》卷十七，對問）。松宮觀山（一六八六－一七八〇）深受徂徠思想所影響，認為佛教的「因果報應之理，諸惡莫做之說」對於教化民眾有所助益，評判認為得以「輔助國政」（《三教要論》）。此外，即使連否定佛、儒二教的松下郡高，亦主張「神、儒、佛三教之最大缺失，莫過於以勸善懲惡為修行，終將傾於惡之事」（《神武權衡錄》卷一），舉凡能利用者盡量利用，採取如此極為現實、功利主義的態度。

此外，大我以身為佛教人士的立場來倡說三教一致論，其著作《三彝訓》並未與具有政治性質的勸善懲惡說產生顯著差異。大我主張佛教的五戒與儒教的五常一致，並倡說三種神器（鏡、玉、劍）與佛教的三學（戒、定、慧），以及儒教的三綱（君臣、父子、夫婦）互為對應，其說明如下：

於此佛神聖賢深憫其禍，示現三國，垂教萬世，人依此教而解惑。三教依此殊途同歸，所以勸善懲惡，匡正人心。故三道學者如鼎立，以萬邦為嚆矢，若人止惡修善，則應以安天下。（《三彝訓》）

總而言之，三教做為應該「安天下」的勸善懲惡教理，故其目的皆同。儘管如此，第二期之所以能成立是以勸善懲惡說為基礎的三教一致論，堪稱是因為社會有餘力主張佛教、神道、儒教三足鼎立所致。更明顯來說，藉由第一期「家」的普遍成立，若能奮勉於先祖所傳家業，則家庭得以維持，並能由子孫繼承。第二期若能累積經營家業的善行，則不僅自身於來世獲得保障，子孫亦可繁榮，如此勸善懲惡的教理即使在遭逢危機之時，亦具有某種程度的說服力。然而，縱使遵守律儀，致力守護家業，但在迫不得已的情況下面臨沒落這種不合理的境況逐漸擴大時，勸善懲惡教理的欺瞞性則更為顯著化。第三期就是由此開始發展。

第四節　第三期的平田篤胤與後期水戶學

一、因果報應說的轉換

誠然，即使在第三期亦將因果報應說做為勸善懲惡的教理來予以傳述。例如，與本居宣長同時代的慈雲飲光（一七一八－一八〇四）將十善戒視為「為人之道」，並倡導正法律。慈雲亦從神佛一致的立場倡說雲傳神道，述說以因果報應說為基礎所提出的神佛一致論。

此邪見雖多，若云其要，不過是斷、常二見而已。斷見雖有種種不同，首先為善無善報，惡無惡報。謂神、謂佛，若非能現觀，此亦為無，如此視定見為邪見。常見亦有各各相異，人常為人，畜常為畜。人無為畜之理，畜生、蟲蟻之類亦無為人之理，如此視定見為邪見。

所謂正知見，雖甚深微妙，肝要即是如此。

佛菩薩亦於世，賢人聖者亦應有之，神祇雖不可以眼觀而應有之。若為善，必有善

報，若為惡，必有惡報，若能信之，應可謂全其戒矣。（《十善法語》卷十，〈不邪見戒之上〉）

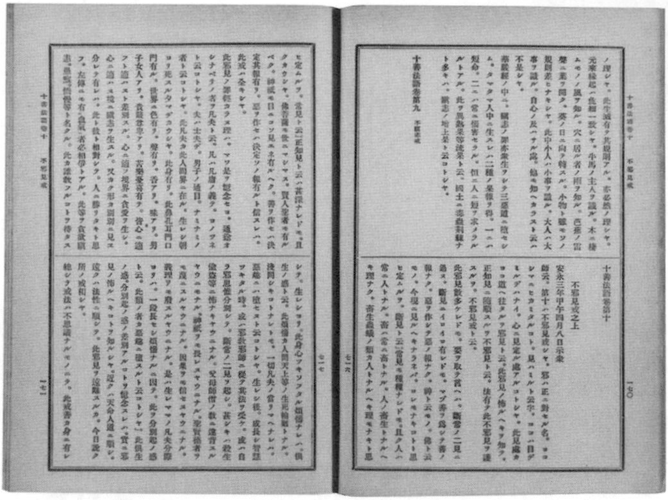

《日本大藏經》中《十善法語》部分內容。（出處：國立國會圖書館網站）

至於在儒者方面，例如考證學者太田錦城（一七六五—一八二五）主張與其身為無信仰者，卻「不敬天道，蔑視神佛，傲言妄行，反覆無常，肆無忌憚」，倒不如成為「愚昧的虔信者」，每日「讀誦觀音經」或「唱念光明真言」，相信因果報應說，「終身不改其志，又一生禮拜神佛而不廢忘」。若就「持守堅固」此點來看，後者的生存方式遠勝於前者（《梧窓漫筆後編》卷下）。在此無關乎佛教或儒學教理，僅針對唯一信念而給予讚賞。

然而，當無法再以樂觀態度相信因果報應說之時，近世佛教恐將面臨巨大危機。在此之際，不僅是否定因果報應、輪迴轉世之說，最根本的莫過於無法相信善因善果、惡因惡果的理法。如前所述，儒者從第一期即針對因果報應、輪迴轉世之說展開批判。如此根據陰、陽二氣的聚散說之批判，如同本居宣長所認同般，具有一定的論理說服力。佛教方面對此則藉由儒典的「天道福善禍淫」（《書經》）、「積善之家，必有餘慶；積不善之家，必有餘殃」（《易經》）來予以反駁，可知儒學亦有善因善果、惡因惡果之理法，更何況僅是現世的論理，並未包含前世或來世，故其主張較劣於佛教思想。在此應留意無論是佛教或儒學，皆未否定善因善果、惡因惡果的理法。若以勸善懲惡說此點來看，佛、儒皆同，故而產生第二期的論理，亦即為了達到政治層面的民眾教化，任何方式皆有其利用價值。這堪稱是以善因善果、惡因惡果的理法為前提。筆者再三重覆，第三期亦承襲此論

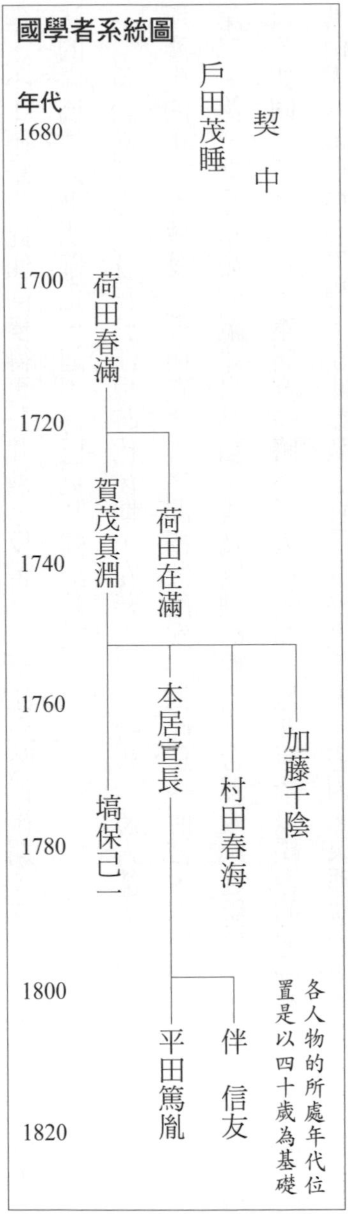

理，不！應是說此傾向變得更為強烈。反言之，至江戶時代後期，善因善果、惡因惡果理法的虛偽性逐漸明確化，迫不得已更為強調其說。

若論其理由，就在於江戶時代後期，在善人未受善報，惡人卻大逞威風的現實社會中所產生的不合理感受，逐漸在眾人之間擴散所致。就此意味而言，本居宣長提出的可做為第二、第三期分水嶺的禍津日神論，成為腐蝕社會的不合理觀感之體現，此點十分值得矚目。如同眾所周知般，本居宣長將不問人性善惡、是非皆降以禍害的惡神禍津日神，置於其個人的神學核心思想。在此蘊藏了宣長對善因善果、惡因惡果理法的激憤難平與心灰意冷的心態。

> 世間一切如斯，有違道理之事，如今眼前不勝枚舉。然謂善人必福、惡人必禍，分毫無違之事，猶如為賣藥之效能書所惑，信其藥到病除般，豈非愚昧之心歟？明知不如效能書宣稱之療效般，猶強賣之以欺人歟？（《くずばな》卷上）
>
> 世間凡有惡事、邪事，皆稱惡神所為，然外國不知有此事。人之禍福不符道理之事，或皆訴諸因果報應，或盡歸天命天道。然如前述，因果報應之說若為順應時勢而造，則不及論之。又謂天命天道，如唐土上古之商湯、周武等類者，狡辯其滅君奪國

大逆之罪，應知其為託辭而強行違理之事。（《玉くしげ》）

如此對善因善果、惡因惡果這種樂天主義所抱持的懷疑態度，堪稱是反映了近世社會階層秩序產生動搖及危機的情況正持續進行。在「役之體系」社會中，對於奮勉維持家業、認真規律生活而感到的不安逐步加深。武陽隱士於十九世紀前期的文化年間所撰寫的《世事見聞錄》中，有如下之言：

一切當世之正派篤實者，因不及世態潮流而身蒙不幸，不實、非道者則成功立身。善人惡報，惡人善報，道理相違，罰利生（編案：佛罰與功德）相逆而行也。（《世事見聞錄》卷七）

對於如此以不合理感受為基礎的善因善果、惡因惡果理法所抱持的懷疑及推論，堪稱是一種因果報應說的轉變現象。若從結論而言，在此時期的因果報應說，與其說是如同第一期是為了來世而促進在現世所產生的倫理行為，毋寧說是將重心移向將現世的不合理與悲慘視為一種宿命，並為此忍耐屈就的論理。誠然，即使在第一期，因果思想具有甘於接受現實不幸生活的功能，而促使忍耐屈就的面向。第三期則因現世的不合理情況極為嚴重，故而無法相信未來將有善因善果、惡因惡果，逕自強調不合理的現世生活是前世所造惡業所致而予以放棄。

其典型例子之一應是《妙好人傳》，該著作在此時期提示了真宗信徒的模範形象。據學者柏原祐泉所述，此書中出現許多將現世生活視為個人的過去業報或業因而為此忍受遷就的故事，並將現世的貧困或災難視為「業」來予以接納，反倒是提示了信仰者將業報視為可用以刺激信仰心並從中獲得充實感，故能予以欣然接受的人格形象（柏原祐泉，一九九二）。在《妙好人傳》之中，說明「貧富苦樂」皆是「前世業因」：

> 貧富苦樂皆為前世業因所現，故富裕如汝，此前業也。貧賤如我，亦宿業也。業力之於聖者，亦不可免。然汝欲救之者，是謂不解因果之道理也。（《妙好人傳初編》卷上）

在此主角的賤民身分，是以「世事皆前世之業惑」（《妙好人傳二編》卷下，二四一頁）的態度來甘於承受。例如豐前國中津郡矢富村有一妙好人（功德殊勝的念佛者，尤指虔信淨土真宗者），名為新藏，在偶然機緣下去觀賞相撲，此時恰有人受傷，周圍遂起騷動，指稱是因有「穢者」混入觀眾之中所致。當時的新藏「穿著一襲破舊棉衣，以稻草束髮，不愧是一副卑微相」，故被懷疑「此人正是穢多（編案：指賤民）」而慘遭觀眾責打一頓。儘管如此，新藏返家後，卻認為是受到「令人愧不敢當之忠告」而感到欣喜不已，並向其妻說道：

我於此世被誤認為穢多，卻能受賜於來世必將與彌陀同體之覺悟，分明如此，我卻只顧著歡喜，未當一回事。故有圍觀者賜予忠告，真令人愧不敢當。如此想來，是該喜不自勝才是。汝亦應悅之。（《妙好人傳二編》卷下）

確實如柏原祐泉所述般，此例「是以自身遭逢災難而心生歡喜的故事類型，來藉此顯示宗教之妙味，但在社會層面上，反而凸顯出妙好人是身處被動的、逆來順受的姿態」（柏原祐泉，一九九二）。這種基於宿命式的「前業」而成立的因果報應說，有別於鈴木正三提出具有生產性、主動性的職業倫理。而正三在第一期所倡導的「世行則佛行」，是述說善因善果、惡因惡果的理法。至於第三期的因果思想色調，則逐漸從明轉為暗。

二、身世所造成的歧視

前文已探討第二期是針對因果報應、輪迴轉世之說而提出批判，其批判則是以「皇國」獨特的生死觀為依據。第三期的國學者本居宣長雖繼承其說，卻以神典《古事記》為依據，提示「皇國」獨有的生死觀。如同眾所周知，宣長針對亡者的逝後問題，認為是惡神禍津日神之所為，無論善人或惡人，皆前往汙穢陰濕的「夜見國」。平田篤胤則不厭其煩地針對宣長提出批判，樹立見解獨到的幽冥觀。有關於此，本章將不予探討。在此附帶說明，村岡典嗣曾指出本居宣長的生死觀，在形成背景中已受其原生家庭的淨土宗信仰所影響（村岡典嗣，一九二八）。

更重要的是，與「日本」或「天皇」概念的顯著化有關並值得關注的特點，則在於本居宣長、平田篤胤針對佛教的批判，基本上是定位在繼續延伸第二期增穗殘口所提出的以「氏種姓」出身而感到自詡的思想主張。其顯著之例，可見於宣長的以下言論：

> 皇國早於神代已定君臣之分際，君本真貴，其貴不依德，而盡依種。其下無論德有多高者，如無更替，則至萬萬年之末代，君臣之位儼然不動，故其下無覬覦者，其上無恐失位者。異國因尊德之俗，雖稱庶民，若有德，則思其貴。故有自蔑其上之心，遂招竄位之禍。（《くずばな》卷下）

據本居宣長所述，「異國」的君臣關係是受到「個人之『德』＝道德如何」所左右，相對之下，「皇國」則是以「種」，亦即基於血統或出身，而從「神代」就已決定君臣關係。「皇國」是藉由天壤無窮的神敕，並經由萬世一系的天皇所主宰的「萬國元本大宗之御國」（《玉くしげ》）。為出身而感到自豪的思想，逐漸增長為擁有萬世一系天皇的「皇國」。

然而，頑強抗拒「漢意」的本居宣長，將儒學視為假想敵，對佛教卻並未如此嚴苛批判。以「氏種姓」出身為基礎的排佛論，是在宣長逝後，由其門人平田篤胤所推動。篤胤所撰的《出定笑語》是以富永仲基《出定後語》中的經典批判為基礎，尤其在附錄中將日蓮宗與真宗視為「神敵二宗」，展開猛烈批判。篤胤的責難不僅受到當時佛教人士所怖畏，更成為明治時代初期推動神佛分離、廢佛毀釋運動的指導理論，就此意味來說，應詳細檢討其思想。（編案：「漢意」是指針對中國思想文化中，藉由各種虛矯方式或冠冕堂皇的道理，而將事物予以正當化、曖昧化的特質所提出的批判思想）

平田篤胤強調的重點，在於「皇國」出身的日本人以具有「神國之神民」的身分系譜而感到自豪，佛教則是與「氏種姓」無關的外國教理。

此方原生於皇國、所謂神國之神民，毫無受外國之恩、佛之恩。又思其血脈系圖，亦毫無因緣瓜葛，故不應以言敬之。（《出定笑語附錄》卷一）

進而指出「皇國」子民在血統上是「神國之神民」，與身為天照大神子孫的天皇有所淵源。就此點來看，平田篤胤引用的著作是松本鹿鹿（本名為多田宣錦，原為東福寺僧）所撰的《日本佛法穴搜評註 一名長壽養生論》中的一段敘述：

不覺生於日本此國中者，皆為先祖代代傳承之一家，將各先祖敬奉為神明。不思現今國君之天皇或將軍大人，原為吾等各先祖血脈明確傳承之本家。對天皇有粗率之心，與切支丹同樣為追從詭道之本尊，以不知饜足之貪欲，起樂於寂滅之心，動輒結黨一致，與天皇為敵而絲毫不以為意，凡與六字旗相向者，則以佛敵視之，令人恐畏而屢藉此攻擊天皇之弱處也。《日本佛法穴搜評註 一名長壽養生論》

平田篤胤將佛教視為否定日本「一家」傳承「血脈」、「與切支丹同樣為追隨詭道之本尊」。其論點無疑是促使第二期的增穗殘口所衍生的思想發展。此外值得關注的是，平田篤胤將與天皇有所淵源的「神國之神民」意識，與「清淨／穢厄」意識互為重疊。佛教豈止違反日本所尊重的「氏種姓」出身，更被視為穢厄之教而予以否定（菅野覺明，一九九五）。例如以下篤胤所言，將其對佛教的嫌惡感充分表露無遺。

> 佛本是賴乞為生，將受乞視為理所當然。彼對乞討累積資糧之事心生嫌厭，欲直接獲受於神明。在其所謂之麵桶內累盛天竺之餘食，為豚豬或小犬嚼剩之殘渣、餿水，豈不髒汙穢厄乎？再如何云其為正命之食，亦著實令人生厭，對其所見所聞皆令人作嘔。（《出定笑語附錄》卷一）

在《出定笑語》中透過如此煽動穢厄意識來針對佛教進行批判，而其焦點對象則是被視為「神敵」的日蓮宗與真宗。平田篤胤將穢厄意識做為以小博大的批判基礎，而其批判日蓮宗的著眼點之一，就在於日蓮的出身。日蓮曾自稱是「旃陀羅之子」，其父是藉由漁獵等殺生行業賴以營生。篤胤對此表示：「天竺有云旃陀羅者，即赤縣之屠戶是也。所謂屠戶，乃剝獸皮，宰割其肉為業，（中略）其身也輕，為吾御國之穢多非人也。」（《出定笑語附錄》卷二），將日蓮聯想成當時的被歧視族群「穢多非人」。誠然，日蓮將漁夫之子的出身，描述為「海邊旃陀羅之子」（《佐渡御勘氣抄》）、「身為貧窮下賤者，出自旃陀羅之家」（《佐渡御書》），如此對自我的指稱，是日蓮個人所背負的深重罪業意識之表現，與當時的被歧視族群毫無關聯。然而，平田篤胤卻從表象來解讀日蓮對「旃陀羅之子」的自稱，是從輕蔑被歧視族群的立場來批判日蓮。據篤胤所述，日蓮的傲慢態度與批判他宗的激昂程度，是源自於對自身出身的反動。

吾長年思索，為何日蓮會出此傲慢惡言，目中無人，可謂有如是之理。偏袒日蓮者，恐必為此而怒之。其訣有云，日蓮本為出身卑穢者之後裔，因不為當世人所重用，故起憤慨之心，發傲慢惡言，看似故做高傲之態。猶如今世間，自稱為藩中等家之子，先祖代代為武士家世者，亦無此般高傲作態。然足輕、中間這般被推舉為武士等輩，尤為大搖大擺，欺凌下士，反之又目無尊長，亟欲高傲作態。而乞丐、非人、穢多等，不知自身幾兩重，不自省其下穢之身、卑猥之態。與世人同般高傲作態，又於人所不知處，最終只知更為目中無人，總之凡有清淨、尊重之事物，則表以非難、嫉妒。日蓮之傲慢惡言、高傲作態與此同般，若苛言之，實因其出身卑微，故有如此之舉，此乃想當然耳。（《出定笑語附錄》卷二）

如同本居宣長的和歌所言，「莫使家內、身中、社稷遭穢厄，穢厄乃神所忌諱不吉之罪」、「灶火之穢甚可怖畏，家中若生火穢則起禍端」（《玉鉾百首》），強調應忌諱及迴避穢厄之事。就此意味來說，平田篤胤對佛教的批判未必特別突兀，堪稱是為國學者的普遍意識代為發聲。然而，篤胤將此與日蓮的出身形成連結，欲藉此強化當時被歧視族群遭到蔑視的情況。

從平田篤胤對日蓮的批判中，值得關注的是日蓮並未隱瞞出身，並將此大為張揚一事，原本是基於佛教主張的眾人平等觀才會如此。若從「佛道本意」來說是「殊勝之事」，應予以讚揚（？）才是。故而若將日蓮的出身予以粉飾，例如擁護日蓮其實原本是出身正統家系的行徑，反而是違背日蓮本意，這原本即是偏離「佛道本意」。

日蓮以其正直之心，謂佛道本意乃云身家無分貴賤，不拘家系等事。若為僧伽，貴冑、穢多皆無隔別，而達其佛道者，云為上等之人。故毋需隱瞞一己身世。若見其撰文，其著作《佐渡書》即有云，今生日蓮生為貧窮下賤者，出自旃陀羅之家。（《出定笑語附錄》卷二）

如此想來，佛教方面在受到平田篤胤的批判之後所提出的反駁，唯有能毅然憑藉「佛道本意」來主張平等思想。縱使可從歷史的角度來說明「旃陀羅」並非指「穢多非人」之意，但只要不否定對被歧視族群的蔑視觀念，就無法克服篤胤所提出的批判。平田篤胤的批判是建立在「佛道本意」的平台上，就此意味來說，其批判成為攻擊日蓮宗的利刃。這是由於在歧視「穢多非人」的反動下，生起一種對於以天皇為源流的「氏種姓」所抱持的憧憬心態。這種心態，正深植在與篤胤同一時代的人們內心之中。根據福澤諭吉氏的說法，認為這是當時眾人所懷有的「耽情」，若依福澤所言，佛教在遭受篤胤批判之下，則被迫克服如此心態。

三、「僧伽」的平等思想

在佛教方面，難道無法從「佛道本意」來予以正面回應平田篤胤的批判？在此值得關注的是，當前述第二期的增穗殘口從重視「氏種姓」出身的立場來否定佛教平等思想之際，佛教方面則對照並引用《增一阿含經》「四姓出家，皆名為釋」的經文。這是由於在第三期，此經文被詮釋為對於現實階層秩序中應具有信仰平等性的思想依據。其例證之一，就是慈雲的思想表現。慈雲為了防範僧紀腐敗墮落，進而教化百姓，故而致力於推廣十善戒（不殺生、不偷盜、不邪淫、不妄語、不綺語、不惡口、不兩舌、不貪欲、不瞋恚、不邪見）。據其所述，世間法有「種種差別」（《十善法語》卷一），出世間的「僧伽」，並非以君臣、父子、夫婦等差別為前提的「和合」，而是以「和敬」來予以貫通。

僧寶之中，無有父子和合、君臣和合、朋友和合、夫婦和合、兄弟和合。此為異世間之道也。超絕人倫之態也。友愛親親皆有如此。於超絕人倫之中，以六和敬為僧體。為戒見利、身口意之和敬。和為和合之義，敬為恭敬。上、中、下座互和，彼此恭敬。謂僧為略言，悉云僧伽。梵言之僧伽，此云眾和合。一人非名為僧，二人非名

為僧。四人以上，具足六和敬者而立名為僧伽。佛德同等，法體同等，三寶隨一，依此德成。（《十善法語》卷七〈不兩舌戒〉）

以上所述，彷彿反映出慈雲透過蒐集並解說在日本所傳的梵文資料，並撰成鉅著《梵學津梁》時的認真態度般，是以梵文「saṃgha」的原意來闡明僧伽之意。進而沿襲《增一阿含經》經文，使其成為「僧伽」具有平等性的思想依據，而有如下敘述：

所謂第六之「意和敬」，乃為四姓出家，皆名為釋。雖有貴族卑姓之階，同一和敬也。凡聖各各有別，悉皆學同一師。（《十善法語》卷七〈不兩舌戒〉）

慈雲的十善戒，堪稱是針對世間與出世間的狀況而提起問題，與前述的第一期是由鈴木正三所提出的「世法則佛法」情況相異。慈雲姑且將世間與出世間互為分離，再以十善戒為媒介，將兩者予以結合。他冀求墮落僧得以醒覺，試圖重興正法律，藉由將世間與出世間予以分離來擔保「僧伽」的平等性，而此平等性有別於君臣、父子、夫婦的世俗倫理。換言之，可擔保身為釋迦弟子而超越「四姓」差異的平等性。

此外，在《增一阿含經》的經文中值得關注的特點，是渡邊廣所翻刻及介紹的真宗僧侶（作者未詳）所撰寫的《勸化迅雷抄》（渡邊廣，一九七六；小笠原正仁，二〇〇〇）。據渡邊廣所述，《勸化迅雷抄》是在江戶時代末期用以教化被歧視族群的著作。文中出現「境界之渡世有勝劣（依果報自受的境遇，導致人生境涯有勝劣之分）」為「因緣前生所定」的說法，將在現世階層秩序中的生存方式視為「宿業所致」，並勸人忍耐及順服（此點與前述的《妙好人傳》旨趣相同）。另一方面，卻描述「往生」與否與「渡世」的「境界」並無關聯，其文如下：

汝等應自慶幸。無論善惡凡夫，若得佛賜予信心，不唯法藏比丘可成因位之思惟修行，賜予穢多、乞食之信心，賜予天子、將軍之信心，兩者並無二致，唯無分好惡，若能令諸眾生功德成就，則汝等之信心與常人之信心無二無別。若成四海兄弟之契，則無任何阻隔。若究竟一乘至于彼岸，雖有爾前之法遮止，開會之本願無有漏之。應尊仰之。應信之。又四海入海，同一鹹味，四姓出家，同姓釋氏之經文，僅有剃髮而未能云出家。經說分明心上有種種出家之事，文殊向金色女示說經文之事。故應知太子有髮，聖人禿首。汝等雖形貌卑微，若能決得大信，豈有不入受度之輩乎？（中略）平等與法同行。蓮如師使法敬坊（編案：其弟子順勢）任上座，亦不捨卑鄙富者，此事眾將共議，應慎思熟慮。

文中說明無論是「穢多乞食」或「天子將軍」的信仰心，在阿彌陀佛本願之前皆是平等，更何況是以《增一阿含經》的經文為依據。的確，《勸化迅雷抄》述及「於佛法雖如前述，對汝等無有隔別，但於神國為〔世俗〕王法，則汝等受人避之」。有可能如渡邊廣所解釋般，藉由王法與佛法的真、俗二諦論來肯定現世中的被歧視意識型態，即使假設是為了教化被歧視族群的意識型態，這種將佛教本有的平等思想予以鮮明表明的例子，在近世日本思想史中特別值得提出說明。

原本從慈雲及《勸化迅雷抄》中顯示佛教平等思想的可能性，其關注點應在於以眼前的階級秩序為前提，並針對平田篤胤提出以下的激烈批判：

> 試問，天子將軍若與己身先祖同一血脈，汝等能否至天朝或攝關家與其晤之而稱兄道弟也？又問汝，若四海皆兄弟，穢多、非人亦非兄弟乎？無稽謊言盡是如是。若為兄弟，豈不該疏略旃陀羅乎？委實令人大笑不堪。今後汝等狐黨之輩，還望請能與穢多、非人以兄弟相稱。呵呵。（作者未詳，《神敵二宗論辯妄》卷二）

作者承襲了前文引述的松本鹿鹿《日本佛法穴搜評註一名長壽養生論》，撰寫《神敵二宗論辯妄》來揶揄平田篤胤，對於被歧視族群所抱存的歧視觀念，與篤胤卻絲毫無異。

況且只要以歧視觀念為前提，佛教豈止無法從篤胤的論理交涉的平台中脫離，反而否定身為佛教徒的自我存在。

惶恐至甚，大吐妄言，稱　天子將軍皆與己身先祖同一血脈等等。如此可想而知。近來披閱渡來之耶穌教徒之書，云亞當、夏娃為人祖，亞當十世之孫謂挪亞。其有三子，長子閃，次子含，季子雅弗。此三人各去三方，亞細亞洲皆為閃之後裔。故云日本人皆閃之血脈，四海皆兄弟也。盜此狂毛人之密說，妄言　天子將軍亦為己身先祖血脈延續之本家等等。吁姦也哉。（作者未詳，《神敵二宗論辯妄》卷二）

從《神敵二宗論辯妄》的作者立場來看，如平田篤胤般以「氏種姓」為基礎的「神國神民」意識，等同於天主教的人類起源神話。無論是篤胤或天主教，在主張「四海兄弟」的平等觀方面，可說是一丘之貉。從《神敵二宗論辯妄》作者的視角來看，篤胤提出的日本人「神民」觀，簡直是異常激進（!?）的平等思想。

四、後期水戶學的排佛論

第三期的排佛論尚有另一項特徵，就是針對僧侶行為墮落，以及對於佛寺經濟資源浪費所提出的嚴厲譴責。在此時期強調此點並予以攻擊的人物，包括會澤正志齋（一七八二—一八六三）、藤田東湖（一八〇六—五五）等後期水戶學者。此外，肥前有田的豪商正司考祺（一七九三—一八五七）則向佐賀藩提出《經濟問答秘錄》。如同眾所周知般，尤其是前者的後期水戶學隨著水戶藩主德川齊昭（一八〇〇—六〇）聲望日隆，形成篤信其思想者遍及全國，並成為傳布幕末尊王攘夷運動訊息的發源地之一。

誠然，如同第一期的熊澤蕃山、第二期的中井竹山《草茅危言》所示，在整個江戶時代，皆有從政治、經濟的角度來批判佛寺的情況。會澤正志齋所批判的「雖云多有築大廈高甍而竭盡財力之事，猶遠不及佛宇。」（《江湖負暄》卷二），若端看其說，並無任何不妥之處，亦無嶄新的論點。但若細心觀察，可發現有微妙不同。以淺白方式而言，在其主張的底蘊中，潛藏著對於奢華度日的寺院及僧侶抱持一種近乎反感的情緒。在任何時代，皆有對奢華佛寺及僧伽心存反感，以及在情緒反動中產生的欣羨及渴望，或許不足以特別針對此項課題，或甚至予以問題化。然而，在第三期的佛教批判之中，不可輕忽這種對於原本理應清儉卻反而奢華度日者所暗存的怨恨之念。若就身分來看，原本出身較低微者，卻更為悠然富裕，自己則被迫過著經濟拮据的生活。在如此自豪的心態中，含藏著已遭穢染的怨忿（前田勉，二〇〇六）。而此自尊心並非只如水戶學者般，以出身為與御三家（尾張德川家、紀州德川家、水戶德川家）有所淵源的武門世家而感到自詡而已。在此時代，階級更低者同樣被賦予這種自豪心態。如前所述，就是平田篤胤滿口穢言所煽動的「神國之神民」這種身分的自豪心態。水戶學亦提倡擁有萬世一系天皇的日本是尊重「種姓」之邦，助長了對身世的自豪心態與歧視觀念。

四民之中，農、工、商皆庶人也。此外有古云雜戶者，良賤有別。日域天胤萬世一流，其餘做其風習所趨，人人皆重種姓，傳自上古之風也。（會澤正志齋，《江湖負暄》卷一）

進而在水戶學方面，除「種姓」主義之外，應留意在前述「役之體系」中所見的「有用—無用」論理逐漸表面化。藉由針對僧侶豈止出身低微，簡直是一無是處的譴責而將之徹底排除。

唯今僧百無一用，至其子，頗應有用武之地。拾萬之寺，一寺若有拾人，則百萬人常言偽事，不動手足，食民辛苦耕作之粟，雖生日本而拜夷狄之本尊，於非常之際，不報國恩，亦如斷絕父母血脈般，不忠不孝，且為無益遊民。此外，又若今僧悖離日本律令，亦違背《梵網經》佛戒，則於僧眾中亦視之為罪人。（德川齊昭，〈不應信

佛法之事〉，《明君一斑抄》卷下）

從第一期開始，即有批判僧侶是不事生產的「無益遊民」，或佛教是斷絕「父母血脈」的出世間法。在此批判僧侶雖生於「日本」，卻敬拜外國的「夷狄本尊」，且不報答「國恩」。但若能認同「氏種姓」的尊貴性，並欲證明己身雖為僧侶卻是堪用之才，則可要求其來協助防範邪教天主教以護衛社稷，並捐助寺鐘做為鑄造大砲之用，為天皇統治的「國體」盡心盡力。

幕末的護法論堪稱是積極接受水戶學所提出的概念。從支持勤王而享有盛名的真宗僧侶月性（一八一七—五八）的言論，即可明示其概念：

為天下攘外寇，以此護國，此為公事也，此為義戰也。故沿海若有事，則汝等一同奮發，不惜身命。將夷狄盡殺於波濤洶湧之間，又有何不可？死者均死，與其倒於衾蓐之上，盡與草木共朽，寧可斃於槍林彈雨之下。生為勤王忠臣，名耀千載之後，死為往生成佛，永保無量之壽。（月性，《佛法護國論》）

月性將佛教針對「邪教」天主教的間接侵略所採取的防禦方式，積極提倡藉由不近

「夷狄」的攘夷之道來維護「國家」，而為此果敢奮發、不惜身命的行為是「生為勤王忠臣」，假使命終之後，亦「死為往生成佛，永保無量之壽」，提倡對於往生不生疑惑。這種「護法、護國、防邪的一體論」（柏原祐泉，一九七三），才是與幕末勤王僧的思想具有相通之處，就此與明治維新之後的護法論產生連帶關係。

然而，必須留意之點在於「護法、護國、防邪的一體論」並非立足於責難平田篤胤所提出的「佛道本意」平等思想，而是以護國為目的來摒除或抨擊天主教。藉由積極提倡以天皇為中心的「氏種姓」出身之尊貴性，而自行否定「佛道本意」的平等思想。換言之，這並非「佛道本意」的平等思想，而是意味著與平田篤胤或以後期水戶學出身者為基礎所形成的歧視思想是採取同樣的論調。

五、近世佛教的發展可能性

本章除了關注「日本」、「天皇」的觀念逐漸顯著化，並以三個時期來探討江戶時代佛教與各思想的關聯。在此闡明江戶時代的排佛論與護法論所關注的兩項焦點，亦即三世因果說與平等思想。這二點遭受批判佛教勢力所攻擊，並成為焦點化。而此兩大問題成為焦點化之本體，堪稱是極具近世日本的特徵。

如前所見，對於儒學採取慣用手法來批判佛教的出世間特性，佛教則提出反駁表示絕非如此，而其論點為三世因果說。在此不可輕忽另一項隱藏的焦點，是屬於更為根源的平等思想。原本脫離君臣、父子、夫婦此三綱的佛教，或許有可能創造新人際關係，亦即原始佛教中的「僧伽思想」。這是由於「僧伽」是可擔保能超越俗世間的種姓制而維持平等性。本章關注《增一阿含經》的經文「四姓出家，皆名為釋」，就是其顯著表現。倘若如此，僧侶在出家之際，可置身不同於世俗階級秩序的異次元空間，但在現實的近世社會中仍難以如此。原因在於僧階受到嚴格規定，寺格經由制定並予以順序化。縱使跳脫世俗的階級秩序，仍被迫歸屬於其他階級秩序之中，故而或許導致平等思想難以顯著化。

然而，若從反佛教的立場來看，既使有其可能性，蘊涵平等思想的佛教仍是違反社會的象徵。原因在於佛教的平等思想，不僅與「役之體系」的近世社會形成矛盾，亦與平田篤胤或江戶後期的水戶學所追求的「氏種姓」出身、家世主義（編案：亦即以天皇為中心的國家原理）互為矛盾。正因有此矛盾，才將佛教與成為近世社會中反社會記號的天主教徒視如同敵，而投以疾言詈罵。例如，篤胤在責難日蓮的著作依據《挫日蓮》之中，將日蓮宗與天主教視為一同。

> 不遵嚴命，雖遭流放遠島及斬首之罪，尚能為此而最感心喜者，顯然與天主教同類。伴天連與日蓮莫非同為一派？（《挫日蓮》）

如本章所見，對於反佛教的言論所應關注的課題，是藉由否定或批判的形式，來反向提示佛教各宗派為了配合與世俗處於相同的現實狀況，故而隱藏佛教原有的可能性。平田篤胤提出的排佛論恰是其例。我們並非輕易就將篤胤毫無口德的粗暴言論或冷嘲熱諷予以不屑一顧，而是應該汲取他從否定的立場來探討的佛教平等思想所具有的積極可能性。試想之下，唯有透過這種讀取方式，方能從辻善之助只從佛教墮落、形式佛教論的例證，來探討排佛論這種咒縛的情況中獲得解放，並可掌握近世佛教在思想上的可能性。

專欄三

文人與佛教：京都文人僧在寶曆時期所發揮的功能

中野三敏（九州大學名譽教授）

至近世初期為止，尤其是以漢字文化為主流的時期，在從事文藝者方面，此時以僧侶為中心乃是一般常識。隨著儒學滲透，儒者勢力抬頭的情況愈益顯著，至十八世紀，亦即經歷享保年間之後，學術及藝術界受到明、清風氣傳入，一股作氣蓬勃發展。文人意識的流行，促使藝文界絢爛發展。其屬性在於反俗、遠塵離俗、隱逸等特性，而此屬性是日本自中世以來以佛教的壤土為中心持續培育而成。文人僧之存在，原本應是最熟悉如此氣氛才是。

在此之前，黃檗禪直接反映中國明、清交替之際的浪潮，在傳入日本後，霎時席捲學術及藝術界，繼隱元隆琦、木庵性瑫、即非如一、獨湛性瑩，甚至是高泉性潡之後的渡來僧，在其周圍甚至出現極具魅力的生活文化，猶如馥郁香氣般飄散，故能擄獲對新文化更為渴求的西國大名之心。如此促使了所謂的檗癖大名（編案：指對黃檗宗深為癡迷的諸大名）

輩出，不久更滲入宮廷、幕府最高階層，促成後水尾法皇、靈元法皇及近衛家，甚至造成德川綱吉或柳澤吉保等位居高位的信徒，自此擁有足以壟斷日本風雅文化世界的勢力。而此風潮更盛的情況，則成為自享保年間以來所形成的文人主義流行之基礎，這堪稱是無法抗拒的事實。此外，黃檗禪的思想促成儒學界的明儒，尤其是陽明學式的思維更為深入，亦成為促使伊藤仁齋、荻生徂徠對朱子學提出批判的新江戶儒學大放異采之基礎。這種現象成為一種新見解，並做為某種特定的展望，在〈江戶儒學史再考〉（《日本思想史學》第四十號，二〇〇八年九月）之中進行報告，在此暫予省略。

總而言之，陽明學的「心即理」命題，開始提示對於「情」抱以肯定的突破性思考方向，而在過去朱子學式的思維中，「情」則不斷遭到否定。如此結果，造成文人意識中新添了反俗及遠塵離俗的特性，並促使隱逸的思想反轉為徹底積極的擴大自我意識，並藉此獲得了促使陽明學的「狂」、老莊的「畸」、佛教的「禪」相互融合的精神性，恰能成為時代思潮而大為活躍。

筆者認為，目前可從寶曆七年（一七五七）前後，以京都為舞台發展的文人僧之積極活動中，發現最具特色的現象。以下來概觀其發展狀況。

江戶是政教首府、大坂是商港、京都是學術及藝術薈萃之地，此三都的定位大致上在江戶時代皆能獲得認同。即使如此，隨著封建制度整備，江戶成為一切中心的趨勢，或許是難以抗拒的潮流。在此潮流中，約從寶曆至明和的二十年間，正處於江戶時代的中間時期，亦是京都街町成為王城文化中心而散放末代光華之時。彷彿有此預感般，當時文人僧皆以京都為目標，紛紛從各地匯聚至京洛建草庵而居。或許其核心人物，就是黃檗僧月海元昭（一六七五—一七六三），亦即別號賣茶翁的高遊外。已於享保末年在洛中賣茶的月海，其行徑被視為明末清初的中國文化意趣之精髓而廣為宣傳。至寶曆十三年（一七六三）月海示寂為止，其高風亮節的行儀常受敬仰，這不僅是個人魅力，而是雖說當時月海早已離京，卻仍受到其徒弟大潮元皓的支持，大潮則是與臨濟宗的萬菴原資同樣深受荻生徂徠門下的詩人們所崇仰。月海對於蘐園（編案：徂徠別號）二傳的當代文人造成影響，甚至形成一種意趣，彷彿在京都結庵而居，方能證明文人僧的存在價值般。黃檗僧終南淨壽於寶曆六年（一七五六）在洛東的岡崎修建介石庵，與其同輩悟心元明的一雨庵比鄰而居。當時真台寺的赤須猛火亦屢訪其居處，赤須與終南、悟心並譽為伊勢松坂之三詩僧。幾乎在同一時期，金龍道人敬雄在岡崎建造的練石亭。敬雄曾自稱是天台無賴僧，並為〈賣茶翁偈語〉贈序。此外，尚有淨土宗的快活僧孤立道人大我的夢庵，以及時期略晚的淨土門俳僧蝶夢所建的五升庵。大我所建的夢庵，曾有曹洞宗門流的詩僧千丈實嚴、以擅寫篆書而首屈一指的佚山默隱於此休憩，金龍敬雄亦曾來聚訪。略經數年，被視為鼓吹宋詩之魁首的天台僧六如，亦於寶曆七年（一七五七）徙居京都。約在同一時期，出身曹洞宗門流、金龍稱其為散聖的夜雨禪師蘭陵越宗，亦在京都建草庵而居三載，並曾造訪賣茶翁。臨濟宗的大典顯常撰有〈賣茶翁傳〉，並以〈賣茶翁偈語〉點綴其作。約於寶曆七年前後，大典顯常在京都郊外建草庵而居，與天龍寺的翠巖長老、道林桂州等以詩會友，正是人才濟濟的盛況。

誠然，淨土宗的元政上人身為建草庵的先驅，在近代初期的詩壇與石川丈山並稱，其早年就已充分理解袁宏道是根據李卓吾的童心說所提出的性靈說，並早於一百年前，就得以實踐及接納明朝詩風，而此未必是甘於詩僧之名。然而，黃檗宗的潮音道海、月譚道澄、百拙天養，曹洞宗門流的月坡道印、獨菴玄光、卍山道白，更有前述的蘭陵之師無隱道費等人，皆是在學術及文藝方面的佼佼者。然而，當寶曆時期的京都文人僧與諸前賢相較之時，可指出兩者有明顯差異。前賢的思考方式是徹底以佛為主，當與儒教有關之時，則一貫維持批判者的立場。例如，獨菴玄光對朱子學的批判，或無隱道費對徂徠學的批判等，即是顯著之例。此外，相對於從事學術及文藝更為鮮明化，寶曆時期的文人僧對於儒學或老莊思想更具有親近感，並促使三教一致的立場更為明確，這毋寧說是希冀在詩文世界中得以樹立明確的立場。這並非只是尚未發現儒學在社會中的滲透情形與在詩文世界逐漸擴大所形成的自然結果，而是堪稱是由大我或金龍、赤須等人更為積極地與芥川丹丘、服部蘇門等京儒的先鋒產生相互作用，並迅速接受及運用陽明學左派的李卓吾思想，鼓吹批判徂徠之學或狂逸者的心境，促使思想界開啟新局面之契機。另一方面在文章世界中，為漢戲文（編案：漢學者所撰的戲作文學）新添內容，確立從狂詩、狂文發展至通俗小說等領域。這些文人僧在擔任十八世紀江戶雅文世界（編案：當時國學者仿效平安時代假名文所作的擬古文）先導角色之際所樹立的功績，今後應將更為明確化。

文獻介紹

中野三敏，《十八世紀の江戸文芸——雅と俗の成熟》，岩波書店，一九九九年。
中野三敏，《江戸狂者伝》，中央公論新社，二〇〇七年。
中野三敏，《近世新畸人伝》，毎日新聞社，一九七六年。
伴蒿蹊，《近世畸人伝．続近世畸人伝》，東洋文庫二〇二，平凡社，一九七二年。

第四章

教學進展與佛教改革運動

西村玲

財團法人東方研究會研究員

第一節　近世教學及其學術

一、近世教團的起步

自中世後期以來的長期戰亂，造成佛教各教團在過去維持的秩序基礎遭到破壞及重組。在鎌倉時代出現所謂的新、舊佛教勢力逆轉，織田信長與德川家康等人對於一向一揆、法華一揆的彈壓及殲滅，促使中世佛教教團得以在政治上維持獨立的存在方式就此告終。在此同時開啟了新時代，邁入佛教在世俗權力與一般社會中扮演重要功能的近世時期。

在幕藩體制逐漸成形的近世前期，佛教從中世的戰亂打擊與混亂中重新崛起，成為以各種形式開始摸索順應新時代思想的時期。此時，德川幕府執行管理寺院及教團的政策，隨著奠定近世佛教教團基礎的同時，從根本規定教學思想的性質。為能了解近世教團是在何種條件下產生或進行活動，首先將探討幕府為了管理寺院而執行的各種制度。

德川幕府為了推展以寺社管理及行政裁判為首要的宗教統治，於寬永十二年（一六三五）設置由將軍直屬管理的寺社奉行。約在同一時期，從江戶及其近郊的各宗派有力

葛飾北齋所繪《富嶽三十六景》No.4「東都淺草本願寺」（出處：大都會藝術博物館 The Metropolitan Museum of Art 網站）

寺院之中決定江戶觸頭，成為幕府與寺院的聯絡機構。至於成為觸頭的寺院，例如淨土真宗（當時稱為一向宗，以下皆同）是築地本願寺與淺草本願寺，以及位於芝的淨土宗增上寺等，多屬今日現存的大寺院。這些寺院將幕府頒布的公告傳達於各宗本寺或末寺，其代表各宗派成為替幕府與寺院之間傳遞訊息的機構。此外，不僅是幕府，即使在各藩內，觸頭制度皆已整頓完備，幕府的命令依序傳達至末端寺院。反之，末端寺院亦透過觸頭，向幕府的宗教行政機關寺社奉行提出各種請願書。

此外，德川幕府向各宗大寺頒布寺院法令，制定寺院應遵守的規則。寺院法令是以慶長六年（一六〇一）向真

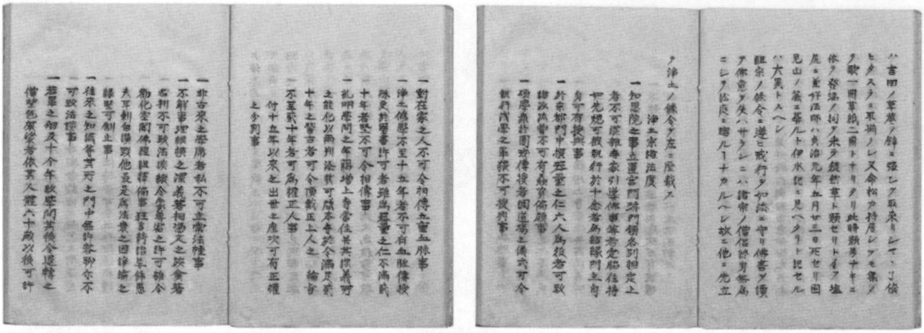

《祠曹雜識》中所收錄的「淨土宗諸法度」部分內容（出處：國立公文書館藏）

宗高野山發布之令為始，繼而有天台宗比叡山法令，以及曹洞宗、法相宗、五山十剎、淨土宗、日蓮宗身延山等法令。寬文五年（一六六五）頒布各宗共同的諸宗寺院法令，決定佛教整體基本規定，內容是以教團秩序與僧侶生活規制為核心。首先除真宗之外，以針對各宗禁犯女戒為首，規定各宗的職制、配合職制的教團階位順序、寺院住持的資格、敕准穿著紫衣袈裟或獲贈上人稱號、授戒限制、本寺與末寺關係。至於教團外部的活動方面，則決定限制建立新寺、禁止倡說邪教或新教理、限制對一般人說法、取締勸募等。

此後，幕府於貞享四年（一六八七）頒布禁信天主教。享保七年（一七二二）向各宗僧侶頒布掟書（一種公布法規的形式，或稱掟或定），內容較慶長六年的各宗寺院法令更為詳細，各宗接受此令後重新自行制定自宗規則。

這些法令是先由幕府發布，再由各大寺院提出草案，並予以修正及公布。故而各宗大寺院的意圖鮮明反映於法令中，亦明確顯示本山與末寺的主從關係，雖然原本在中世，

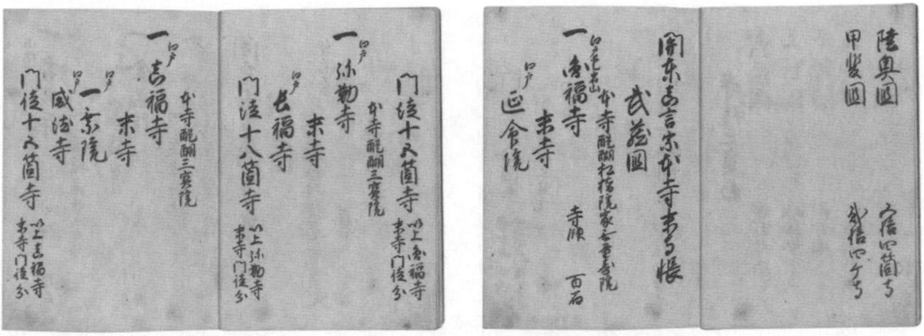

關東真言宗本寺末寺帳部分內容（出處：國立公文書館藏）

已有部分寺院維持本山與末寺的關係。幕府利用既有的各宗本末關係，以全國規模進行法制化，各宗建構本寺、中本寺、直末寺、孫末寺的多層關係，將全國寺院刻意納入中央集權的本末關係中，無一例外。

德川幕府於寬永八年（一六三一）禁止創立新寺，翌年下令各宗提出末寺帳，更於元祿五年（一六九二）再度命令提出末寺帳，確定各宗的本末關係。然而，原本即有多數本末關係不明的寺院，為了本末問題在各地造成糾紛。例如，在伊勢與越前分別擁有本寺的淨土真宗專修寺，因發生本末之爭，僅以伊勢為本寺，越前的專修寺遂遭破壞。在曹洞宗方面，只認同永平寺與總持寺為本寺，造成過去被視為本寺的肥後大慈寺、加賀大乘寺、能登永光寺被納入兩寺管轄之下。

在各地引發糾紛中決定的本末關係，是以幕藩體制下的宗教行政基礎單位而發揮功能。寺格在配合各種本末關係之下詳細規定，甚至決定成為住持的修行年限或學術修行的各階段內容。例如，近世初期的紫衣事件（寬永四年），幕府為了修學規定而與臨濟宗妙心寺派引發紛爭。江戶時代的佛學專門研究之所以逐漸盛行的一大理由，就在於幕府規定成為住持者所需要的修學程度，各宗被迫配合政策而整頓學問所。

基本上，近世初期制定的本末關係在日後禁止更改。本寺獲得保障，可享有對末寺所採取的優勢立場，並擁有末寺住持任免權及裁判權。當本寺與末寺發生糾紛之際，通常是以本寺的主張為準則。本寺在批准末寺住持之際，可收取末寺繳付的上納金，並依照寺格設定金額等級。甚至從僧侶得度至授予院號、授予本尊或舉行法會等，末寺需配合寺格及僧階而向本寺繳付上納金。

如此藉由德川幕府制定的寺院法令與本末制度，佛教各宗以一元化方式，獨攬各本山對末寺及僧侶的控制權。隨著近世一元化教團體制逐步確立，過去曖昧不明的宗派界線得以明確化，無法就此兼學或兼行，逐漸形成所謂的近世宗派。在此之際所追求的是有可能成為各宗特徵的固有教學，並推展宗派內、外周知的各宗典籍出版事業。

二、何謂檀林

德川幕府藉由寺院法令對佛教教團活動嚴加管制，在此同時，亦積極獎勵學術發展。淨土宗法令方面，規定淨宗修學未滿十五年者，不可傳授淨土宗義的宗脈與圓頓戒的戒脈。為能求取住持資格，則需修行十五年以上。曹洞宗法令規定僧侶若非具備三十年以上修行資歷，不可樹立法幢。天台宗的比叡山法令則規定未能勤修學道者不得住僧坊。如此僧侶在修學及修行期間，就此取得住持或教導資格，並反映於僧階晉陞之上。此外，各大寺為了獎勵學術而提供寺領或支付資金，各宗設置成為各種教育僧侶或提供研究的學問所（檀林）或學寮，教育研究風氣漸盛。在德川幕府成立之前，各宗即設置教育機構，成為檀林之前身。各宗的主要檀林，是透過幕府政策而整備制度，約創設於十六世紀後期至十七世紀前期。

近世所謂的檀林，究竟是指何種設施？有關淨土宗檀林，筆者將包括教育課程在內進行詳細探討。自德川家康以來，歷代將軍皆皈信淨土宗，成為檀林之首的增上寺則成為將軍家的菩提寺。在各宗之中，淨土宗的檀林制度最為完備。

首先是成立淨土宗檀林，淨土宗支派白旗流的源譽存應（一五四六—一六二〇）成為增上寺第十二任住持，並獲得家康信任。增上寺在存應積極活動之下，轉移至今日的芝，經由整頓伽藍後，強制成為德川家的菩提寺。存應因中興增上寺而備受尊仰，獲賜號為觀智國師，並獲得家康所贈宋、元、明三種版本的《大藏經》，皆留存至今而成為重要文化財。存應獲得家康的支持為後盾，在關東選定十八座寺院做為淨土宗學問所，稱之為關東十八檀林。有關其詳細配置，分別是以芝的增上寺為首、再加上小石川的傳通院等位

淨土宗總本山知恩院（吳宜菁攝）

於江戶地區的五檀林，以及包括鎌倉的光明寺在內等十三處田舍檀林。

在此時期，京都知恩院的尊照（一五六二—一六二〇），接受第二代將軍德川秀忠皈依而整頓知恩院，並獲得寺領一千七百石。尊照將知恩院視為淨土宗總本山，脫離原本的天台宗青蓮門院所管轄，並迎請良純法親王開華頂門跡。此外，並與江戶的存應共立檀林規則及宗義法令。

至於掌理某宗派行政的官方機構，在當時稱之為總錄所。淨土宗的總錄所設於增上寺，主要任務是做為江戶觸頭，除了將幕府命令傳達於各國觸頭寺院，亦負責替各國向幕府請願，或在提出文書之際進行斡旋。此外，總錄所負責監督及鼓勵制定或實踐、遵守法令，檀林學徒的學籍管理，或為各地的本山或紫衣地、由緒地、格地等高階寺格的寺院進行推薦或委派住持。此外，十八檀林的住持於每年正月入江戶城祝賀，並於此時在增上寺舉行檀林會議。在會議中進行檀林住持候補人選投票，或變更某宗派的規則及追加新宗規。十八檀林不僅是教育設施，亦是支持宗門行政的機構。

檀林的教學方式有兩種，亦即在限定期間內舉行的問答形式與日常講義，藉此學修淨土宗教義。具體而言，是以淨土宗開祖法然所撰《選擇本願念佛集》為中心，研究淨土三部經或唐代僧善導的著述、中世淨宗教學集大成者聖冏的著作。此外，不僅限於淨土宗義，亦研究俱舍、唯識、三論、華嚴、天台等各種基礎佛學，至於佛教之外的諸子百家，則被視為外學而進行講義。這些研究是為了將各種書籍加上縝密的注釋，並為檀林舉行講義而撰寫教科書式的綱要書。

檀林的教育課程分為名目、頌義、選擇等九部分，每部修學時間為三年。若依照規定程序修學，則除了並非既定課程中的最後內容天部之外，至課程修畢將費時二十四年。據元和元年（一六一五）的淨土宗法令規定，為了如前述般成為寺院住持而接受宗戒兩脈，則需修學十五年。但隨著時代變遷而逐漸減少年限，至近世中期則縮減為八年。

檀林的學術體制具有行政式的功能，除了可針對自宗僧侶制定僧階，亦可賦予為了獲得寺格的基礎條件，成為支持教團維持營運及重新發展的一大結構性組織。檀林的教學研究系統是由在中央具有影響力的檀林所總攬，故而無暇促成祖師或聖典的批判研究。前述的自由研究，則可見於脫離教團秩序後在檀林之外活動的學僧，或佛教外部的世俗知識分子之中。

關東十八檀林

武藏國	增上寺（東京都港區） 傳通院（東京都文京區） 靈巖寺（東京都江東區） 靈山寺（東京都墨田區） 幡隨院（東京都小金井市） 蓮馨寺（埼玉縣川越市） 勝願寺（埼玉縣鴻巢市） 大善寺（東京都八王子市） 淨國寺（埼玉縣埼玉市岩槻區）
相模國	光明寺（神奈川縣鎌倉市）
下總國	弘經寺（茨城縣結城市） 東漸寺（千葉縣松戶市） 大巖寺（千葉縣千葉市） 弘經寺（茨城縣常總市）

上野國	大光院（群馬縣太田寺） 善導寺（群馬縣館林寺）
常陸國	常福寺（茨城縣那珂市） 大念寺（茨城縣稻敷市）

三、各宗檀林及其動向

除淨土宗之外，天台宗、真言宗、淨土真宗二派（東本願寺與西本願寺）、曹洞宗、日蓮宗亦設置整頓完備的教育機構，略晚成立的融通念佛宗亦是如此。日蓮宗在各宗派中，是屬於較早開設檀林的派別。比叡山因受到織田信長討伐及焚毀所影響，而遭逢毀滅式的打擊，當時天台宗學僧為避其難而入日蓮宗，講授天台宗《法華經》的相關講義，成為日蓮宗檀林之前身。日蓮宗檀林在接受這些曾由天台宗學僧開講的講義後，於京都設立六條檀林。

由天台宗改信日蓮宗的日生（一五五三—九五）於關東下總開設飯高檀林，形成日蓮宗教學研究的重鎮。此後日生返京，於天正二年（一五七四）興建松崎檀林，將兩處檀林合併後，稱之為根本檀林。從當時至元祿年間的一百年間，日蓮宗各派設置二十餘處檀

寬永寺根本中堂（吳宜菁攝）

林，學術研究持續進展，從初期天台教理研究發展為獨樹一格的日蓮宗學。

另一方面，比叡山遭討伐及焚毀後，天台宗在德川家康、秀忠、家光的宗教顧問天海（一五三六—一六四三）盡力推展之下，於寬永二年（一六二五）在上野創建寬永寺，並將實權轉移至江戶。後於關東設置八檀林或十檀林，在這些檀林修學則被視為進入寬永寺學寮的晉陞階梯。

在與自古發展的高野山及東寺相較之下，真言宗教學反而是在中世的覺鑁（一〇九五—一一四三）所開創的根來寺系統之下興盛發展。天正十三年（一五八五），根來寺在秀吉軍進攻之下毀滅，其法脈二分為奈良長谷寺豐山派與京都智積院智山派。智山派協助家康皈依其派的日譽（一五五六—一六四〇），近世邁向隆盛期，而有「學山智山」之稱。智積院的第七任住持運敞（一六一四—九三）致力於注釋研究，其藏書之豐富，至今仍以運敞藏之稱而存世。此後智山派蒐羅諸多典籍，研究學風就此而生。

近世中期，智山派與豐山派盛行研究被視為佛教基礎學的俱舍、唯識性相學。尤其是豐山派的學者快道（一七五一—一八一〇）、戒定（一七五〇—一八〇五）的研究，批判在過去一向被視為學說規範的南都法相教學等領域，積極推出嶄新學說，成為近世教學的一項里程碑而備受矚目。

至今淨土真宗仍有多派別存在，其中，本願寺於近世初期的分裂為東、西二派，此項事實十分重要。其分裂始末在於信長、秀吉、家康三代執權者與一向一揆互為複雜糾葛，在思考近世以後的真宗教學特性上成為基礎事件，故在此先做探討。

織田信長在與身為本願寺門徒的越前朝倉氏等戰國大名相戰的過程中，亦與大坂石山本願寺進行長達十年的石山合戰（一五七〇—八〇）。最終本願寺向信長表示屈服，由第十一任宗主顯如（一五四三—九二）請降並交出石山本願寺，此後退往紀州。此時，顯如的長子教如（一五五八—一六一四）堅決反對與信長談和，故而與顯如斷絕父子關係。退至紀州的顯如透過向秀吉進獻京都七條堀川的土地，得以於天正十九年（一五九一）返京。文祿元年（一五九二）顯如示寂後，本願寺在秀吉介入之下，並未傳於長子教如，而是由三子准如（一五七七——一六三〇）繼任宗主之位。家康於慶長七年（一六〇二），向遭到本願寺驅逐的教如捐贈京都七條烏丸的土地，故而創建東本願寺。本願寺因前述的發展始末，從第十二任宗主開始分裂為東、西二寺至今。換言之，石山合戰之際向信長請和的穩健派成為日後的西本願寺，強硬派則成為東本願寺。

東、西本願寺的整體學術發展動向，是研究近世前期的淨土真宗在一般佛教中被如何定位，後期則進行宗學研究。西本願寺早於寬永十三年（一六三六）出版親鸞的主要著作《教行信證》，兩年後於寺內興建學校，獎勵宗學研究。第十四任宗主寂如（一六五一——一七二五）則親授《教行信證》講義。

在研究盛行的過程中，為了當時的學頭西吟而曾引發論爭，幕府因紛爭漸轉熾烈而介入，一時關閉西本願寺學校。約於四十年後的元祿八年（一六九五）方為重建，並有「學林」之稱，此後歷經各種變遷，成為現今的龍谷大學。在近世中期，學林的在籍學生名額逾千人，至幕末則超過一千六百人。

在西本願寺派的論爭中，值得關注的是在近世中期曾發生從教團的最高階層至一般信徒皆捲入紛爭且長達四十年的事件，稱之為三業惑亂。淨土真宗強調彌陀救度的絕對性，故而認為真宗在他力信心方面不可生起自求之心。身為學林第六任能化的功存（一七二〇——一七九六）等人則認為身、口、意三業俱全，主張必須自求往生。

功存等人的主張雖被視為具有學林權威的正統思想，卻受到以安芸、芸備為首的各地信徒或學僧陸續批判。享和三年（一八〇三），幕府終於在二條城招請當事人進行論議，翌年（文化元年，一八〇四）亦在江戶城舉行，最終是由引發論爭導火線的學林勢力敗退而結束事端。此後，西本願寺學林並非設置唯一學頭，而是改為六人合議制，以避免造成混亂局面。如此結果促使各種學派在三業惑亂發生之際乘勢興起，造成研究逐漸興盛，此後轉為慎重提出學說，雖踏實進行卻未能有顯著發展。

東本願寺於寬文五年（一六六五）設置學寮，奠定該寺教學基礎的慧空（一六四四—一七二一）則於正德五年（一七一五）成為初任講師。直至次任講師慧然（一六九三—一七六四）之際，將學寮遷至高倉，並整頓授學者與學生的制度。十八世紀後葉，東本願寺迎向宗學黃金期，與西本願寺同樣發展宗學。東本願寺出現學僧主張異安心（真宗的異端信仰），卻未能形成如三業惑亂般的大規模論爭。

尊奉一遍為初祖的時宗，自鎌倉時代末期至室町時代中期盛極一時，其信徒稱之為時眾，但至近世已無法以諸國遊行的方式傳法。德川幕府在實施本末制之際，時宗以淺草日輪寺為觸頭而受其管轄。此後，第四十二任遊行上人尊任（一六二五—九一）獲得靈元天皇信任，亦可屢次謁見幕府將軍，並制定宗制而成立宗派。

同屬念佛系統的融通念佛宗，則尊奉中世的良忍（一〇七二—一一三二）為宗祖。

所謂融通念佛，是指藉由眾人念佛來增進彼此功德的修持法門，勸進聖或一遍等人的弘法行動，被視為具有融通念佛的特質。良忍遍訪諸國，以念佛進行勸化，並於大坂開創大念佛寺。自近世以後，重興大念佛寺的大通融觀（一六四九—一七一六）獲得將軍綱吉准許振興宗門，故而成立融通念佛宗。元祿七年（一六九四）獲靈元上皇賜以紫衣，兩年後獲敕准開設檀林。此後，融觀制定檀林規則，並整頓本末制度，撰有以天台及華嚴教學闡述融通念佛的《融通念佛信解章》二卷，並藉此整備教學。

第二節　禪宗動向與佛書出版

一、禪宗改革運動

自中國宋朝傳入的禪法，在日本中世時期得以穩定發展及普及，許多日本禪僧於此時渡海入宋，與中國禪宗保有關聯。在禪宗方面，禪僧接受嚴格試煉後，進入修行道場的僧堂，不僅接受禪師指導，亦遵從僧堂特有規制而嚴謹生活。師父透過某種形式確認弟子的禪修境地，證明開悟真理之法。此時，獲得師傳之法稱為嗣法，是由師弟一對一面授（師資面授）進行。各地的禪宗大寺設有僧堂，僧侶成為雲水僧，在各地僧堂居留及修行。

曹洞宗原非採用公案的禪問答，因重視為傳法而維持的一對一單傳師徒關係，一旦成為繼承法嗣的師徒關係，則畢生不得變更（一師印證）。自戰國時代之後，曹洞宗的師資相續淪為形式化，並認為隸屬大寺才有法脈相續，僧侶為求入大寺而改奉上師，或嗣法上師者多達兩名以上的情況愈益明顯。相對之下，以月舟宗胡（一六一八—九六）為首所推展的宗統復古運動，就是為了讓一對一單傳的緊密師弟關係獲得復甦，並試圖將此傳承關係予以制度化而長久確立。月舟的弟子卍山道白（一六三六—一七一五）繼承其師

原位於能登半島的總持寺，和永平寺並列為曹洞宗大本山，後因一八九八年大火遷至橫濱。此為橫濱總持寺佛殿，主供釋迦牟尼佛和兩位曹洞宗祖師為一大特色。（秦就攝）

月舟之遺志，偕同有志之士向幕府提出訴求，實踐其主張的一師印證及師資面授的制度，就此確立近世曹洞宗的教育方式。

曹洞宗在北陸地方具有兩大本山（永平寺、總持寺），聯繫幕府與教團的總錄所及觸頭則集中於關東及江戶地區，故將宗門行政中心遷至關東。宗統復古運動不僅推行僧堂的坐禪實修，更及早於文祿元年（一五九二）在江戶駿河台設置學問所栴檀林。近世的栴檀林，即是現今駒澤大學之前身。栴檀林原指檀香林之意，逐漸轉義為禪僧聚集修行的場所。

明曆年間的大火（明曆三年，一六五七），栴檀林隨著吉祥寺遷至本鄉駒込而更加擴大規模。針對曹洞宗舉行改革運動的卍山道白，曾整頓制度並盛行研究，據傳在該處修習的學僧多達千名。栴檀林不僅從事佛典或祖師著述、禪語錄等專門研究，亦推廣漢學及詩文等領域，故與推廣儒學的昌平黌並稱為江戶漢學之兩大重鎮。此外，大量出版曹洞宗祖師道元的主要著作《正法眼藏》等過去幾乎無人研究的著述，並盛行教學研究。在推動宗統復古運動之際，栴檀林的學術活動亦盛大發展，曹洞宗漸趨近世化，同時產生重視坐禪實修與重視學術的兩派，形成互為對立的局面。

臨濟宗採用的教育方法，是禪師以公案問答來確認弟子的修行悟境，並藉由印可予以證明。近世的臨濟宗是在中世盛行的京都五山派逐漸衰微後，在同樣位於京都的妙心寺、大德寺系統逐漸盛大發展。在近世初期，大德寺出身的澤庵宗彭（一五七三—一六四五）是以紫衣事件而為人所知。所謂紫衣，是指朝廷授予德高望重的僧尼所穿著的紫色法衣、袈裟。能否准許高僧德宿穿著紫衣，則是屬於朝廷權限。寬永四年（一六二七），幕府對於後水尾天皇敕准將紫衣賜予大德寺等僧侶一事表示反對，甚至不予承認。此後，後水尾天皇決心退位，澤庵因向幕府抗議，遭到流放出羽之罪懲。

澤庵宗彭等人向幕府抗議的直接理由，是幕府制定的寺院法令中，規定成為妙心寺與大德寺住持的條件，必須有三十年以上的修行資歷及參透一千七百則公案。若從澤庵等人的立場來看，其問題在於修行年限與參公案的數目，應是由僧侶個人內在修為的境界來決定，而非由幕府權力介入的外在方式來決定，故而向幕府提出抗議。此後，澤庵於寬永十一年（一六三四）獲准返回江戶，受到第三代將軍德川家光器重，並於品川創建東海寺。在經由家光撤回衍生問題的法令條件後，澤庵的主張方才獲得認同。

出自妙心寺系統的盤珪永琢（一六二二—九三），獲得明朝的渡來僧道者超元所授予的印可，並曾向一般民眾傳揚不生禪。盤珪倡說的不生禪，是指各人與生俱來的平常心即是靈妙佛心，日常生活中的諸行即是禪修。盤珪以日常通俗的譬喻化導眾人，被尊為「生身釋迦」，並重興多座廢寺及創建新寺。

近世的臨濟禪是由白隱慧鶴（一六八五—一七六八）集其大成，因善於教育門弟，據傳有四十餘名嗣法弟子。白隱確立以公案禪修行的嚴格教育方法，被視為臨濟宗的中興之祖，今日臨濟僧多出於白隱流脈。其以平易言詞向民眾說法，撰有多部假名法語（以假名文或漢字假名的文章來說明佛法教義），並創作〈おたふく女郎粉引歌〉及兒歌等作品。

在臨濟宗的學術領域方面，則有無著道忠（一六五三—一七四四）撰寫《禪林象器箋》二十卷，內容是出於許多典籍纂集的禪宗辭典。卍元師蠻（一六二六—一七一〇）則於延寶六年（一六七八年）撰寫知名的禪僧傳記《延寶傳燈錄》四十卷，並於元祿十五年（一七〇二年）撰寫日本各宗高僧傳記的《本朝高僧傳》。

二、黃檗宗傳入日本與穩定發展

日本在近世前期，由中國傳入禪宗支派的黃檗禪，當時不僅對於禪宗，亦對文人及美術造成莫大影響。例如，現今佛教各宗所用的木魚，即是黃檗禪僧傳來之物。原本黃檗禪是在中國明朝（一三六八—一六四四）末年的興佛過程中，由臨濟宗的密雲圓悟（一五六六—一六四二）等人重新使其甦生的臨濟禪。中世傳入的宋、元二代與明代的禪法，兩者的儀禮風範相當殊異，故在日本近世將黃檗宗視為新宗。

日本黃檗宗的開祖是由中國渡來的隱元隆琦（一五九二—一六七三）所創。在近世初期的長崎地區，許多中國人為了從事唐船貿易而渡日，在當地建造興福寺及崇福寺等私有寺院。這些商賈為了個人所建的寺院，故而期盼明朝僧侶能渡日。道者超

隱元隆琦像（出處：大都會藝術博物館 The Metropolitan Museum of Art 網站）

元於慶安三年（一六五〇）住崇福寺，並曾指導盤珪等日僧。

然而，道者超元旅居日本約六年後即返回中國，興福寺僧為此極盡禮遇之能事，敦請福建省黃檗山萬福寺住持的隱元隆琦渡日。隱元於承應三年（一六五四）抵達長崎並住錫於當地，後入攝津的普門寺，並於萬治元年（一六五八）謁見將軍德川家綱。翌年，幕府捐助京都宇治近衛家的土地，在此創建黃檗山萬福寺。隱元原本預定僅在日本滯居三年，在此期間屢次有意返國，經由日本僧侶反覆勸說後，最終決心永居東瀛，並於寬文元年（一六六一）開創黃檗宗萬福寺。

明代佛教盛行推動禪、教一致的綜合活動，隱元亦受其影響。然而，以禪為基本立場的黃檗宗對於念佛的理解方式，是根據自心即有阿彌陀佛與淨土的思維方式，有別於日本淨土宗各宗的持名念佛。此外，黃檗宗亦多用梵咒陀羅尼，不可輕忽其具有密教的要素。

自隱元之後，黃檗山歷經數代住持，皆由來自中國的明朝僧侶擔任。第二任住持木庵性瑫（一六一一—一八四）於寺內設置戒檀，為五千人授戒。木庵運用幕府捐助的朱印四百石來增建寺殿，奠定黃檗宗的基磐。出自黃檗宗系統的知名僧侶，包括曾從事千葉下總的圍墾或富士川下游土地改良的鐵牛道機（一六二八—一七〇〇），以及後文所述刊行《大藏經》的鐵眼道光（一六三〇—八二）等。此外，了翁道覺（一六三〇—一七〇七）於江戶的不忍池畔兜售稱為錦袋圓之藥丸，將其所得資財捐於上野寬永寺的圖書館，並致力於養育棄童或賑飢活動。了翁以兜售錦袋圓的所得，向天台、真言、禪宗的二十一寺捐贈《大藏經》，進而向諸國各宗寺院捐獻龐大資金。

上述的僧侶主要是活躍於社會事業，若以學僧身分而備受矚目的黃檗僧，則是繼承木庵法嗣的潮音道海（一六二八—九五）。潮音不僅深諳佛教，亦通曉神道與儒教，曾撰寫著作反駁當時的儒者林羅山、熊澤蕃山。在近世極受歡迎的《舊事本紀大成經》全七十二卷，是假託聖德太子所撰的偽書，內容是述說佛教、神道、儒教、道教皆為一致。潮音被視為幕府請求撰寫《大成經》的作者之一，另一位被認為作者的對象，則是志摩伊雜宮的祀官永野采女，兩者皆受到禁足五十日的懲處。黃檗宗在近世初期至前期，包含各種社會事業在內而大量推展新活動，卻隨著時代變遷而逐漸沉滯，原本萬福寺是由漢僧擔任住持，亦在中途改為由日僧出任住持。

三、《大藏經》出版

從古代至中世末期，一般佛書主要在寺院出版。知名典籍如奈良南都的興福寺與春日大社所出版的春日版、高野山的高野版、比叡山延曆寺的叡山版、京都五山與鎌倉五山的五山版等。中世的佛書出版完全是為少數專家而刊行，但至近世以後，民間書肆出版的版本廣為流通，書籍是由各階級廣泛共有。尤其佛書出版是基於幕府透過寺院法令來獎勵僧侶從事佛學研究，故從近世初期逐漸興盛。

在此機緣下，從近世初期開始出現出版佛典全集《大藏經》（或稱《一切經》）的趨勢逐漸顯著。《大藏經》是由經、律、論三類型所成立，佛教在印度發祥以來，種類繁多的新典籍不斷加入其中。故在佛教傳入中國之際，數量龐大的佛書亦隨之輸入，最早的《大藏經》目錄《開元釋教錄》（七三〇）的記載數量已逾五千卷。

《大藏經》收錄龐大數量的佛典，並成為權威正典，故在編纂的取捨作業上經常產生重大問題。在中國亦有私家版《大藏經》，基本上是由宮廷遵照皇帝欽定所編纂，隨著時代不同而出現內容略異的經藏。在朝鮮亦有以中國《大藏經》為底本，刊印內容更為精確的高麗版《大藏經》（一三九九）。

換言之，在東亞各地流通的《大藏經》纂輯出版，與各國王權維持密切關聯，成為關乎國家威信的大事業。日本近世的德川家康應察覺《大藏經》所蘊涵的政治意義，約於慶長十五年（一六一〇）之際，開始向佛教各宗提出法令，以價值約一百五十石的土地做為交換條件，獲得高麗版、宋版、元版《大藏經》，敬獻於芝的淨土宗增上寺。家康應是有意採用這些《大藏經》做為東亞地區的標準版本，以編纂及出版完整的《大藏經》為目標。

元和二年（一六一六）德川家康歿後，天台宗僧天海獲得幕府援助，於寬永十四年

（一六三七）至慶安元年（一六四八），大約耗時十二載在上野的寬永寺刊行《大藏經》六千三百餘卷（請參閱專欄二〈天海的遺產：天海版《一切經》木活字〉），至天海示寂五之年後方才完成。天海版《大藏經》所採取的方法並非逐一開雕整片版木，而是逐字雕出木活字，匯集這些活字後，再組成經文刊印。一旦刊行完畢，原本使用的活字皆被拆解，故其刊行數量必然有限，無法普及化。天海版成為最初在日本完成的《大藏經》，當時使用的木活字如今亦保存於寬永寺。

與天海版相較之下，黃檗宗鐵眼道光出版的鐵眼版《大藏經》是廣泛普及的經藏，亦稱為黃檗版《大藏經》。鐵眼原本是淨土真宗西本願寺派的僧侶，在會晤來自長崎的隱元之後改信黃檗宗，並繼承黃檗山第二任住持木庵的法嗣。寬文三年（一六六三），鐵眼決心向中國購入《大藏經》。此年，鐵眼與曹洞宗的卍山道白、東大寺的公慶上人會晤之時，三人立誓發願，卍山表示將為曹洞宗的宗統復古、公慶將重建東大寺大佛殿、鐵眼則將取得《大藏經》。在迎接近世後，當時是重新樹立日本佛教的時代創舉。

寬文八年（一六六八），鐵眼道光於大坂舉行《大乘起信論》講義之際，述及個人刊行《大藏經》的心願，觀音寺的妙宇尼因感有志一同，捐贈一千兩銀資助其事業。鐵眼受此鼓舞，獲得隱元讓予的萬曆版《大藏經》，並於宇治的萬福寺內建造寶藏院，做為收藏《大藏經》版木的收納庫。翌年，鐵眼募集刊行《大藏經》的資金捐款，以江戶為起點奔走於日本各地，終於在延寶六年（一六七八）將初版《大藏經》獻於後水尾法皇。各卷末尾記有「沙門鐵眼眾緣募刻」，明確記載進獻者及進獻金額。其中，可知有來自琉球的募金，亦有來自日本各地的捐款。鐵眼的黃檗版《大藏經》共六七七一卷，採用吉野櫻木所製成的四萬八千兩百七十五片版木，經指定為重要文化財，如今收藏於宇治的黃檗宗寶藏院。

天和元年（一六八一），鐵眼為了向幕府進獻《大藏經》而前往江戶，卻未能獲得幕府准可，此後遲至鐵眼示寂後方才接納。翌年正月，鐵眼返回大坂市內後，為畿內發生大饑荒而賑濟貧民。蜂擁而至的貧民每日數以千計，資金逐漸匱乏，故有鐵眼向江戶商人借小判（金兩）兩百兩的書簡存世。在二月賑飢事業結束後，鐵眼隨即臥病難起，遂於三月二十二日示寂，享壽五十三歲。鐵眼因從事賑飢的救濟事業，故有救世大士之稱。

十七世紀後葉，隨著寺院法令發布與本末制度獲得整頓，成為各宗確立檀林體制的時期。在此過程中出版的黃檗版《大藏經》因應時代需求，提供檀林所需的基礎佛典，成為近世佛教研究的基磐。

四、佛書與宗典刊行

近世前期至中期，除《大藏經》之外，亦盛行其他佛書出版。至於一般書籍出版，則逐漸盛行於元祿（一六八八—一七〇四）、享保（一七一六—三六）年間。相對於此，佛書出版在元祿時期已達於巔峰，但早已於寬文十年（一六七〇）興盛發展，其數量較儒籍多達三倍。近世中期之後，佛書出版雖逐漸停滯，但在近世後期的安永元年（一七七二），仍超越儒籍或實用書的出版量。佛書出版之所以能超越一般書籍而邁向隆盛，其理由在於與各宗確立檀林制度有密切關聯。各宗教團為檀林的入門者設立販售教科書的專門書店，提供全國入門僧購買。在整個中世時期，教團與書店互為合作，發揮了確保本山正統性及檀林教學權威的系統功能。

在此就以持續發展研究的淨土真宗為例。真宗的談義本，原本是中世僧侶宣講佛法的課本，其特徵在於為了教化庶民而採用淺顯譬喻或因緣故事。在近世不僅是僧侶，一般百姓亦讀談義本。

談義本在元祿、享保時期迎向全盛期，著作內容卻具有爭議性。民間書肆出版的談義本中，包含述說真宗一般並未採用的神祇信仰或咒術功德。此外，假藉親鸞或蓮如之名偽撰的書籍大量流通。這類談義本在近世中期大量問世，西本願寺為此產生危機意識，教團遂於明和二年（一七六五）出版《真宗法要》。此書蒐羅包括談義本在內的真宗著作，共三十九部六十七卷，並予以訂正訛誤，做為紀念親鸞示寂第五百回祭辰法會之成果，並耗時七年歲月方才完成。西本願寺在出版之際向幕府呈交的願書中，提及出版旨趣在於面對民間書肆的談義本內容粗俗惡劣，而該寺出版的談義本內容正確，況且僅在本山隸屬的末寺之間流通刊行。進而針對坊間大量流通的談義本是否為偽作，在近世則是由本山學僧屢次判定真偽，每回皆透過目錄予以確定。換言之，《真宗法要》的出版與談義本的真偽判定，是由本山西本願寺負責定義其正統教義，這意味著該寺獨占權威。

此外，東本願寺亦於文化八年（一八一一）出版《真宗假名聖教》，做為紀念親鸞示寂第五百五十回祭辰法會的成果。其中有關收錄著作的真偽檢定，則與西本願寺出現若干差異。真宗內部各派教學的相異點，在於主張透過刊行內容分別具有微妙相異的正典來發現教學上的歧異。

受到江戶幕府庇護的淨土宗，早已由忍澂自十七世紀開始校定明版《大藏經》。忍澂曾自行脫離檀林體制，雲遊諸國修行，重興京都獅子谷的法然院，並以當時保存於建仁寺的高麗版《大藏經》為依據，費時四年校定明版《大藏經》。然而，忍澂卻在開始編纂《大藏經》比較目錄的過程中示寂，最終由弟子繼續完成，其數共為一百卷。同樣非屬檀林體制的學僧義山（一六四七—一七一七），則針對以法然為主的淨宗聖典進行精校及出版。

至於曹洞宗方面，則早有天桂傳尊（一六四八—一七三五）校正祖師道元的主要著作《正法眼藏》。此後，指月慧印（一六八九—一七六四）編纂祖師錄，面山瑞方（一六八三—一七六九）將自宗的重要典籍悉數進行註解。玄透即中（一七二九—一八〇七）則獲得幕府准可，得以首次出版《正法眼藏》，並刊行道元描述教團規則的《永平清規》。

這些各宗典籍在獲得整頓後，不僅發揮了支持本山權威與檀林教學的實質功效，此後促使宗學研究大為發展。在各宗教學縝密研究的過程中，各種思想逐漸體系化及權威化，導致各宗區別逐漸明確化。檀林的宗學研究是近世佛教所呈現的思想活動，藉由近代以後各宗成立的大學延續其傳承，與來自歐洲的文獻學同樣為近代佛教學的形成發揮卓著的成效。

第三節　近世的戒律運動

一、戒律運動概觀

相對於本山以中央集權的方式涵括檀林及其學僧，另一方面則有脫離本末制度與檀林體制，採取更為自由活動的僧侶。他們被稱為捨世僧或遁世僧，雲遊諸國並實修戒律或坐禪，其中亦有遍習各宗教學的學僧。他們的思想及學術特色，有別於檀林學術將維持教團視為主要目的，而是具有更自由、更個性化的傾向。例如，近世初期的鈴木正三（一五七九—一六五五）倡說佛教式的職業倫理，是以復興釋尊正法為目標，並曾加入山林修行的禪僧團。

筆者在此想將焦點置於實修戒律的律僧，以及他們推行的戒律復興運動。自近世初期的慶長七年（一六〇二）是以真言宗的明忍（一五七六—一六一〇）為先驅以來，從近世至近代的佛教界常有僧人實修戒律。在此之前的戰國時代亂世中，據推測除了某些例外情況，戒律應已被遺忘。明忍等人主要是以中世南都的叡尊（一二〇一—一二九〇）、忍性（一二一七—一三〇三）為典範，在精神面上傳承中世的戒律運動。

從明忍開始推動的戒律復興，包括以佛教為基礎並具有某種程度的跨宗派傾向，至近世中期方才擴展至各宗派。其全盛期約從西元一六八〇年至一七〇五年為止，至享保年間（一七一六—三六）則建有七千餘座律宗寺院。當時天台宗發起主張實修戒律來改革教團的安樂律運動，應成為提示戒律運動積極發展的佐證之一。約莫從西元一七〇〇年代（一七〇〇至一七一〇年）後期起，律僧提倡原理主義式的恢復釋尊教理，隨著律僧勢力逐漸壯大，促使各教團組織的危機意識高漲，而主張以祖師的戒觀來排擠律僧的傾向愈趨明顯。在各種宗派與立場所引發的戒律論爭不斷盛行的過程中，律僧在各教團中被定位為邊緣化之存在。

自明治時期之後，抵抗廢佛毀釋的淨土律僧福田行誡（一八〇九？—八八），或身為東洋大學校長與起草曹洞宗《修證義》的大內青巒（一八四五—一九一八）等十分活躍。真言律僧的釋雲照（一八二七—一九〇九）不僅針對僧侶，亦對一般人推廣十善戒運動，呼籲應注重戒律主義，此潮流猶如夕照餘暉，戒律運動就此退潮。若將其變遷過程予以整合，則可分為三期，分別是自西元一六〇〇年起十年間是戒律復興期；自西元一六〇〇年代後期至西元一七〇〇年代前期是全盛期；自西元一七〇〇年代後期至西元一九〇〇年是維持現狀及衰退期。從近世至近代的戒律思想，即使被視為當時日本思想史的倫理泉源之一，亦是十分重要的因素。

至今研究者認為，近世的戒律運動是僧侶反對近世教團墮落而採取的自淨作用，被視為僧侶個人的問題。的確，當佛教勢力在社會及思想開始退步的近世中期之後，律僧與教團的對立逐漸鮮明化。然而，若從近世佛教史整體來探討，在教團逐漸樹立的近世前期，教團與律僧維持並行關係，甚至可說是互補傾向較強。

從天主教禁教至發生島原之亂（一六三七—三八）之後，隨著日本全國逐漸強化的寺檀制度普及化，近世佛教的教團是藉由本末制度與檀林教育而獲得確立。其中，所謂的明代佛教黃檗禪與《大藏經》刊印的傳入，成為有志求取中國新佛教的革新要素之一。另一方面，以正法復古為目標的鈴木正三為首的禪僧，或是以中世南都的戒律運動為目標的律僧，堪稱是可當作促使日本佛教從中世發展以來再度重生的一項傳統要素。當佛教興起於近世之際，在以寺檀制度與本末制度為代表的社會、政治制度確立為基礎的過程中，在思想層面上，明代佛教的傳入與日本佛教的重生則猶如為車之兩輪。

二、戒律運動與律僧

在此先探討戒律運動的具體樣貌。近世的戒律，是始於真言宗僧明忍親自立誓受戒。明忍於京都高山寺立誓受戒，該寺與中世南都重視戒律的明惠（一一七三—一二三二）有所淵源。此外，明忍亦重興槙尾山西明寺。慶長十二年（一六〇七）欲渡中國求取正式的受戒儀規，卻無法遂願，最終病歿於對馬。明忍法系則有慈忍（一六一四—一七五）與建野中寺，良永（一五八五—一六四七）開創高野山新別所（圓通寺）。此三寺被視為律三僧房，成為近世發展戒律的重鎮。

真言律宗的淨嚴（一六三九—一七〇二）為大坂河內人氏，延寶四年（一六七六）於高山寺受戒。貞享元年（一六八四），淨嚴因再三受請而赴江戶，奉將軍德川綱吉之命，於湯島創建律宗道場的靈雲寺。在淨嚴的弟子之中，契沖被視為國學之祖。淨嚴的門徒不僅有僧侶，一般信眾亦多。淨嚴為了研究真言宗祖師空海而從事梵語研究，既身為「真言律」一詞的創始人，其所提倡的戒律觀亦重視真言宗。

至近世後期，真言律宗的慈雲尊者飲光（一七一八—一八〇四）提倡正法律。慈雲年至八旬之後，以河內的高貴寺為正法律道場，並在幕府准可下成為本山。正法律是指脫離宗派之別，遵循釋尊直傳的正法修行。慈雲高倡釋尊教理的復古運動，廣泛從事活動，並歸隱生駒山，熱衷於撰寫梵語研究的著作《梵學津梁》多達一千卷。其他著述弘富，例如研究釋尊存世當時的袈裟形式之著作《方服圖儀》，以及針對一般民眾而撰寫的假名法語《十善法語》十二卷等。慈雲提倡的十善戒，對於以釋雲照為首提倡的近代佛教造成重大影響。此外，受到近世後期的時代思潮所影響，亦對神祇崇敬甚深。有別於真言宗傳統神道的兩部神道，慈雲創立並倡說雲傳神道。其弟子除僧侶之外，亦有許多一般民眾，據傳僧俗弟子共有一萬餘名。慈雲的最大特徵，是超越某些特定宗派而尊崇釋尊，實踐認為是由釋尊直接傳示的戒律。

當時並非唯有慈雲懷抱志願，盼能藉由正確理解及實踐印度傳入的戒律，來實現釋尊當時的教理及教團。佛教對釋尊的崇敬是屬於超越時代的表現，近世律僧則是以文獻學式的學術做為基礎，盼能實踐釋尊當時教團的志向及心願逐漸顯著化。這種實證性的方法，與近世的思想型態有密切關聯。在儒學方面，例如從荻生徂徠之例可見一斑，是強調以中國古代為典範的理想君主所體現的先王之道是被視為一種理想，而其真實樣貌則被視為古文辭學而從學術角度來進行探究。堅持穩紮國學基礎的本居宣長（一七三〇—一八〇一）將儒教及佛教傳入之前的古代日本視為理想型態，藉由《源氏物語》或《古事記》的注釋研究，摸索回歸古代的途徑。他們透過將理想寄託於各種古代象徵，發展個人獨特思想，並藉由所謂文獻學的實證性，試圖闡明個人思考的古代樣貌。至於佛教徒的立場，則是以印度的釋尊與各宗祖師為典範，追求僧侶各自具備的理想形象。慈雲針對梵語及袈裟的實證研究，與徂徠的古文辭學、宣長的《古事記》研究同樣，是為求復興個人視為理想的古代釋尊教團之實踐方法。

淨土宗亦仿效真言律而提倡淨土律。原本淨土宗的戒律觀是以天台宗為基礎發展，認同念佛與戒律之間具有多元立場。首先，祐天（一六三七—一七一八）曾有許多感應事蹟，並接受德川綱吉及其生母桂昌院等人的皈依。祐天立志改革戒律，成為振興淨土律之先驅。忍澂曾校定《大藏經》，不僅重視戒律，亦重興京都的法然院做為念佛三昧道場，在此培育多名弟子。在忍澂的弟子中，靈潭（一六七六—一七三四）曾將淨土律予以理論化。靈潭在江戶修習後，至京都建立聖臨庵，開創淨土律的本流法脈。

敬首（一六八三—一七四八）與祐天協力在武藏開創律院，其名為正受院。敬首奉釋尊為師，僅尊崇印度的龍樹及天親而已，批判天台、華嚴、真言、法相、三論宗的各宗祖師。敬首的主張因與普遍說法大相徑庭，據傳並無嫡傳弟子。有關在近世後期釀成問題的大乘非佛說（後述），敬首亦是探論此問題的先驅人物，並以思想自由為其特徵。身處同一時代的關通（一六九六—一七七〇）是近世淨土宗在民間推行最廣的弘法僧，據傳結緣者有一千萬人。關通雖為檀林英才，卻選擇歸隱生活，在尾張創建律院圓成律寺，卻因喜好隱遁念佛，畢生從未出任住持。以關通為首的律僧熱心推展社會上的弘法事業，而此傾向從幕末延續至明治時代，成為近代佛教社會福祉事業的一大淵源。

其次，原本為淨土真宗的普寂（一七〇七—八一），因質疑真宗教義而改奉他宗，並在關通開導下成為淨土宗僧。普寂雲遊諸國修行之後，成為江戶律院長泉院的住持，在檀林首要的增上寺長年擔任講師。普寂以華嚴學為學術基礎，積極提倡釋尊復古，並尊仰中國律宗之祖道宣（五九六—六六七）。並以律僧的實踐思想為根柢，對於當時包括主張大乘非佛說在內的排佛論，提出獨到的護法論，並藉此順應近世中期的時代要求，博得學僧熱烈支持。近世後期則有念佛行者德本（一七五八—八一八）嚴修苦行，並獲得僧、俗二眾虔誠皈依。

在天台宗方面，近世發生首屈一指的論爭事件，亦即安樂律論爭。天台宗勢力因受天海所影響，從遭受織田信長討伐的比叡山逐漸轉移至江戶的寬永寺。這項論爭是始於妙立（一六三七—九〇）主張應在盛況不復的比叡山實修小乘戒，而其個人原本是從禪宗改信天台宗。妙立重視趙宋天台的四明知禮（九六〇—一〇二八）所提倡的教學，批判自最澄以來僅有實修大乘戒的戒律觀，並主張應兼修小乘戒。進而摒除中世天台宗重視的口傳法門或邪淫傾向漸強的玄旨歸命壇儀式。玄旨歸命壇是指中世天台宗的祕法，是以摩多羅神為本尊的口傳法門，其中加上密教灌頂或禪宗公案的要素，甚至加入可與真言宗立川流互做對照及比較的性要素。

妙立為了推展此運動，遭比叡山驅逐而歿，其弟子靈空（一六五二—一七三九）延續傳承，繼續提倡修小乘戒，遂於元祿六年（一六九三）獲得比叡山安樂院做為律院，亦在江戶與日光創建律院。然而，其急切推動實修小乘戒的主張，招致真流（生卒年未詳）等宗內勢力反感，甚至演變成激烈論爭。至安樂律院大約建立五十年後的寶曆八年（一七五八），比叡山禁止修持安樂律。三井寺的學僧敬光（一七四〇—九五）則是反對安樂律，主張專修自最澄以來的大乘戒。

然而，約於十五年後的安永元年（一七七二），因在天台宗的高階僧侶中出現對安樂律有所理解的法親王，故而勢力再度逆轉，安樂律獲得解禁。此後，比叡山的慧澄（一七八〇—一八六二）大量培育弟子，重視安樂律及四明教學則成為主流。從幕末至近代初期的學僧中，同屬安樂律派的尚有三井寺的大寶（一八〇四—一八四）。

天台宗的安樂律論爭不僅是針對最澄以來的大乘戒問題，更具有自中世以來重視口傳或祕事法門的守舊派，與重視中國教學的近世革新派之間所形成的彼此相剋之層面。這種對立型態不僅出現在天台宗而已，即使是淨土宗，亦有守舊派對於布薩戒墨守成規，其戒律是以中世後期流通的法然偽作為依據，並與重視戒律的教團內部革新派形成對立。此外，曹洞宗的宗統復古運動，亦堪稱是對教團內的中世要素所形成的近世革新運動。佛教的各宗教團在激烈對立之中，緩慢趨於近世化。

在日蓮宗方面，令人矚目的是元政（一六二三—六八）提出的法華律（亦稱草山律）。元政原為武士，二十六歲入空門，三十二歲於深草結草庵，此後成為瑞光寺。元政將該處做為《法華經》道場，在實修戒律中撰寫多部著作，其詩文亦聞名遐邇，與熊澤蕃山（一六一九—九一）、北村季吟（一六二四—一七〇五）交情甚篤，代表著作有詩文集《草山集》三十卷，以及《隱逸傳》等著作。在校定方面，則以《大智度論》、《法苑珠林》為首，此外尚有校訂明末居士袁宏道的《袁中郎全集》等著作。

自親鸞以來，即使高倡非僧非俗，不禁葷食、可娶妻室的淨土真宗，此時亦提出自戒論。真宗以不禁葷食、可娶妻室而遭到他宗或排佛論者批判，在辯解之餘，真宗僧侶撰寫著作呼籲應自省自戒。例如，西吟《客照問答》、圓澄《真宗帶妻食肉義》等。淨土真宗高田派的真淳（一七三六—一八〇七）於比叡山修習天台教理，向提倡淨土律的普寂修習華嚴與唯識教法，並於歸返出身國後，主張守護戒律及提倡念佛，六十一歲出任高田派學頭，並以撰著戒律著作而影響世人。

以上是針對各宗的戒律運動做一概觀。所謂近世社會的律僧，具體而言是指何種存在？在此就來探索從近世前期至近代初期，有關禁止律僧穿著絹衣的論爭，此為超越宗派而持續發展的一大戒律論爭。

三、禁絹衣

日本近世的僧侶裝束，是配合寺格或僧階而嚴格規定，故對寺院社會的秩序形成發揮了重大功能。例如，具有至高地位的僧侶在穿著紫衣方面，淨土宗規定即使准許穿著紫衣的寺院住持，在歸隱之際應禁穿其衣。曹洞宗則是僅有總本山的永平寺與總持寺的現任住持可穿紫衣，並與淨土宗同樣，在辭去住持之職後禁穿紫衣。對於任意穿著紫衣的僧侶，則以悖離宗門者視之，規定將受流放之懲處。

倘若閱讀近世中期的在家眾日記，文中則有描述各宗僧侶皆穿著華美衣裝或袈裟，是由稱為綾錦的豪奢絹織品所製成，並感嘆某些高僧德宿甚至不惜追求高位顯達，憧憬紫衣及金襴錦袈裟。近世寺院社會的衣裝，是宗門內部的地位及權威的印記，亦是社會公認之象徵。

相對於寺院的一般僧侶，以真言律宗（由脫離各宗派的律僧所構成）為首制定的各種僧衣規定，在基本上是採用黑色，並禁止穿著絹衣。自中世以來，僧侶穿著墨染衣，是表明脫離以大寺院為頂峰的寺院社會，拒絕在寺院社會中謀求顯達及追求名聞利養的意志表現。近世律僧的黑衣亦是一般僧侶的色衣（墨染之外的法衣），成為不涉世俗的僧侶印記。在此同時，對於禁止僧侶奢華及獎勵研修佛學的幕府而言，是百無一害的僧伽形象，十分難能可貴。

若從佛教思想來看，僧侶不可穿著絹衣之說，是源於中國唐代的南山律宗祖師道宣的主張。道宣主張穿著煮繭取絲所製成的絹衣，形同摧殘蠶蛹性命，故而無法容許主張不殺生及具慈悲心的僧侶穿著絹衣。對道宣而言，禁穿絹衣是大乘佛教菩薩徹底實踐的大慈悲。但根據印度原有戒律規定，可允許僧侶穿著絹衣。經論中並無絕對禁止穿絹衣之說，僅是道宣個人主張而已。當時道宣的主張已遭到同時代的義淨所批判，在日本中世時期亦有榮西、道元予以嚴正否定。

但至日本近世，許多律僧知悉道宣有所曲解，卻反而履行禁絹，禁穿絹衣與身著黑衣成為律宗的象徵。例如，從幕末至明治時代末期的真言律僧上田照遍（一八二九—一九三一）在近世戒律的最終階段堅守禁絹。照遍曾任東大寺戒壇院長老之職，其反對廢佛毀釋並赴日本各地演講，有豐富著作遺世。

在上田照遍的時代，已有針對近世的禁絹行動提出批判，亦深知禁絹是道宣個人的曲解。儘管如此，照遍畢生實踐禁穿絹衣。照遍述說理由為：「〔菩薩〕大慈深行，不服絹。（中略）菩薩遠推來處，雖離殺手，無非殺業。足踏身披，皆沾業分。」（《袈裟禁絹順正論：南山律宗》）文中進而認為履行禁絹等戒律是前世延續的善行，故應受佛加庇，令人感動哽咽不已。照遍的禁絹行動，是躬身實踐自道宣以來的大乘菩薩慈悲精神。

歷經近世時期，僧侶雖有個人差異，基本上卻是由天台安樂律真言律系統禁穿絹衣。就其立場來看，不服絹衣是宣揚實踐大乘菩薩的慈悲行，是絕不殺生之象徵。慈雲在高貴寺的規定中，明確述說正法律之內祕含菩薩行，外則遵守小乘律。由此可窺知，律僧將身為大乘菩薩的生存方式視為一種理想形象。

律僧的黑衣是捨棄寺院社會的興榮顯達，表明了徹底斷除對紫衣的欲望以求遁世的志向。禁絹則顯示了實踐大乘菩薩拒絕殺蠶的慈悲行。在依照穿著而規定身分的近世社會中，律僧穿著黑衣及禁絹的外表，堪稱是以追求正法為目標的律僧象徵。

四、絹衣論爭的發展

在絹衣論爭方面，主張禁絹的著作問世時間主要集中於近世前期。另一方面，從中期至後期，批判律僧因禁用絹製品而墮落，或否定禁絹的情況逐漸增多。

隨著時代變遷，禁絹不僅針對衣裝，更擴大至個人用品或法器。淨土宗的敬首針對近世中期最盛行批判禁絹的安永九年（一七八〇）的當時情況，有如下感嘆：「自稱律師者，恣意將禁絹擴大解釋，甚至要求內衫、坐具、頭巾、鉢袋皆以麻製，稱言律僧必應仿效之。若言律僧服麻衣，勤於質樸簡約，則任誰亦無法阻攔。此輩蔓延於天下，撒禍於後世，無人欲正其行。」

此外在某寺院，從寺內舉凡幡蓋至裝飾器具，皆廢絹帛而改以麻布製作，並為此感到清淨而歡喜不已。然而麻布質感寒酸，遭人輕視，故又採用絹布，結果落人笑柄。當時的淨土律僧普寂批判履行禁絹的律僧是「但行禁絹如此微末之事，對他事更重要之規誡卻漠不關心，自詡為優者。對其餘道俗者，唯有傲慢以對，若禁絹為傲慢之源，反不如勿行為上」。

對於一般僧侶的紫衣及金襴袈裟，律僧的禁絹行動被視為良心印證，可博取社會佳評。律僧致力於實踐禁絹的態度，早已悖離高倡不殺生的本來精神。在近世中期被認為是為了獲得世俗者好評才顯現質樸簡約的表象，成為律僧自我正當化的依據。

那麼，批判禁絹的僧侶，對於成為殺蠶象徵的絹帛又抱持何種想法？普寂批判禁絹之際，認為「水、陸、空有無數眼目無法得見之物，人必殺生，否則無法生存。故我等非履行大乘戒，乃履行凡夫於日常生計中可行之小乘戒」，主張律僧應實修小乘戒。普寂認為在基於某種理由的情況下，可允許在現實生活中使用絹製品。

此外，在曹洞宗方面亦出現針對禁絹的批判聲浪，以校閱宗典而活躍的面山瑞方（一六八三—一七六九）於明和五年（一七六八）的著作《釋氏法衣訓》中，以道元之說為依據，否定道宣所主張的禁絹。面山提出批判：「將絹系視為殺蠶所生而避用絹，此為愚事。彼等以麻布代絹而用之，豈非以生物製成？律僧不識菩提心，故不知佛服袈裟之意。僅知為布，固著於是否為絹而已。」如此認為禁絹是毫無意義的見解，在曹洞宗內廣為人所接納。

同樣在曹洞宗享有盛名的良寬（一七五八—一八三一）在漢詩〈袈裟詩〉中述及：「大哉解脫服，無相福田衣。……非布也非系，恁麼奉行法，始稱衣下兒。」袈裟既是解脫服，其本質既非麻、亦非絹，若了知此理者，方適於佛子身分。良寬此詩是以道元的袈裟觀為基礎，明確提示了近世絹衣論的結論。

絹衣論爭如實反映出近世社會中的律僧特性。對於試圖與成為寺院社會權威及力量象徵的紫衣及金襴袈裟訣別的律僧而言，禁絹成為以有形方式來高揭嚴守戒律精神之象徵。但隨著時代變遷，禁絹淪為形式化，在社會中僅成為律僧隱蔽身分之手段，內在則成為傲慢之憑據。自近世中期之後，律僧或禪僧從個別立場彈劾禁絹所導致的墮落，直至明治時代初期，禁絹與許絹皆處於並存狀態。

律僧藉由一襲僧衣，來答覆凡夫所提出的該如何面對不殺生的難題，並目睹禁欲所形成的傲慢陷阱。在以一襲僧衣來強調其存在的近世社會中，一方面拒絕對紫衣懷抱著與世俗權力結合的欲望，另一方面則是從禁絹所保證的社會聖性之誘惑中逃脫，透過非布非絹做為以小博大的課題，來試圖從封閉現實中跳脫的律僧，其所具備的精神及學術性，難道不就是超乎我們想像之外的，具備了以自由的具體性、以無我為目標的強韌性？絹帛這種單純的布質，無論是禁用或准用，皆是自我存在之證明，正因為生存在思想表現手段遭到封閉的近世社會之中，律僧才能從一匹布料中發現無數蘊意，就此獲得導出精神遨翔的堅韌性。

第四節 從近世至近代

一、須彌山說之論爭

在整個近世時期，儒學或國學等其他思想經常批判佛教，這些說法被稱為排佛論。其批判主題種種不一，在近世前期，儒學者主要責難佛教所具有否定世間的出世間性，以及批判佛教否認世俗倫理，並認為是否定人倫社會的反社會教法。至近世後期，在幕藩體制衰退所造成的變動背景下，在儒學體系中提出經世濟民論的學者基於社會、經濟立場，責難佛教是成為浪費國費民資之因，是藉僧侶形象而浪費人才的有害教法，而這些譴責聲浪日益顯著。針對如此排佛論，佛教方面提出的擁護論，則有護法論之稱。其論點是說明在某種程度上雖接受排佛論，但佛教並非否定世俗倫理的人倫思想，而是試圖多與其他思想維持共存的狀態（請參照本書第三章〈佛教與江戶諸思想〉）。

在近世後期，前述具有社會性、政治性的論爭持續發展，但在另一方面，隨著西洋科學從十八世紀後期開始傳入日本，就此展開以科學、合理立場為基礎的排佛論。至近代為止，佛教是從正面予以駁斥其論。

有關科學式的排佛論，是專由在大坂私塾懷德堂學習的儒學知識分子所提出，其中又以富永仲基（一七一五－四六）、山片蟠桃（一七四八－一八二一）為代表。兩者皆是在懷德堂（以大坂商人為核心的學問所）學習的町人學者，充分體現懷德堂的學風——合理的實用之學。他們從合理化、科學化的立場，藉由批判佛教主張的宇宙相或地獄與極樂世界說、輪迴轉世等神祕之說，而成為與佛教人士持續衍生論爭至近代的開端。最具代表性的兩大論爭，分別是針對佛教宇宙現象的須彌山說所引發的須彌山說論爭，以及大乘佛教並非是由身為印度歷史人物的釋迦所開示的大乘非佛說論爭。

首先從須彌山說的論爭來做探討。所謂的須彌山世界，是由古印度的宇宙現象為開端所展現的佛教世界樣貌。在平坦大地上矗立著超乎想像的巍峨高岳須彌山，周圍大陸之中有生物棲息。在日本近世，須彌山世界的平坦大地與以西歐天文學為根據的地球說互為矛盾，故而造成問題。

享保十五年（一七三〇），以中國傳入的西洋天文學著作《天經或問》為契機，懷德堂的學者開始針對須彌山說提出批判。首先，批判的開端是始於懷德堂創立初期的儒者五井蘭洲（一六九七－一七六二）。蘭洲於寶曆七年（一七五七）以假名文字撰寫排佛論《承聖篇》，指責佛教徒不知地球球體說，將提倡須彌山說的佛教徒視為愚蠢無知之輩。對蘭洲而言，須彌山說是實際證明僧侶愚昧無知之最佳實例，並以淺顯方式明確證明「佛法乃愚人之術」。

其次，處於懷德堂最盛期的片山蟠桃，其身分是在大坂經營大名貸（編案：具有經濟實力的商人貸款給財政困難的大名）的升屋山片家之番頭（編案：指商家總管）。蟠桃身為手段高超的大番頭，將山片家一舉推向大坂首屈一指的豪商，更能協助幕府推動提高米價政策，故而受到幕府兩度表揚。蟠桃徹底否定鬼神，是提倡科學、儒教的合理主義者。蟠桃以經營有益天下國家的事業與繁榮家業為目標，對其而言，僧侶是人力資源浪費，地獄與極樂淨土不啻是僧人惑亂愚民、貪圖富貴的言論。蟠桃批判須彌山說的理由是既實用又現實：「駁斥須彌山世界之由，欲使佛教信徒醒覺，反省信奉無益之佛，回歸現實生業。」

此外，以提出大乘非佛說而知名的富永仲基，則主張以須彌山說為代表的各種佛教世界觀不啻是單純描述一種心理現象而已，並非出於釋迦本意。對懷德堂的知識分子而言，呈現古代世界樣貌的須彌山說，堪稱是做為排斥佛教這種無知愚昧教法的最佳工具，亦是剝奪佛教神聖性的最適題材。

面對如此潮流，佛教方面最初提倡護法論的是淨土宗僧文雄（一七〇〇—六三）與淨土律僧普寂。普寂於安永五年（一七七六），撰寫探討須彌山說的護法論書《天文辨惑》，書中除了認同天文學為縝密的學術領域，更以自身的冥想修行及所讀經典為依據，描述以須彌山世界為代表的佛教世界樣貌，是在聖者冥想中所示現的影像。

歸納其總結為「若從佛教的立場來看，現實世界就是所謂的原子聚合及離散，流轉無常。有關現實世界的說明，無論是須彌山說，或西歐天文學的球體說，皆不啻是虛假不實。天文學雖是極精巧之學，但若從開悟的佛教目的來看，完全毫無意義」。普寂的論理是提示佛教的根本原理為空，而非爭論須彌山是否存在。普寂的須彌山說護法論是基於瓦解現世的佛教立場，就是主張具有所謂近代意味的宗教與科學是迥然有別。從普寂將須彌山世界予以精神化，並非從真實世界來掌握此點來看，與富永仲基是處於同一層面。在近世中期，對於這兩名聖、俗二界的知識分子而言，堪稱是不斷催生佛教內在的近代化。

然而在後續的須彌山論爭中，兩者的主張被拋諸腦後，僅針對須彌山世界是否真實存在這種即物式的問題逐漸發展。十八世紀末的天台宗僧圓通（一七五四—一八三四）為了證明須彌山實際存在，曾製作須彌山儀來與地球儀互為抗衡。圓通主張須彌山是真實存在，並組織梵曆社，推展梵曆運動。自圓通之後，以其門下弟子為中心而盛大推行須彌山說護法論。甚至在東、西本願寺的學問所，於天保年間（一八三〇—四三）舉行有關梵曆與須彌山的講義。

至近代明治時期之後，佐田介石（一八一八—八二）於西元一八七七年在東京上野舉行的第一屆內國勸業博覽會上，展示以須彌山世界為藍本而建造的視實等象儀。須彌山論爭是以佐田介石的活動為最後階段，就此告終。佛教內部亦不得不承認須彌山說是無法解釋現實世界。宗教是與個人內在相關的近代宗教觀念逐步確立，在此同時，佛教徒在整體上亦以「須彌山世界與佛教所提示的真理無關」這項見解做為其主導論調。

二、大乘非佛說之論爭

從科學角度提出的另一項排佛論，就是大乘非佛說的論爭。所謂的大乘非佛說，是指大乘佛教並非身為史實人物的釋迦所示說之教法。日本佛教從初傳階段就是以大乘佛教的形式傳入，佛教徒皆以奉持大乘思想為自詡。在其歷史及風土發展中，自近世後期開始主張的大乘非佛說論，具有從根本否定佛教徒的正統性及存在意義的意涵，而此論述被視為釀成威脅佛教徒精神基礎的問題，至明治時代後期則演變成重大論爭。

率先提出大乘非佛說的首位探論者，是十八世紀中葉的淨土律僧敬首。敬首尊奉天竺的釋迦為師，於元文二年（一七三七）之前撰有《真如秘稿》，他在此著作中追溯佛典的歷史發展，對大乘佛教是否為釋迦佛親說而提出質疑。

此外，懷德堂出身的世俗知識分子富永仲基，則於延享二年（一七四五）出版《出定後語》。仲基於書中提出「加上說」，指出釋迦原本示說的教法在不斷添加新說的情況下衍生成為新經典，並形成佛教的歷史發展。仲基試圖將這種歷史發展的條件或法則，以三物（類、世、人）與五類（張、泛、磯、反、轉）的概念予以普及化。佛教主張的地獄或極樂世界等神祕教說，不啻是以行者在冥想中所見的幻影為根據所形成的一種印度民眾教化的方式而已。

富永仲基進而否定佛教徒主張諸經是釋迦畢生宣講之法，他以個人與聖佛處於完全對等的俗人立場，自稱是從釋迦以來的誤謬中覺醒的「出定如來」。仲基提出的主張，在於釋迦或孔子的真意是勸善的世俗倫理。仲基從主張世俗倫理的立場來否定佛教的宗教性或超越性，堪稱是藉由以歷史合理性為根據的「加上說」來剝奪經典的聖典性。

律僧普寂與富永仲基為同一時代的人物，少壯時期就對大乘非佛說感到質疑，並以冥想及戒律為首要而實修其法。普寂的主要著作《顯揚正法復古集》撰於七十三歲，亦即示寂前一年（安永八年，一七七九），此書為佛教概論，其中記述自釋迦傳法以來的佛教史，並在結論中針對大乘非佛說而提出見解。

普寂是以華嚴思想為根柢，大乘佛教並非釋迦佛為凡夫示說的教法，而是釋迦佛以冥想方式唯傳於大菩薩的教理。換言之，普寂的主張在於現世凡夫應實踐釋迦佛的正統教法小乘佛教，大乘佛教是在來世淨土方有可能實踐的教法。在普寂的內在思想中，小乘佛教與大乘佛教並非基於佛說或非佛說這種外在基準所分裂的概念，而是超越生來做為自我實踐之道，彼此相互融合。普寂以此思想為根據，以身為將釋迦佛在世視為理想的一介律僧，畢生實踐所謂的小乘佛教。對普寂而言，實踐復古釋迦佛之事不只能回歸印度原始佛教，即使大乘佛教在日後發展臻於完備，亦能超越生而以此為目標。普寂提出大乘非佛說論，其意義堪稱是藉由個人躬身實踐而從內在來證明大乘為佛說的契機。

此後的大乘非佛說論爭，對於富永仲基的論調被平田篤胤的排佛論所利用之事，形成推波助瀾之效，無論是排佛論或護法論，皆不斷形成針鋒相對的局面。猶如本居宣長批判佛教之時，「唯知叫囂、謾罵」般，這種狀況一直延續至近代。

但在論爭最初期，普寂與富永仲基的思想正值日本佛教轉變為近代式的發展，故成為猶如提示方向指標的羅盤針。約於一百五十年後，村上專精（一八五一—一九二九）成為啟動近代佛教學的重要人物之一，他因主張大乘非佛說論，遭致佛教教團施壓而被迫還俗。村上在提出主張的兩年後，亦即明治三十六年（一九〇三）撰寫《大乘佛說論批判》，鮮明表態其擁護大乘佛教的立場。該書內容是習於富永仲基的「加上說」，並以普寂的大乘論為根幹，主張應區分教理的真理及史實。姑且不論其論理是否恰當，但村上的主張替近世以來的大乘非佛說論爭畫上休止符，成為近代日本佛教中的大乘佛教觀基礎。

最後，筆者再次針對近世佛教思想做一概觀。從近世初期至前期的佛教思想，受到寺檀制度與本末制度的支持，獲得社會地位及經濟安定，從中世後期的戰亂打擊中正式邁向復興之途。各宗以幕府為後盾，具有學問所功能的檀林得以整備，隨著僧侶培育組織化，亦開始進行從思想層面支持教團行動的研究。在此時期，隨著以黃檗宗為代表的明朝佛教正式傳入日本及穩定發展，各宗以復興古代與中世的日本佛教為目標，就此形成禪僧及律僧。

從近世前期開始，以《大藏經》為首的佛書典籍就已大量出版及流通，除了促使檀林研究獲得進展之外，更成為促進佛教思想在整個日本近世社會中逐漸普及的契機。在檀林與宗典獲得整備、各宗思想逐漸確立的過程中，佛教思想開始排除過去的中世要素，堪稱是漸為一般化、普遍化，更邁向近世化。例如曹洞宗發起宗統復古運動，臨濟宗則有白隱確立參修公案禪的新教育方法。此外透過推行戒律運動，天台宗的玄旨歸命壇遭到否定，淨土宗亦開始展開批判布薩戒。

日本佛教思想在近世中期迎向最盛期。其中，藉由研究佛教文獻來闡明古代印度釋尊存世之時的情況，更透過實踐戒律而試圖重現釋尊當時的教團型態，產生所謂的追求原理主義的目標志向。在律僧方面，則有主張正法律的慈雲或敬首、普寂等人。他們追求的志向與儒學或國學等其他思想皆有相通之處，反映出近世當時的復古主義思潮。試圖追溯思想原點的目標志向，在近代佛教學中得以延續傳承。

自近世中期至後期，佛教思想失去知識分子的支持而緩慢退潮。在思想問題方面，大坂懷德堂的知識分子從科學的角度提出排佛論，須彌山說否定論與大乘非佛說延續至近代並形成大論爭。從這些論爭發展的最初期，律僧普寂與在俗知識分子的富永仲基各據立場，紛紛提出精闢的思維模式。兩者抵達近世佛教思想發展的最終階段，亦成為佛教思想近代化的一大起點。此後的佛教思想逐漸面臨近世後期思想總結算的廢佛毀釋與神佛分離，步向堪稱是艱苦卓絕的近代化之途。

專欄四

黃檗版《大藏經》

渡邊麻里子（弘前大學副教授）

所謂黃檗版《大藏經》，是指以黃檗僧鐵眼道光刊行的經藏（鐵眼版《大藏經》）為中心，此後亦出現改版，一般為了與鐵眼版有所區別，故稱之為黃檗版《大藏經》。此外，《大藏經》亦稱為《一切經》，是指彙整經、律、論三藏的佛典集成。「一切經」一詞最早出現於史坦因攜回英國的敦煌寫本中，且較《大藏經》的最初用例更早，如今則無分別，幾乎做為同義詞使用。

鐵眼道光刊行《大藏經》

鐵眼道光（一六三〇—八二）於寬文三年（一六六三）三十四歲時，發願向中國購買《大藏經》，並記有〈大藏經化緣之序〉，此後發展至付梓刊行。寬文九年（一六六九）鐵眼訪詣黃檗山，向開祖隱元隆琦表明刊印《大藏經》的志向。隱元表示贊同，將自身所持的《嘉興大藏經》（明版，萬曆版）贈予鐵眼。此經藏並非隱元攜入日本，而是在隱元渡日後，由大坂商人海老屋四郎左衛門尉直重（勝性印）捐贈。鐵眼以此為底本，記述〈刻大藏緣起疏〉，宣稱即將開刻《大藏經》事業。又將黃檗山的寶藏院做為藏版、印刷所，將京都木屋町二條的印房（今貝葉書院）做為配送機構，將難波瑞龍寺做為經濟發展的根據地，並以此三處為據點而進行鐵眼版開版。

鐵眼並未獲得政治或經濟方面的後盾，而是自行遊化全國，藉由講經而述說開刻《大藏經》的意義，並四處募集資金。所及之地從九州鹿兒島至松前，全國遍及四十餘國。在黃檗版《大藏經》刊行記錄中，具體記載募資者的姓名、場所、金額等詳細內容。

鐵眼道光的熱忱獲得眾人共襄盛舉，《大藏經》於寬文十一年（一六七一）開版，至延寶六年（一六七八）將完成製本的經藏獻於後水尾天皇。至天和元年（一六八一）鐵眼於五十三歲時，才大致完成刊行。

黃檗版《大藏經》的特徵

基本上，黃檗版《大藏經》是《嘉興藏》的模刻本。以現代書籍形式來看，是一頁十行二十字，採用所謂的明朝體。版心由上至下刻有種類、經典名稱、卷數、頁數、千字文（編案：《大藏經》的整理序號）、千字文的卷次。

基本上，黃檗版《大藏經》是採用如此形式的《嘉興藏》模刻本，卻摻混了以高麗版或日本坊刻本為底本的經典。這些經藏在日後改為萬曆版，從萬曆版模刻本改為有附加訓點的改刻本，或出現是否有刊記（編案：古書末頁印有作者或發行者、刊印者的相關內容）的差異等，可在黃檗版看到此變遷過程。在冊數方面，一般是二百七十五帙二〇九四冊，例如初印本的正明寺所藏本是二百七十五帙二〇七〇冊等，黃檗版《大藏經》的冊數絕無一致。此外，因《大藏經》卷帙浩繁，在發行之際從慣例的僅分批數次，至次數最多時曾高達八十六次。

昭和三十二年（一九五七），黃檗版《大藏經》版木被指定為國家重要文化財。現今在黃檗山寶藏院收藏四萬八千二百七十五片。版木是以櫻木為材，每片約長二十六公分，寬八十二公分，厚度二公分，並採一頁兩面，表裡共刻四頁。

黃檗版《大藏經》的意義與影響

日本的《大藏經》長期仰賴宋版或高麗版輸入。雖有繕寫《大藏經》，卻僅限於部分具有影響力的寺院可大規模從事抄經，卷子本則欠缺便利性。《大藏經》開版是由天台僧天海獲得第三代將軍德川家光的援助，最初於慶安元年（一六四八）得以實現，其形式是由木活字折本所製成，僅印刷三十套，數量極為稀少。整版方冊本所製成的黃檗版《大藏經》發行狀況，首次實現了促使經典得以普及全日本。寶藏院所藏的初期銷售帳簿《大

文獻介紹

赤松晋明，《鐵眼》，雄山閣，一九四三年。
中野達慧，〈世の惑を解く〉（增補新訂《日本大蔵経》十），一九二〇年。
竹村真一，《明朝体の歴史》，思文閣出版，一九八六年。
松永知海，〈黃檗版《大蔵経》の再評価〉（《仏教史学》三十四－二），一九九一年。
松永知海，〈日本近世の大蔵経出版について〉（《常照——佛教大学図書館報》），二〇〇二年。

第五章

幕府寺社奉行與勸募宗教者

——山伏、虛無僧、陰陽師

林淳

愛知學院大學教授

第一節　天主教傳教與佛教

一、利瑪竇的鬍鬚

我們現在使用的太陽曆，正式名稱為格里曆。西元一五八二年，羅馬教宗額我略十三世（Gregorius XIII）擔任耶穌會司祭之際，聘用當時首屈一指的天文學者克拉維烏斯（Christopher Clavius），並修改儒略曆而創新曆。格里曆廣泛使用於天主教國家，逐漸成為歐洲標準曆法，並於二十世紀成為世界通用之曆。在格里曆創製之年，克拉維烏斯的弟子利瑪竇（Matteo Ricci，一五五二—一六一〇）千里迢迢遠赴亞洲，從印度的果阿抵達中國澳門。利瑪竇在中國是以耶穌會傳教為目的，並遍訪中國各地，在觀測月蝕、測量經度的過程中前往北京。

利瑪竇得知佛教的存在，認為僧侶與天主教司祭相仿，故裝扮成僧侶模樣。不僅剃髮、穿僧衣，更盡量仿效中國人舉止，試圖融入其中。過了些許時日，有中國相識者告知：「中國僧人身分低微，不受敬重。若欲結識高官，應仿穿儒服。」故而利瑪竇開始留髮蓄鬍，穿著儒官之服，甚至乘坐轎子（《利瑪竇傳》，一八五頁）。不僅改變外表形象，更精讀《四書》、《五經》，充分培育中國古典素養，踏入中國有學之士的世界中。利瑪竇的博學多聞，實是非同小可，從著作《天主實義》中可知其能自在引用《四書》、《五經》，其內容梗概大致是利瑪竇以「西士」身分、中國弟子以「中士」身分登場並進行對話。「西士」向「中士」闡明天主教的教義，「中士」理解並接受其說。實際上，利瑪竇有兩名研究天文學的優秀弟子，亦即李之藻與徐光啓。在《天主實義》中的「中士」，曾針對中國具有祭祀天地的傳統而進行說明：

吾國君臣，自古迄今，惟知以天地為尊，敬之如父母，故「郊社」之禮以祭之。（《天主實義》上卷）

「中士」說明祭祀天地如同祭祀父母，此乃中國傳統。此後，「西士」則主張雖可祭祀天，祭祀地卻是錯誤之舉。身為歐洲人卻向中國人說明中國典籍的問題，難免予人匪夷所思的印象。

雖然，「天地為尊」之說，未易解也。夫至尊無兩，惟一焉耳；曰天、曰地，是二之也。吾國天主，即華言上帝。與道家所塑玄帝、玉皇之像不同，彼不過一人，

修居於武當山，俱亦人類耳，人惡得為天帝皇耶？吾天主，乃古經書所稱上帝也。（同上）

據「西士」所述，不應祭祀天、地兩者，而是唯尊上帝。有關對上帝的崇敬，孔子已有提及，並強調與天主教的天主信仰並無二致。其結論在於所謂孔子的言論是儒教之根本，在回歸原點後，儒教與天主教為一同。利瑪竇最想述說的是儒教與天主教共具同一性。儒教中的太極、天地、陰陽等觀念皆非儒教根本教理，原本並無關聯，若將這些部分予以削除，其根本則在於崇拜上帝（參照《天主實義》上卷）。書中提出的論點旨趣，就在於儒教與天主教外象雖異，但若能理解根本教理，則可知皆是由崇拜天主所構成。

耶穌會傳教士表示無論儒教或天主教，在追求根本教理之層次是相同的，此發言猶如雙面刃。在中國有學之士中，應有部分人士對此感到安心，故而對天主教產生親近感。他們聚集於利瑪竇身旁，教授天文學的李之藻、徐光啓等弟子雖改信天主教，並未遭遇嚴重障礙。然而，如此觀點亦可能成為逕自改變看法的依據，倘若天主與上帝皆同，既使不改信天主教，仍大可維持儒教的生存方式。實際上，利瑪竇的說明並未使得中國皇帝或高階儒官接受天主教信仰，最終反而是由利瑪竇迎合中國習俗，並採取妥協姿態。

繼利瑪竇之後入華的耶穌會傳教士順應中國方面的要求，不僅具備天文學素養，亦能接受祭天、祭孔、祭祖等儀式。亦有如湯若望（Johann Adam Schall von Bell）般，成為天文台館長（渡邊敏夫，一九八六）。從中國皇帝的立場來看，耶穌會傳教士是來自歐洲的天文學者，他們從事天文觀測及曆法製作，成為難能可貴之存在。

二、路易士．佛洛伊斯與日乘的對決

耶穌會在日本率先從事活動的人物是方濟．沙勿略（Francisco Xavier，一五〇六—五二），其在日本停留期間為兩年。此後渡日的路易士．佛洛伊斯（Luís Fróis，一五三二—九七）、范禮安（Alessandro Valignano，一五三九—一六〇六）長期滯居日本，且能善用日語，為弘揚天主教而功不可沒。佛洛伊斯曾晉見織田信長，就在邀求獲准傳布天主教的同時，首先提出盼能與僧侶進行辯論（路易士．佛洛伊斯，《日本史》）。他表示己方若在辯論中敗北，將毫不戀棧而離開日本，但若獲得勝利，則請求允許傳教。佛洛伊斯的願望隨即實現，得以與一名身分不詳的僧侶日乘展開辯論。佛洛伊斯的日本弟子洛倫佐成為其代辯者，日乘並未提及個人思想立場，而是公開表明堅決不信傳教士所言的無形之神，以及在人的個體中存在的靈魂理念，並且對此絲毫不肯讓步。洛倫佐與佛洛伊斯指出神是創造宇宙萬物者，佛教的佛菩薩原本是將人予以神格化，並非永遠不滅。兩者論調毫無交集，佛洛伊斯開始熱心述說靈魂理念時，日乘卻勃然大怒，抓住眼盲的洛倫佐，以刀抵其胸口道：「讓我瞧瞧靈魂理念是何物！」織田信長對日乘的粗暴行徑大為惱怒，遂將日乘逮捕，准許佛洛伊斯在日本傳教（同上）。

若閱讀佛洛伊斯《日歐文化比較論》，可知其將天主教修士與日本僧侶逐一比較，並說明修士較居優位（路易士．佛洛伊斯，《日歐文化比較論》）。他強調僧侶顯然十分世俗化，不守戒律，輕率修行。對佛洛伊斯、范禮安而言，若能與僧侶對決、打倒佛教勢力，日本成為天主教國家將是指日可待。在九州有所謂的吉利支丹大名（編案：即信奉天主教的大名），畿內亦有著名的大名高山右近，京都的信徒則是不斷增加。佛洛伊斯等人所仰賴的對象，是如同織田信長、豐臣秀吉般厭惡佛教，具可塑性且能與佛教勢力相戰的天下之君。耶穌會傳教士渡日後與佛教進行對決，在某種程度上已成功傳教。然而，自從豐臣秀吉對吉利支丹大名產生危機意識，頒布要求傳教士撤離日本的禁教令後，事態方才急轉直下。對於即將統一天下的秀吉而言，包括一向宗在內的佛教界已不足為懼，無論任何寺院或宗派皆臣服於秀吉，成為可賜予庇護亦無妨的對象。豐臣秀吉、德川家康在發布禁令的木札上，之所以採取「日本為神國、佛國」的表現用法，原因就在於已成功將朝廷、佛教界納入自己管轄的領域中。毋寧說是認定並未放棄天主教信仰的吉利支丹大名，或身為天主教信徒的民眾才是最後的抵抗勢力。

為何會由秀吉、家康頒布禁止信奉天主教的法令？這是基於天主教已滲透日本社會的根柢，故而試圖剷除其根源。那麼，為何天主教能如此廣泛且深入侵蝕日本社會的骨髓？有關其答案的推測是眾說紛紜。首先可舉出的是，傳教士所面臨的日本正處於戰國時代。九州大名是依照個人意願入信，對領國人民亦推薦、獎勵信仰天主教，毋需經由其他任何批准。假使佛洛伊斯等人在一百年後才抵達日本，那麼情況又將如何？屆時在德川幕府的政治體制早已確立的情況下，九州大名在未獲將軍准可下竟能貿然改宗，簡直是令人難以想像之事。

三、文治政治的時代

假使天主教傳教士不在戰國時代，而是在德川幕府體制確立後才造訪日本，那麼將會發生何種情況？十七世紀後期的傳教士抵達長崎後，隨即遠赴江戶謁見將軍，根本不可能如戰國時代在九州傳法的傳教士般可自行傳布天主教，或促使大名改信其教。傳教士團體無疑展現了在測量或天文學方面的技術及技能，並向將軍獻上珍貴物品。此時的幕府政權有別於戰國時代，在其首領中已有如保科正之般的人物，是以天文學技能或知識而博得高評。保科正之主張應修正宣明曆，並企畫更改曆法。此外，在日本人中開始出現研究授時曆的情況。在織田信長、豐臣秀吉時代，不曾出現汲取西洋天文學知識的人物，但在德川家綱、綱吉時代已然存在，並擅長測量及計算。故有可能接納如利瑪竇般的人物，尊其為天文學者並給予禮遇。若至十七世紀後期，儒教大為盛行，不難想像的是，傳教士的辯論對象已非日乘般的佛僧，而是如同伊藤仁齋、山崎闇齋般的人物。

寶永六年（一七〇九），新井白石（一六五七—一七二五）與身為羅馬教皇派遣的特使西多契（Giovanni Battista Sidotti）面晤，白石尊崇西多契的博學多識，曾有如下記述：「聞其人博聞強記，於彼方為多學之人，上知天文，下知地理，難以望其項背。」（新井白石，〈西洋紀聞〉，《新井白石》，日本思想大系三十五）並向西多契聽取有關歐洲、非洲、亞洲地區的地理、文化、政治發展。西多契渡日的原因，是盼能消除日本對天主教的誤解，解除日本對天主教的禁令。然而，當西多契述及天主教的天地形成或創造人類的話題時，白石認為「簡直有如嬰兒之言」（同上），根本視為無稽之談。對身為儒學者的新井白石而言，天主教的教義是不足為信、哄騙幼兒之說，但對西多契在天文及地理方面的淵博知識卻深深懷著敬意。此後，西多契遭幽禁而死於獄中，假如當時天主教的禁令尚未確立，德川幕府極有可能釋放西多契，並將之視如利瑪竇、湯若望般，給予優渥待遇並善加利用其才。

或許如同利瑪竇般，傳教士為了順應他國民情而入境隨俗，若在日本則穿著武士裝束、擁有日本名字，並從事天文觀測及地圖製作。這種傳教士，不能說在日本從未曾出現過。然而，史實中的傳教士是邂逅戰國時代的日本，並在信長、秀吉准許之下擁有較多傳教自由，故能促使九州、畿內產生所謂的吉利支丹大名，並獲得數十萬名信徒。幕府體制穩固確立後，天主教傳教士得以渡日，其所具備的科學知識或使用工具雖能獲得幕府讚賞，卻無法自由傳教。或許他們是恰巧與中國的利瑪竇步上同樣命運。

在德川家綱、綱吉的時代，政治體制獲得整合，是迎向太平盛世的條件得以完備的時期。當時已難以想像回歸戰亂時代，安定的政治體制與社會秩序持續形成。無論是執政者或民眾，皆感到耀武揚威的時代已逝，逐漸轉換為文治時代。武士並非習武，而是必須學習閱讀及書寫《四書》、《五經》，藉此增添官僚風采。改曆之所以成為話題，原因正是基於某些人士認為創造及頒布曆法是執政者應採行的事業。

若在戰國時代，無論是對戰國大名，或對圖謀統一天下者而言，白山、比叡山、高野山、彥山、一向宗、法華宗是棘手之存在，有時甚至無法避免激烈的武力衝突。然而，一向一揆、火攻比叡山、關原之戰，如此時代已告終結。在慶長、元和年間集中推行的寺院及宗派法令，明確顯示自中世以來的寺院勢力是遵循幕府的法令生存，並代表著「守護不入」（編案：享有禁止進入寺社追緝犯人或徵稅的守護特權）的中世已然結束。在文治時代，村落或街町的寺院、神社並非做為民眾的反抗據點，而是被定位為區域社會秩序形成的根據地。

第二節　確立宗教行政

一、寬文五年的法令

德川幕府將戰國時代以來的寺院勢力，封閉於統治體制的框架中，並意圖予以庇護，遂而形成在慶長、元和年間集中推行的寺院及宗派法令。這些法令是國家層級的寺社政策綱要，卻僅以大寺院為對象，一向宗、日蓮宗等宗派並未列入考量，故有失衡的情況。這些法令堪稱是企圖於政治上削弱戰國時代的寺院勢力，並由德川幕府主導而重新編入支配階層。幕府的寺社行政，是從萬治元年（一六五八）由處理寺社職務的寺社奉行兼任奏者番（擔任幕府儀禮要務）之際正式出現。筆者認為不應以慶長、元和年間的寺院法令，而是以寬文五年（一六六五）的法令為起點來重新探討德川幕府的宗教行政，這項見解在〈幕藩体制と仏教〉（林淳，二〇〇三）已有提及。寬文五年七月十一日，幕府頒布〈諸宗寺院法度〉與〈諸社禰宜神主法度〉，規定以區域社會的層級來規定寺社的應有形式，不僅是僧侶或神職（擔任神社或神道祭祀及管理神社事務之人），亦對其他宗教人士影響甚深。

這些法令，可視為與幕府在同年八月十七口所交付的寺社領朱印狀形成配套措施。法令規制與經濟安定，促使區域社會中的寺院及神社形成。不僅如此，這些法令亦從基本規定勸進僧等宗教人士的行動。以下是從比較兩種法令的角度來進行考察（法令是根據《德川禁令考・前集》第五、《改定增補日本宗教制度史》〈近世篇〉）。

若參照A①與B①、②，可知是針對神職或僧侶的資格問題。其條件是要求神職必須修習神祇道，僧侶則需修習法會儀式。這是賦予管理或維持經營神社、寺院設施者所必須的任職條件。

A②、③是以具有特殊歷史傳承的二十二社神職為首要，即使是透過神社傳奏（編案：將神社奏請之事傳達於院或天皇之職）來接受其所擔任的位階亦可。此外無位階的神職，則可獲得吉田家頒發的准許穿著神職裝束之許可文書，進而規定其他無位階的神職應穿著白張。神職依此形成三種分類或順序：「法令以位階有無與是否具有許可文書為憑，將神職分為三種範疇，亦即『透過神社傳奏而接受位階的神職』、『經由吉田家裁定而獲得准許文書的神職』、『穿著白張的無位階神職』，如此蘊涵順序化之意。」（井上智勝，二〇〇七）

B③是試圖讓本末關係安定化，並譴責本寺不可蠻橫行事。無論是神職方面，或寺院本末關係方面，皆將本所與本寺編入上位順序中。

A④、⑤與B⑦、⑧是賦予不可懈怠修復或清掃寺社的應盡義務，更嚴禁出售或抵押寺社領地。規定神社或寺院並非神職、僧侶的私有物，而是屬於公共空間。

簡要而言，這些法令堪稱是在知識或技能上具有一定水準的神職或僧侶，分別隸屬於本所或本山的位階順序。此外，不忘處理神社及寺院設施的修復或清掃工作，並要求應盡管理或維持經營的義務。區域社會中的神社與寺院被視為公共空間，身為管理者的神職或僧侶則是由幕府認定。

兩項法令比較

A〈諸社禰宜神主法度〉	B〈諸宗寺院法度〉
①各社禰宜、神主等，專習神祇道，應識其所尊奉處之神體，應事固有神事祭禮，今後如有怠慢職責者，應革除其神職資格。	①諸宗法會儀式不可亂，若有不遵行儀者，應速制裁之。
②自古即以傳奏而獲晉陞社家位階者，應遵其職行事。	②不識自宗法會儀式之僧，不可堪任住持。禁止倡導新規法儀或示說奇法。
③無位社人應著白張，餘者裝束應以吉田家核准文書所定式樣為準。	③不可擾亂本寺、末寺規制，本寺不得對末寺無理強求。

④禁止買賣一切神社領地。	⑤神社些微損壞之時，應視情況常予修理。
⑧禁止買賣一切寺院領地及典當物品。	⑦修復寺院、佛閣之時，不宜奢華。附帶說明，應交待勤掃佛閣，不可懈怠。

二、各宗寺院法令的特色

然而，〈諸宗寺院法度〉具有〈諸社禰宜神主法度〉所欠缺的四項內容：

④檀越之輩可依其選擇歸屬何寺，僧侶不可為此相爭。

⑤不可結黨、圖謀鬪諍、行不法事業。

⑥若有違國法之輩入寺，可在通報之餘，義無反顧予以驅離。

⑨雖為在家眾而盼入寺為弟子者，亦不可恣意使令出家。若無認可之理由，則與其所屬領主或代官諮議，委請裁定。（《改定增補日本宗教制度史》〈近世篇〉）

項目④是基於寺院之間發生搶奪檀家的事件，故應以檀家的心意為重。當時考量到正值寺請制度逐漸穩定化，人們在不知該隸屬何寺的情況下，導致產生搶奪檀家的社會問題。項目⑤是禁止寺院成為結黨或鬥爭的據點。項目⑥則禁止藏匿違反國法的罪犯。這兩項皆是源自中世寺院一貫維持守護不入的權限。〈諸宗寺院法度〉否定過去寺院既有的庇護所功能，並試圖做為區域社會的公共空間而促使寺院重生，將寺院改造成對秩序形成有所貢獻的設施。項目⑨是限制出家資格，並委請領主或代官裁決。

中世寺院的庇護所功能被消除後，寺院在受到幕府與藩的權力管制下，被視為一種對區域社會秩序形成有所貢獻的公共空間，並藉此獲得重生。寺院成為公共空間之基礎，寺請制度則於其上穩健發展。〈諸社禰宜神主法度〉並無項目⑤與項目⑥，其原因就在於原本鮮少有神職在區域社會中管理神社。在此之前，神社與堂、社、祠互為混淆。堂、社、祠是由村民管理，並由山伏、陰陽師等居無定所的宗教人士居住或管理。僅有修習神祇道，況且多數情況是接受吉田家裁定文書的禰宜或神主管理的設施才被定義為神社，並與山伏、陰陽師居住的堂、社、祠有明確區隔。神社成為區域社會的公共空間，堂、社、祠則成為山伏、陰陽師等運用的空間。

三、各種宗教法令

約於寬文五年（一六六五）前後，德川幕府針對僧侶及神職之外的各種宗教人士頒布法令，確立世襲家職並進行管理。

天和三年（一六八三），德川幕府將管理陰陽師的朱印狀交付於土御門家，此亦與管理前述的宗教人士般是出於同樣意圖。根據幕府的基本方針，除僧侶或神職之外，其餘宗

各種宗教法令

寬文二年（一六六二）	出家、山伏町住居の者改めに付き達
寬文六年（一六六六）	社家、山伏、神子、守子覺
寬文八年（一六六八）	修驗下知狀
延寶二年（一六七四）	盲僧條目
延寶五年（一六七七）	虛無僧覺

教人士皆由本山或本所、頭（編案：管理其他宗教人士的總負責人）等管轄，並形成身分集團。就幕府的立場來看，這些人士亦成為間接的管轄對象。寺社奉行關心的課題，在於切實掌控四處遷移的宗教人士所持有的個人資料，如此可迴避解決宗教人士間的問題。前述的法令准許各種宗教人士在各地行動，在村落或街町分發具有守護用途的神符，並以祈求或藝能表演來從事勸募活動。這不僅限於宗教人士的活動，同樣還包括非人、乞胸（編案：指街頭藝人）所演出的門前乞討表演、寺院及神社的募化活動，以及為求建造或修繕寺社而募金舉行的相撲勸募活動等，這一連串的歷史現象，可視為「近世勸募世界的實現」（保坂裕興，一九九〇）。

第三節　民間宗教人士的活動

一、山伏

寬文五年（一六六五）的法令承認神社及寺院是屬於公共空間，並規定管理負責人，成為畫時代之創舉。在山伏、陰陽師、舞太夫（編案：神事儀式中的舞者）、神子（編案：演奏神樂或負責祈求者）之中，亦有身分與神職幾乎無異，並擁有堂、社、祠可供其祈求或分發守護神符的人士。但在法令規定下，神職即等同於僧侶，被認定為神社負責人，就此與其他宗教人士畫清界線。山伏、陰陽師即使擁有堂等宗教設施，卻非屬於公共空間，而是被視為私有設施。本山或本所將任命狀或核准文書交付山伏或陰陽師，認定可納入管轄，但對其是否擁有堂、社、祠等設施，則一概不予過問。

中世的山伏與熊野三山的御師（編案：御祈禱師之略稱，提供訪詣者住宿或代理祈求、傳布信仰者）互為連結，將熊野三山的神符發給檀那，並引導檀那前往熊野參詣。山伏擔任熊野參詣者的先達（編案：修行指導者），並從事檀那株（編案：御師盛行將檀那視為私財而從事買賣讓與）的買賣事業。京都的若王子、住心院、積善院等院家是最具影響力的先達，他們以聖護院門跡為根據地，試圖促使山伏組織化，成為有本山派之稱的修驗道組織。根據高埜利彥所述，自應仁至文明年間之後，檀那組織從以一族為單位，轉變成以國郡為單位（高埜利彥，一九八九）。在兵農分離的過程中，輔助本寺的院家並非從熊野參詣的檀那之中獲得利益，而是改由向山伏索取的方式。此變化是由於檀那遠赴熊野參詣的情況遞減，以及武士受到兵農分離的影響而改居城下町，故而導致在地檀那流失。

德川幕府對於本山派（編案：天台宗系修驗道）的競爭對手當山派（編案：真言宗系修驗道）予以優渥待遇，並將羽黑山、戶隱山、彥山、吉野山等勢力雄厚的地方靈山歸為東叡山寬永寺所管轄的末寺，積極促使兩者勢力彼此競逐。當山派雖是以大和國為核心的十二正大先達所聯合的地方團體，卻試圖與醍醐寺三寶院互為結合，來與幕府維繫關係（宮家準，一九七三）。

慶長七年（一六〇二），三寶院門跡的義演批准當山派佐渡大行院的山伏可穿著金襴的結袈裟，過去唯有聖護院門跡具有可獲准穿著此袈裟的特權，故而引發本山派之不滿。本山派山伏遂闖入大行院，不僅逮捕該院住宿者，更踹壞院內用具。此事件招致兩門跡成為仇家，三寶院門跡向當山派的正大先達求援，並向幕府提出訴訟。德川家康的裁奪為「山伏之義，當山、本山各別」，認為本山派介入當山派的行為失當。

慶長十二年（一六〇七），關東的本山派以過去不分當山、本山二派，皆一律在入峰修行之際徵收入峰役錢（編案：指雜稅）之事，遭到當山派拒絕繳納並提出訴訟，最終由當山派獲勝。本山派每經一次訴訟，就遭到當山派剝奪既得權，兩派勢力逐漸形成對等關係。以下是慶長十八年（一六一三）的〈修驗道法度〉。

一、修驗道之事，依既有規制所示，諸國山伏應依法脈入峰修行。當山、本山各別之課諸役錢，不可混淆。自今以後命其堅守其旨，不得有爭論。

慶長十八年五月二十一日　（花押）（家康）

三寶院

二、本山之山伏對真言宗，應停止不當之課稅。然若有接近真言宗，於佛法無關之處執行課稅之輩，則應予以驅離。自今以後應命其堅守其旨。

慶長十八年五月二十一日　（花押）（家康）

三寶院

（《改定增補日本宗教制度史》〈近世篇〉，六十五頁）

以上是幕府針對三寶院頒布的法令，同樣旨趣的法令亦傳達於聖護院，但將第②項條文「應予以驅離」改為「應課役」。德川幕府的立場十分明確，就在於本山派與當山派是處於同等立場，各據傳承。對於當山派的師資相承「法脈」，本山派亦比照之，雙方各據自派的「法脈」入峰修行，繳付役錢，而此規定亦是認同當山派的主張。原本從中世後期以來漸具勢力的本山派來看，幕府將兩派視為同等待遇，簡直是後果不堪設想之事。德川幕府對當山派甚為禮遇，試圖瓦解本山派的勢力及既得權。論其背後原因，應是源自於幕府基於本山派反對國郡一元統治所做的考量。近世的山伏組織是基於「法脈」而形成階位順序化，例如山伏雖擁有堂、社、祠，卻並未被認同是屬於寺院或神社。山伏在此點上有別於僧侶，毋寧說是與陰陽師、舞太夫、神子同樣被歸屬為不具宗教設施的宗教人士。

寬文二年（一六六二），因有出家眾或山伏居住街町，將家屋改修為寺院式建築的情況，幕府派遣名主（處理村務之職）、月行事（每月輪替處理街町事務之職）等，針對在街町擁有寺院形式家宅的出家眾或山伏進行調查（同上）。

根據寬文八年（一六六八）十二月二十六日的寺社奉行所傳達的命令文書下知狀所述，可知熊野是由聖護院管轄，並確認前往熊野參詣的巡禮者是由本山派山伏所引導，要求遵守本山派、當山派的師徒關係，「不可恃才而爭奪同行者」（同上），即使在祈念方面，亦要求遵照祈求者的心願，兩派不可為此爭奪。下知狀確認聖護院的既得權（同上），即使在延寶四年（一六七六）頒布〈羽黑條目〉之中，亦認同本山派的既得權（同上）。慶長年間針對本山派的牽制政策漸形弱化，毋寧說是在本山派與當山派、本山派與羽黑派之間發生論爭之際，聖護院方面的既得權重新獲得認同。幕府的山伏政策堪稱是呈現大幅改變。其次是引用〈羽黑條目〉條文：

各條

一、自今以後羽黑山伏不得入本山霞場。不可為難行遊諸國者。

二、羽黑山伏不可穿著金襴結袈裟。然若受照高院御門跡補任狀之際，則為例外。

三、羽黑山伏若入大峰山修行之時，不可接受本山補任狀。本山山伏若入羽黑山客峰，亦不可接受羽黑山之核准文書。

〈羽黑條目〉第一條規定羽黑修行不得加入本山霞場（編案：修驗者之住宿處），第二條不可穿著金襴結袈裟，第三條是命令在入其他靈山修行之際，不得接受對方的補任狀（編案：保證其修驗活動之公文書）。羽黑山已於寬永十八年（一六四一）成為東叡山寬永寺的末寺，並改宗為天台宗，此事應與照高院門跡有所關聯。

德川幕府下令山伏各派藉由法脈而釐清所屬，唯有能歸屬本山派、當山派、羽黑派之中的任何一派，不可有雙重所屬的情況出現。

二、虛無僧

室町時代有一種身分低微的宗教人士及藝能者，稱之為薦僧，並以表演吹奏尺八來從事勸募活動而為人所知。《三十二番職人歌合》中，出現薦僧與算置（編案：身分卑微的算命師）成為一組和歌的主題，其形象如下：

肩披薦僧所穿之三昧紙衣，腰掛面桶，趨於貴賤門戶之前，唯知吹尺八而已，別無才藝。（〈三十二番職人歌合〉《群書類從．雜部》）

薦僧將僧人所穿的赤褐染色紙衣披於肩頭，腰間掛著盛飯容器，基本上是一副乞食打扮，在文中被揶揄只懂得吹奏尺八，毫無半點才藝。這種薦僧的形象，又與中國唐代狂逸僧的普化傳承互為融合。據傳入宋僧心地覺心曾於中國傳揚日本的普化教法與尺八的演奏方式。或許在創立普化宗的僧侶中曾有智識者，試圖構思將薦僧予以組織化。延寶五年（一六七七），德川幕府認同普化宗為佛教宗派，頒布法令如下：

覺

一、本寺住持應根據其末寺及本寺弟子、眾人評定而選賢與能，並經由諮議而定。例如雖有來歷，師徒相議不應立後繼住持契約及遺囑。末寺住持則與寺內弟子諮議後，徵詢本寺之意見。

二、簽署弟子契約之際，應重新由證人徹底確認其底細，不可有以悖法大罪而遭驅逐者。

附　虛無僧之法儀依自古規定，應由本寺審慎下達嚴命。

三、末寺弟子之中，若有悖離宗法而遭懲處之際，小罪者應由寺內處置。大罪者則交由奉行處置，不可有妄為之舉。

以上各項應堅守之，若有違者應予懲處。

延寶五丁巳年十二月十八日

太田攝津守御印
板倉石見守御印
小出山城守御

虛無僧諸派　本寺中
同　末寺中

（《改訂增補日本宗教制度史》〈近世篇〉，六十五頁）

本寺住持是經由眾弟子商議後，選出才德兼備者，而非以個人契約來決定。本寺承認末寺住持的決定權、虛無僧法儀的指導權限、犯小罪者的處罰權，卻無法保障犯大罪而遭驅逐者，並規定大罪懲處必須呈報寺社奉行。如同保坂指出，「幕府寺社奉行顯然試圖明確規定本寺、末寺的權限，並將虛無僧各派編入半屬公家的本寺、末寺體制之中」（保坂裕興，一九九四）。

延寶五年之覺（法令）約較慶長、元和年間的寺院法令更晚制定達半世紀之久，並直接採用寬文五年（一六六五）的〈諸宗寺院法度〉。原本虛無僧的宗派，是在近世才完備成形的新興勢力。這應是德川幕府在尚未洞悉此新宗派究竟屬於何種教團的過程中，就已將之視為佛教某派系而頒布本寺、末寺法令。

同年六月，普化宗的本寺鈴法寺、一月寺皆向寺社奉行提出草案，寺社奉行遂頒布宗門內的十七條之掟，規定應遵守公儀及國法、遵循宗門法規依據、弟子行動規範，以及禁止寺地典當。其中，又以弟子行動規範的相關條文為最多。由此可知兩座本寺是根據寬文五年的〈諸宗寺院法度〉條文制定規則，並請示寺社奉行取得認可，此後方成立普化宗的法令。普化宗被視為佛教宗派，適用於本寺、末寺制度。然而，延寶五年頒布的覺卻未將行遊諸國的無數虛無僧納入考量。

為何寺社奉行在管理虛無僧之際，認為以「個人」為單位來管理山伏的方式並不適用，而是採用本寺、末寺制？德川幕府相當熟悉本山派、當山派、羽黑派等山伏組織，故能達成將三者予以切割統治的方式，瓦解本山派的獨占勢力。在此之際，一般山伏雖擁有堂、祠、社，幕府卻無視於此，而是藉由法脈或師徒傳承的關係，將山伏個別抽離進行管理，故而山伏並不適用於本寺、末寺制。

鈴法寺、一月寺究竟是否能藉由延寶五年之覺、宗門內之掟，來管理雲遊四方的虛無僧？德川幕府對此二寺的管理能力感到質疑的時間點，就在於寶曆九年（一七五九）。幕府對於兩寺發給的本則（核准文書）方式並未統一，甚至將文書恣意發給俗家弟子的行徑，逐漸感到疑惑。寶曆九年閏七月二十四日，老中（編案：輔佐將軍及掌理幕府政事的最高職銜）遂向寺社奉行提出應改革虛無僧各派。

此次是針對有假扮虛無僧者所發給本則之始末。幕府詢及一月寺、鈴法寺之際，兩寺的處置方式不一，兩寺且於去年願盼門徒皆用編笠。然近年浪人及其他俗人亦戴此笠混充，或有假扮門徒者赴各地修行。倘若發現冒充者隨即逮捕之，否則或將妨礙舉發罪犯。編笠不售予前述之俗人，今後兩寺以印鑑買賣編笠，請依此規執行，卻亦有與前述旨趣不一之處。然一月寺有違本則之事，未向宗門一派申告，其事由為該寺住持以書信告知退隱之事後，於今年四月不知所蹤。然聞前者一月寺至今處置有違法之處，今後為使兩寺避免處置方式各異，自古必有各寺定法，宜及早思定條規，應有避免寺法混同運用之本則分發方式。需針對本則進行評議，向幕府確認有無問題。

（《祠曹雜識》卷八）

鈴法寺、一月寺於寶曆八年提出申請，盼能將販售編笠的權利交由該寺管理，寺社奉行予以批准。然而，寺社奉行將兩寺處置方式各別視為問題所在，嚴加宣告要求改進。據此文書所述，一月寺無分武士或商人，凡有意願者皆發給本則（編案：資格證明書）。鈴法寺則僅以武士為對象，並未發給町家。對於擅長吹奏尺八者，則准許其具有「竹名」的名號（〈虛無僧御條目並本則〉，內閣文庫所藏）。「竹名」是鈴法寺之慣俗，一月寺並未採用。寺社奉行針對兩寺將核准文書發給百姓或町人此點，以及認為兩寺處理方式不一此點，皆視為問題癥結所在，故而要求改善。鈴法寺為了閃避老中批判，故而展開更深入的議論，主張「武門不幸者皆以暫為虛無僧而感慶幸，再待還俗為士官，不使武士家名血統斷絕，此為往古以來宗門之本意」（同上）。其意指原本並非百姓或町人，而是身處不幸的武士所表現的隱遁之姿，普化宗就此自稱為「侍慈宗」。幕府抑制百姓或町人不可輕易為僧（虛無僧），試圖確認虛無僧的真實身分。鈴法寺接受幕府要求，限定僅有武士能成為虛無僧，並欲藉此提昇身分，偽撰慶長年間的法令。虛無僧各派巧妙讀取幕府的意圖，以「武士佛教」的方式主張具有守護不入的權限。

普化宗於延寶五年強調本寺與末寺的關係，並於寶曆年間提倡該宗為武士階級所屬的集團，促使該宗所屬的下級藝能者或宗教人士得以提高身分。普化宗信徒的社會生存型態，恐怕與陰陽師、修驗道者並無明顯差異，可說是同樣從事占卜或乞討等活動，卻唯有虛無僧被視為武士而備受禮遇。

在「侍慈宗」這種說法出現之際，就逐漸形成虛無僧留場（編案：指禁地）的制度。這項制度是指若有無賴漢般的虛無僧入村時，為了避免對方提出無理要求或任性妄為，故與特定的普化宗寺制定契約，藉此排除外來的虛無僧。對於在留場托缽修行的虛無僧，則應持有印鑑及證明文書來驗證其所屬身分。弘化三年（一八四六），身為寺社奉行內藤紀伊守因涉入虛無僧的紛爭，體認到應從根本立場來徹底改革普化宗（鬼頭勝之，二〇〇六）。內藤紀伊守認為慶長年間公布的法條（編案：主指〈慶長之掟書〉）是導致普化宗衍生諸多流弊的關鍵，並證實為偽造文書，故而積極推動宗門改革。此外，為了促使停止宣傳「侍慈宗」的說法，不僅禁止虛無僧比照幕府御用之士般行動自如，更禁止由在家眾擔任取締宗役來處置宗法。寺社奉行下達觸書（編案：隨時發布之單行法令），指出虛無僧身為「武門陰家（編案：影武者，雖以虛無僧自居，實為武士）」乃非事實，應謹守禪僧分際。

在虛無僧史之中，最令人驚奇的是，與其說是發生偽造文書的事實，毋寧說是幕府竟默許其所提倡的守護不入來阻止權力介入，以及設置留場制度。為何能使虛無僧可行其道？他們又如何能從藩的寺社奉行或代官所的管理之下順利脫身？此外，發揮身為武士的虛構功能，極有可能「將留場視為武士領地般積極增加」（保坂裕興，二〇〇〇）。寺社奉行限制農民或町人成為虛無僧，並期盼是由本山執行此任務，鈴法寺則提倡「侍慈宗」之說，既然立誓排除農民或町人，身為寺社奉行亦不便多加干涉。如同天保十五年（一八四四）的濃州芥見村（岐阜縣）發生的虛無僧相爭事件（鬼頭勝之，二〇〇六）、愛知郡三本木新田的虛無僧史料（《愛知縣日進市誌資料編四》）所示，由此可窺知被刪除戶籍者、浪行諸國者、漁船業者皆曾身為虛無僧，並出現可恣意且毫無顧慮地強求免費住宿的情況。

三、陰陽師

寬文五年（一六六五）頒布的〈諸社禰宜神主法度〉，給予土御門家重大衝擊。土御門家以此為契機，試圖管轄唱門師（編案：主以占卜或傳統藝能為業的下級陰陽師）及博士，故與幸德井家為了南都唱門師的管轄權而引發激烈相爭。天和三年（一六八三），幕府向土御門家發布朱印狀，土御門家在針對宗教者或藝能表演者的各種管轄權方面，是透過國家權威而獲得公認。

從各地的陰陽師相關史料，可確認追溯到當時土御門家在貞享、元祿年間積極管轄的情況。土御門家向受管轄者交付許狀（編案：核准文書）及掟，藉此保障陰陽師並使其接受管轄，至於加入其管轄者，則向土御門家繳納資金，就此締結關係。以下是介紹尾張陰陽師久野肥前獲得的許狀及掟的內容。

許狀

呼名可謂肥前事

右許狀如件

土御門家雜掌

白井右京

元祿三庚午歲正月二七日

尾州知多郡藪村

致久野肥前殿（《知多市誌資料編三》）

掟

一、陰陽家行事之外不可修於異法新法之事

二、不可與他相爭之事

三、雖為相續之子代替，可於本所重新要求免許文書之事

可謹守以上各條

土御門家雜掌

白井右京

元祿三庚午歲正月二七日

尾州知多郡藪村

致久野肥前殿（同上）

許狀之中有記載個人名稱。自當時起，久野肥前可將肥前的國名冠於姓名之中。同日發布的掟，接受者同樣是久野肥前，條文禁止從事陰陽師活動之外的異法、新法或造成紛爭，子嗣傳承應重新取得准可。久野肥前接受土御門家發給的許狀及掟，藉此獲得陰陽師身分並從事相關活動。

居於相模國愛甲村的舞太夫萩原家，在元祿年間成為土御門家江戶役所管轄。其次介紹的文書是元祿八年（一六九五）五月，由江戶役所發給萩原家的〈陰陽師家業條目覺〉：

在觸頭存在的地區，來自京都役所的取締人員直接向藩的役所或代官請求協助，試圖藉此擴大及強化管轄權。

土御門家處理被管轄者的一項顯著特點，就是積極爭取其他宗教人士。土御門家的獨斷之舉，就在於無論是僧侶或神職、修驗者，凡有從事占卜者，就必須經其准可。土御門家逞一己之見，告發僧侶、神職、修驗者等其他系統的宗教人士，並屢次引發論爭。前述的江戶役所設置的賣卜組，是屬於其他宗教且從事占卜者所應加入的組別。土御門家恣意發揮獨裁式的論理，主張無論是俗眾或其他宗教人士，凡具有「陰陽道尊信」之條件，就應納入其管轄之下。

為何土御門家會採取如此強硬手段，將僧侶、神職、修驗者等其他宗教人士納入管轄之下？自天和三年（一六八三）之後，土御門家開始管轄諸國的陰陽師，但若與佛教諸宗派、本山派、當山派的修驗教派、吉田家的神職管轄相較之下，其組織編成時期較晚。土御門家若沒有侵蝕修驗或神職等固有宗教組織，則無法自行充分發展。土御門家迫使從事占卜的修驗者或神職接受其所發給的核准文書，並屢向寺社奉行提訴。土御門家在訴請之際，提出記有世襲家職的職札（編案：木製的准許證），明確記載占卜是陰陽師的職屬。土御門家藉由近世社會中職責領域與世襲家職，由執政者或民眾各司其職的共識，在某些情況下則是針對侵犯陰陽師職責的其他宗教人士提出控告，而在某些情況又對其他宗教人士採取懷柔政策，試圖將其納入土御門家管轄之下。

四、勸募宗教者的變遷

擔任寺請制度的寺院僧侶，具有宗判權（編案：檀家寺院具有判別及認定檀那個人信仰的權力），在製作宗門人別帳之際發揮檢閱功能，神社的神職則是藉由神事或祭禮，而以儀禮表現的方式呈現地區生產活動的循環不息，為了維持社會的聯繫關係貢獻良多。寬文五年（一六六五）的法令不僅可指定僧侶或神職成為寺社管理負責者，更肩負形成區域社會秩序的功能。對區域社會的居民而言，寺院與神社被視為公共設施。

其餘的宗教人士或藝能者雖擁有私人設施，卻必須遍訪各檀那場（編案：檀那的旅宿之處）來進行勸募及分發護符，並為此表演藝能或從事祈求。寺社奉行認定這些人士的世襲家職，透過本山或本所介入而使其納入管轄，卻對他們是否能對區域社會的秩序形成提供任何助益，並不抱持任何期待。毋寧說這種勸募活動，反而成為區域社會疲弊的要因，農民及町人在都市成為山伏或陰陽師，亦引發都市治安或人口問題。

山伏屬於本山派、當山派或地方的一山組織，藉由入峰修行來提昇身分或位階。師徒關係與入峰修行相互配合，山伏組織形成複雜結構。德川幕府對於將門跡尊為至上的本山派、當山派皆是同等待遇，並將羽黑山、戶隱山、彥山、吉野山做為東叡山寬永寺的末寺，堪稱是成功將這些靈山納入幕府的管轄體制中。

虛無僧不僅屬於藉由乞討方式勸募的藝能者系譜，亦具有普化宗的禪宗特色，是具有雙重性的特徵。寺社奉行於延寶五年（一六七七）頒布的覺之中，將普化宗視為禪宗，促使形成本寺與末寺。

但至寶曆年間情勢驟轉，寺社奉行向本寺要求強化取締虛無僧。德川幕府卻追加認定「慈侍宗」之說法，故在實質上認同留場制度形成，導致普化宗的流弊改革延至幕末時期。

陰陽師在中世時期稱為唱門師、博士、卜算者。因隸屬土御門家管轄，故成為近世的陰陽師型態，可獲得職札及維持營業權。身為本所的土御門家權威，與寺社奉行的權威逐漸外顯，陰陽師得以從事占卜或祈求、藝能活動。土御門家聲稱近世後期的占卜正為其所獨占管轄，故與山伏及神職引發衝突。

至近世後期，因都市人口激增，以及中低階層對富農豪商引發暴動，導致社會蒙上動盪陰霾。寺社奉行向本山與本所提出要求強化管理其隸屬人口，要求製作並提出人別帳（編案：人口調查帳簿）。寬政二年（一七九〇），本山派向幕府呈交江戶山伏的人口調查文書。寬政三年，德川幕府針對土御門家而向全國下達觸書，此後土御門家設置取締出役（編案：逮捕惡人或無宿者）之職，派遣至地方調查疑似仿冒陰陽師的人物，並指導其成為土御門家管轄。從土御門家江戶役所派遣的陰陽師，對於江戶市的町役人的態度是「宛如幕府御用人似的耀武揚威」（〈類集撰要〉三十五），由此可知陰陽師儼然擺出一副可勝任幕府要職般的行事作風。本章雖未探討神事舞太夫的課題，卻仍由取締出役將其納入體制（林淳，二〇〇五）。取締出役掌握管轄人口，其職責是取締不具核准文書卻任意活動的不法之徒，在偽虛無僧粗暴行事、從事不法行徑的前提下，本寺在村落提議設置留場，設立此制度之目的在於徹底禁止偽虛無僧、違法偽虛無僧入村。究竟本寺是否能管理各地的留場，事實真相仍是未明。

近世後期的本山與本所表示因有假冒者（偽陰陽師、偽虛無僧、偽山伏），必須強化取締，並試圖藉此鞏固自我權限。至於土御門家、身為神事舞太夫的田村家則試圖增加管轄者，但並非為了私利或私欲，而是為求配合幕府提出的治安維持及管制風俗政策，並可藉此自行主張是屬於幕府「御用」。本山與本所管理從事勸募的宗教人士，並自行建構秩序形成的論理，欲藉由取締不法之徒來置身於秩序形成的立場。

明治政府頒布法令，欲使虛無僧或陰陽師還俗成為平民，並將山伏編入真言宗、天台宗所屬集團之中。在近世村落或街町隨處可見宗教人士從事勸募的情況，至近代以後則無法延續。所謂近世，是指自中世以來從事勸募活動的宗教人士得以絢爛發展的時期。這些人士屬於某種特定身分的集團，並獲得核准文書及營業活動之保證，此點是中世未曾發生的現象。對執權者而言，管轄從事勸募活動的宗教人士是形成秩序之必要條件，他們從受制的立場翻轉情勢，改由自主出擊而成為取締偽宗教人士的立場。從事勸募活動的宗教人士即使開始佯裝秩序形成的擁護者，這亦是中世未有的近世後期現象。

寺社奉行的行政執導，應可視為將擁護秩序形成的意識深植於從事勸募活動的宗教人士之中。當山派於寬政九年（一七九七）在控訴富士講（崇敬富士山的信仰者所組織之講社）的文書中，形容富士行者為「異形為體」（《大日本近世史料・市中取締類集十六》，一九六頁），此例亦是從秩序形成的立場所提出的責難表現。對近世從事勸募活動的宗教人士而言，針對偽宗教人士所形成的秩序意識應是不可或缺的課題。

專欄五

《血盆經》

松下みどり（日本女子大學兼任講師）

原本佛教並沒有將婦女生產或月經視為穢厄的觀念，最初在日本亦無此說法。至平安時代初期，方有明確記載應避諱產穢或血穢的文獻，進而至十世紀後期開始出現唯有女性才有此穢厄的想法。將女性視為原本就不清淨的女人不淨觀，自中世至近世逐漸普及於社會中，而《血盆經》信仰則是對此觀念在滲透社會及穩定發展上發揮了重大功能。

據推測《血盆經》是從十世紀之後在中國成立的偽經。據其內容所述，婦女因產血或經血而染汙地神，甚至在河川清洗沾染血汙的衣服將導致河水受汙染，此時若以此河水煮茶供奉神佛，則將以不淨之罪墮入「血盆池地獄」。其經文主旨在於若能舉行血盆齋，並能讀誦及書寫《血盆經》，則可從血池地獄獲得救拔。《血盆經》傳入日本的時間不明，在日本是從室町時代之後開始流通。

《血盆經》有數種版本傳世，經文略有相異。現存傳本幾乎是江戶時代的經本，有關各版本的成立及傳布系統皆不明。若關注經文中所描述的墮入地獄之由，則除了僅針對產血的傳本之外，尚有包含月經在內的版本。過去研究者推測早期的《血盆經》僅將產血視為墮地獄之因，至江戶時代才加上月經。此後卻出現否定舊說，認為在中國已有可能出現包括月經在內會導致墮地獄的《血盆經》，或在室町時代的史料中出現月經亦會造成罪障的內容。總之不僅是產血，若連月經亦被視為墮地獄的理由，則所有婦女皆被視為將會墮入血池地獄。

有關《血盆經》在日本的最初記述，目前是由武藏國深大寺（天台宗）所藏的長弁著作《長弁私案集》，其中述及井田雅樂助於正長二年（一四二九），在為其母舉行第三十三回祭祀法會之時，除了繕寫《法華經》、《阿彌陀經》等之外，亦加抄《血盆經》三卷。又於文明十四年（一四八二），在五山禪僧橫川景三所撰的《補庵京華續集》之中，可發現在實際正真禪尼的十七週年祭祀法會之時，曾抄寫《法華經》與《血盆經》一卷。自十五世紀之後，為了迴向亡母而採用《血盆經》做為寫經供養的實例散見於史料中。此外，自草津白根山出土的杮經（編案：以檜木製成書寫經文的細長薄片）書有《血盆經》經文，據推測應製成於十五世紀前期。天台宗系統的修驗者將白根山的火口湖湯釜視為血池地獄，為了救度已墮地獄的婦女而將杮經投入其中。

在中世末期，熊野比丘尼是以隨身攜帶〈熊野觀心十界圖〉，並從事血池地獄的繪解（編案：解說寺社由來或以經文內容為題材的繪畫）而為人所知。具有宗教信仰的婦女藉由繪畫而從事唱導，造成血池地獄的觀念與《血盆經》信仰在民間廣為流傳，更促使婦女積極信奉。此外，以經文中未曾描寫的〈熊野觀心十界圖〉為首，可發現有多幅是將如意輪觀音描繪成血池地獄的救度者。如意輪觀音與《血盆經》互為連結的開端在於中國，至於日本方面，研究者指出可能是將《血盆經》與將如意輪觀音視為本地的聖德太子信仰相互連結而廣為流傳。

至近世，《血盆經》信仰流傳更為廣泛。尤其是立山修驗（編案：以立山為中心的修驗道）刊行版木印刷的《血盆經》，積極勸導將抄經供奉於寺社，並舉行破地獄儀式，亦即將《血盆經》投入被視為血池的山中池內。此外，多數接納《血盆經》信仰的寺院則將《血盆經》視為護符分發於信眾。淨土僧松譽巖的在其著作《血盆經和解》（一七一三）之中主張若能持誦此經，則月經等不淨之事即將消滅，並能成為「成佛之緣」。《血盆經》護符在信仰者生前被視為袪除不淨或做為安產守護之用而予以持守，逝後則成為往生成佛的助緣，故形成將此經入棺的習俗，具有蘊涵現世及來世的功德之意。此外，亦以細讀《血盆經》經文而作〈血盆經和讚〉、〈女人往生和讚〉，並由參與女人講或念佛講等講會的女眾唱誦。

在宗派方面，例如天台宗、臨濟宗、真言宗、真言律宗、淨土宗、曹洞宗等紛紛導入《血盆經》信仰。尤其是江戶時代的曹洞宗積極引入，正泉寺（今千葉縣我孫子市）撰寫該寺特有的〈血盆經緣起〉，至江戶時代中期成為《血盆經》信仰的據點之一。至近年為止，曹洞宗仍在婦女授戒之際授予《血盆經》。

女性穢厄的觀念一直留存至近年，而其思想滲透應是深受《血盆經》的信仰影響所致。婦女之所以接受這種歧視信仰，不僅是基於經文述說女性是因有穢厄而墮入血池地獄，而是若信仰此經，則可獲得救度的救濟方法。自中世後期之後，藉由《血盆經》進行的傳法活動，在佛教為了拓展經濟基礎而要求當地婦女提供資金援助的背景下，即使佛教主張可使穢厄消滅的「救濟」，仍顯然無法消除女性穢厄觀及女性不淨觀。在佛教所造成的歧視觀念上展開的「救濟」活動，最終導致佛教確實產生助長歧視的作用。

文獻介紹

高達直美，〈血の池地獄の絵相をめぐる覚書〉（《絵解き研究》六，一九八八年。

坂本要編，《地獄の世界》，渓水社，一九九〇年改訂稿）。

高達奈緒美，〈疑経《血盆経》をめぐる信仰の諸相〉（《国文学解釈と鑑賞》五十五—八），至文堂，一九九〇年。

武見李子，〈日本における血盆経信仰について〉（《日本仏教》四十一），名著出版，一九七七年。

松岡秀明，〈我が国における血盆経信仰についての一考察〉（《東京大学宗教学年報》四，一九八九年。《女性と宗教》，日本女性史論集五，吉川弘文館，一九九八年）。

牧野和夫、高達奈緒美，〈血盆経の受容と展開〉（岡野治子編，《女と男の時空三，女と男の乱―中世》，藤原書店，一九九六年）。

ミシェル・スワミエ，〈血盆経の資料的研究〉（《道教研究》一），昭森社，一九六五年。

第六章

「葬式佛教」的形成

岩田重則

東京學藝大學教授

第一節　重新認識「葬式佛教」

一、予人負面印象的「葬式佛教」

西元一九九〇年代之後，日本的喪葬儀禮與從事商業經營的喪儀及祭祀業形成重大關聯。現代日本的喪葬儀禮不僅是以佛教與喪儀混淆的「葬式佛教」形式存在，更具備了謀求資本主義式的經營及圖利型態的商業性質。寺院具有經營的特性，甚至可說是由法人經營墓園或靈園的不動產業。此外，喪葬業者理所當然參與的現代喪儀與在齋場舉行的守夜及告別式，幾乎皆由喪葬業者主導。

現代日本的「葬式佛教」絕非逐漸式微，而是與喪儀祭祀業形成連結，更求進一步發展。

與喪儀產生密切連結，並徹底滲透其中的日本佛教，可以「葬式佛教」一詞來象徵其特質，但卻予人一種負面印象。更何況現代日本的「葬式佛教」漸有商業經營之傾向，更加深其負面形象。

在佛教史研究中，例如辻善之助撰寫多達十冊的古典著作《日本佛教史》，在第九卷

〈近世篇之三〉（一九五四）指出近世佛教是「佛教趨於形式化」（第八至第十一節），第十卷〈近世篇之四〉（一九五五）則指出「佛教的衰微與墮落」（第十七節），並對此提出負面評價。辻善之助更指出與「葬式佛教」的形成產生密切關聯的「檀家制度與宗門改」是「佛教趨於形式化」的要因之一。「葬式佛教」或許受此評價所影響，在研究史上被定位為次領域。

二、社會、生活中的「葬式佛教」

如前所述，「葬式佛教」在社會上被視為負面形象，在佛教研究史上亦被定位為次領域。然而，近世的日本佛教藉由「葬式佛教」的方式形成，得以深入滲透於社會及生活中，此為不爭之事實。近世佛教因以「葬式佛教」的形式穩定發展，方才大致規範日本佛教發展迄今的樣貌，而此說法絲毫不足為過。

有關此項史實，在佛教史研究方面，圭室諦成曾針對發展至中世後期為止的佛教與喪儀的習合提出論證，並在探討近世以前的論文〈中世後期仏教の研究〉（一九六二）之中，針對辻善之助曾在《日本佛教史》中指出經由「葬式佛教」化的近世佛教是「佛教趨於形式化」的說法提出了批判。竹田聽洲《民俗仏教と祖先信仰》（一九七一），則是針對十六世紀後期至十七世紀的民間寺院設立而進行研究，將日本佛教在社會及生活中的滲透情形，視為一種基於庶民立場的信仰。圭室諦成在重視「葬式佛教」的社會形成之際，亦針對辻善之助的佛教史研究進行強烈批判（竹田聽洲，一九六〇、一九七五）。或許是受此研究成果所影響，如今學者在下意識直接給予辻善之助研究的負面評價已逐漸減少。近年，末木文美士在著作《日本佛教史》（一九九二）、《日本宗教史》（二〇〇六）之中，重視近世的「葬式佛教」是在日本佛教思想史的整體樣貌中穩定發展，甚至可說已提出省思：日本佛教為何是以「葬式佛教」的形式來落實？並將之視為重要的研究課題。

筆者想延續以古代末期至中世為核心的圭室諦成、以中世末期至近世初期為核心的竹田聽洲，以及末木文美士從佛教思想史的角度所提出的問題著手，來闡明在近世社會中被視為「葬式佛教」的日本佛教是如何形成的過程。在此之際，對於促使「葬式佛教」形成的一大要因，亦即幕藩領主權力所推動的寺請制度與寺檀制度的形成過程，亦納入探討範圍。同時釐清促使「葬式佛教」形成的社會條件，並具體闡明其全貌。此外，不僅從「佛教」的角度來探討「葬式佛教」，而是從「葬式（喪儀）」的角度重新掌握，並想藉此確認「葬式佛教」究竟為何的實際型態。

第二節 「葬式佛教」形成之前的歷史

「葬式佛教」顯然從近世開始形成，並受到幕藩政體的深遠影響。在此之前至中世為止，佛教與喪儀已有習合。亡者的喪儀並非以政治形式，而是以社會的現實樣貌呈現，自近世之前就已與佛教習合。

一、喪儀與佛教的習合

首先從「葬式佛教」形成之前的歷史，以及古代、中世佛教與喪儀的習合情況來做一概觀。佛教以外來宗教及思想的方式傳入古代日本，然而，佛教具備的最初社會功能並非喪葬儀禮。若從生活在以「葬式佛教」為主的現代日本人觀點來看，會產生一種錯覺認為佛教從傳入當時就與喪儀互為習合，但實情卻非如此。就佛教傳入的時間點來看，佛教與喪儀彼此分離。那麼，兩者習合的起點又為何？

佛教與喪儀習合的最大契機，應在於平安時代的淨土信仰逐漸普及所致。例如，源信在《往生要集》（九八五）卷中述及「臨終行儀」是在安奉佛像的「三昧道場」中專念阿彌陀佛（石田瑞磨譯注，一九九二）。這種平安時代的淨土信仰獲得了法然的淨土宗，甚至是淨土真宗、臨濟宗、曹洞宗等鎌倉佛教宗派所繼承（圭室諦成，一九六三）。至少在上層階級的貴族社會中，自平安時代末期至鎌倉時代為止，以淨土信仰為基礎的佛教與喪儀已有連結（水藤真，一九九一）。

在鎌倉時代初期，藤原定家在著作《明月記》中，針對元久元年（一二〇四）藤原俊成辭世及舉行的喪儀有如下記述：

> 十一月二十六日已居高齡之俊成病篤，移居法性寺。三十日，於「小僧」等念佛聲中，俊成氣絕。翌十二月一日，由「籠僧」等人將遺體入棺，棺木埋葬於墓穴。（國書刊行會編，一九一一）

阿彌陀佛聖眾來迎圖（出處：大都會藝術博物館 The Metropolitan Museum of Art 網站）

佛教與喪儀互為連結的情況，並非僅有貴族社會才如此。據研究者推測應成立於十二世紀前期的《今昔物語集》，在二十七卷的第三十六則故事中述及有關播磨國印南野的傳說：

某男子欲上京，因日暮而宿小庵。深夜聞敲鉦念佛聲，朝其方向視之，但見多人焚篝火，有僧敲鉦念佛，未久只見造起墳墓，立卒塔婆，墳墓四方有鬼徘徊。（山田孝雄等校注，一九六二）

《今昔物語集》是故事集，並非全是真實事件，但由此可窺知其是由僧侶參與而舉行之佛教儀式的農民喪儀。

二、墓制與佛教的習合

據推測應成立於十二世紀後期，亦即西元一一八〇年代的《餓鬼草紙》，在其著作的〈第四段　疾行餓鬼〉與〈第五段　食糞餓鬼〉中，可知中世墓制的模樣圖示。雖不盡能忠實表達實際情景，但可隨著餓鬼徘徊的過程綜覽整片墓地，亦可瀏覽〈第四段　疾行餓鬼〉在掩埋遺體的覆土之上建有五輪塔或卒塔婆的墳墓。此外，〈第五段　食糞餓鬼〉亦可見在覆土之上建有卒塔婆，其中亦包含《今昔物語集》播磨國的卒塔婆形式。至十二世紀為止，佛教在此階段極有可能滲透至庶民階級的葬儀中。

原本《餓鬼草紙》〈第四段　疾行餓鬼〉之中，描繪屍骸遭遺棄，有些化為散亂白骨。在掩埋遺體的覆土之上，亦出現沒有五輪塔或卒塔婆的情況，就此點來看，必須對佛教是否介入所有的喪葬儀式而提出質疑。然而，至《今昔物語集》與《餓鬼草紙》成立的十二世紀為止，應可確定佛教不僅在上層的貴族社會，甚至滲透至庶民階級的喪儀中。

到了鎌倉、室町時代，佛教與喪儀的習合更為一般化。例如，十四世紀中葉以明經道（編案：日本律令制大學寮所設學科之一，修習中國《經學》課程）為家職的中原師守在其日記《師守記》中記述除了埋葬遺體之外，尚有舉行佛事供養（伊藤唯真，一九七七）。若依不同宗派來看，曹洞宗、臨濟宗等禪宗派系統將僧侶喪儀亦適用於其他眾人，造成佛教與喪儀的習合發展，並藉此促進教團或傳教途徑成長（圭室諦成，一九六三；末木文美士，二〇〇六）。此外，自十三至十五世紀，律宗寺院及僧侶、非人皆與喪儀形成密切關聯（網野善彥，一九七八；林幹彌，一九八〇；大石雅章，一九八五）。研究者指出律宗寺院及僧侶、非人皆與喪儀具有密切關聯的說法，因受到網野善彥提出的非農民、被歧視族群研究所影響，自西元一九七〇年代後期至八〇年代開始積極闡明其說。例如，細川涼一《中世の律宗寺院と民衆》（一九八七）以唐招提寺西方院等處的「齋戒眾」為例，論證律宗寺院的低階僧人曾參與僧侶及庶民的喪儀。

十六世紀的室町時代末期，律宗寺院積極參與被稱為「惣墓」（編案：在庶民個人墓普及之前的共同墓地）之墓地管理。細川涼一介紹的事例，如天文元年（一五三二）唐招提寺的末寺尼崎大覺寺，是根據〈定 於尼崎墓所條々掟書〉（〈大覺寺文書〉）而規定「尼崎墓地」的火葬及埋葬方式（尼崎市役所，一九七三）。送葬及墓地的事宜是由律宗系統的大覺寺決定。

此外，與十六世紀的佛教互為習合的喪葬儀禮，其具體內容如下：天主教傳教士路易士・佛洛伊斯於永錄八年（一五六五）在從京都發送的書簡中記錄其見聞，描述當時上流階級的佛式喪儀。其過程是由身著灰衣的僧侶舉著火炬，身為逝者親友的婦女身穿白絹衣，男士穿著高級和服，剃髮僧亦身著法服，頭戴白頭巾，隨喪家同往火葬場。僧侶敲鉦及誦經之後舉行火葬，翌日由家屬親戚撿骨，僧侶亦赴現場（村上直次郎譯，一九二七）。

三、中世與近世「葬式佛教」的異相

如前所述，自鎌倉時代至室町時代末期，日本佛教已與喪葬儀禮習合。這種實際情況成為近世「葬式佛教」形成的先決條件，並就此邁入近世時期。雖說如此，近世的「葬式佛教」與發展至中世為止的佛教之間，卻有極為顯著的差別要素。

首先，從古代至中世為止並無寺檀制度。近世「葬式佛教」是以寺院、僧侶與小農家族之間的穩定關係為基礎，亦即成立於寺檀制度之上。相對之下，從古代至中世為止基於小農尚未形成的條件因素所致，故而沒有寺院、僧侶與小農家族的關係存在。當時佛教並非藉由以「葬式佛教」為基礎的寺檀制度，而是如同律宗的低階僧侶或非人介入喪儀般，在現實中或許是由低階僧侶或身為流浪民的僧人處理喪事或遺體。

如同前述的藤原俊成在法性寺辭世般，上層階級的貴族成為寺院的護持者，並以家族形式與寺院或僧侶維持穩定關係，而庶民則鮮少如此。

第二，若從佛教教團的立場來探討前項的中世寺檀制度尚未成立，當時亦未成立可與寺檀制度相應的「本山—末寺」等級制度系統（本末制度）。中世的佛教教團不僅是宗教團體，而是擁有強大的政治勢力。織田信長於元龜二年（一五七一）進攻及焚毀比叡山後，自天正四年（一五七六）至八年（一五八〇）發動石山合戰，並壓制一向一揆等勢力，歷經中世佛教教團解體，至豐臣秀吉於天正十年（一五八二）開始重興比叡山，並與本願寺進行協調，進而建造方廣寺及大佛殿，促使佛教教團獲得重組。在歷經織豐政權進行中世佛教教團的解體及重組下，江戶幕府管轄寺院的先決條件終於獲得整備。有關織豐政權的佛教政策所具備的歷史意味，在圭室諦成《日本佛教史概說》（一九四〇）、辻善之助《日本佛教史》第七卷〈近世篇之一〉（一九五二）、千葉乘隆〈政治と宗教〉（一九六七）等古典著作中早已指出，藉由中世佛教教團解體，成為江戶幕府寺院管轄權之一的本末制度方得以成立。在本末制度之下，小農家族與隸屬某宗派或某教團的寺院之間締結了寺檀關係。

第三，從古代至中世為止，尚未出現從近世以後才受到「葬式佛教」所影響而成立的祭祖習俗。當時，擁有包括下人等從屬者的大農經營型態中，小農家族尚未成立，直接延續至現代的祭祖習俗同樣尚未成立。在中世雖有建造五輪塔、木製卒塔婆，但至近世以後，記載戒名的牌位或石塔方才普及化。戒名是指以寺檀制度為基礎的佛寺替檀越之家的亡者所取之法名，並祭祀記載亡者法名的牌位或石塔，這堪稱是祭祖的典型之例，且從近世方有出現祭祖與小農自立一併形成的情況。所謂的祭祖，是隨著近世「葬式佛教」形成而成立的概念。

如前所述，佛教與喪儀是從古代至中世末期為止不斷習合，但這不過是直接延續至現代的「葬式佛教」前史而已。此後，「葬式佛教」將在後述的小農自立與幕藩領主權力所推行的佛教政策中逐漸形成。

第三節　江戶幕府對佛教的管轄

一、小農家族形成

織豐政權不僅達成日本群島的政治統一，更推行包括莊園在內的土地制度，將身為莊園領主並擁有政治勢力的佛寺予以瓦解及重組，亦改革及重編社會經濟。尤其是豐臣秀吉於天正十年（一五八二）開始推行的太閣檢地（編案：針對山林之外的農田進行測量及調查），以及天正十六年（一五八八）開始推動的刀狩（編案：意指兵農分離，沒收武士之外的僧侶或農民所持有的刀槍武器），就此否定中世的土地制度，成為領主與新成長的小農彼此直接連結的決定性契機（安良城盛昭，一九五九）。至江戶幕府成立的十七世紀後期為止，以身為支配者的領主與被支配者的小農為核心的幕藩體制所奠定的社會基礎，本百姓（編案：擁有田地及家屋，需繳納年貢或負擔諸役，並將身分登錄於檢地帳的農民）體制逐漸獲得整頓（佐佐木潤之助，一九六三）。

所謂的小農並非只是家族型態，而是以直系家族的小規模農業為經營單位之存在。小農是由一對夫婦構成單組婚姻小家族，並以此家庭基礎從事農業經營，並非如同自古發展至中世為止的有力農家般，是由隸屬農民為其服勞役。一般而言，江戶時代的小農形象是猶如慶安四年（一六五一）的〈慶安御觸書〉所提示般，是在幕藩領主權力逼迫下飽受苛稅之苦。幕藩體制是以向小農徵收年貢為基礎的本百姓體制為根柢，就此意味而言，幕藩領主的權力基礎就在於小農，這些小農亦是從中世末期至近世初期逐漸成長的年貢繳納者（大石慎三郎，一九六八）。「百姓成立」才是幕藩體制的基磐（深谷克己，一九九三）。

約至寬文年間（一六六一—七三）為止，近世小農及其家庭聯合組成的近世村落，是在袪除中世的發展模式下逐漸成立。例如，隨著大規模用水工程而開發的信濃國北佐久郡（長野縣）的五郎兵衛新田（佐久市）、御影新田（小諸市）、塩澤新田（輕井澤町）、八重原新田（東御市），是由戰國時代的土豪末裔成為指導者而開發。若從五郎兵衛新田之例來看，至當時為止以四十餘家的本百姓（又稱打白姓）體制逐漸定型化。此後形成所謂的「抱百姓」階層，亦即由次男、三男等分家或至當地居住者所構成。近世村落呈現如此飽和狀態，並非是由一軒前（編案：亦稱一戶前，可負擔村內租稅或參與勞役之家）的庶民形成本百姓的周邊勢力，此點與中世的隸屬農民性質相異（大石慎三郎，一九六八）。此外，下總國香取郡小野（千葉縣香取市下小野）於寬文年間至延寶年間（一六七三—八一）為止，為了確保小農住戶及耕地逐漸成立，促使聚落遷移並完成近世聚落發展。在此時期是以大農家為核心發展的塊村式中世村落（編案：塊村是指家雜然聚集之聚落），轉變為形成小農屋宅與分散耕地的路村式近世村落（編案：路村是指沿著道路兩畔形成的聚落）（木村礎，一九六九）。至十七世紀後期的寬文年間為止，小農家族保有屋宅及耕地，並從事水、旱田農業經營的發展型態得以成立，其中多數為本百姓身分，構成了從根基支持幕藩體制的階層。

二、民間寺院遽增

另一方面，織豐政權導致中世佛教寺院面臨瓦解，以及從十六世紀後期至十七世紀，江戶幕府以本末制度為軸心推動的寺院管轄不斷推進，成為民間設立寺院最為廣泛的時代。或者可說是當時區域社會在各處設立寺院，造成寺院數量急遽增加，在此前提之下，江戶幕府的本末制度方能成立。

例如，根據竹田聽洲分析成立於元祿年間（一六八八—一七〇四）的淨土宗著作《蓮門精舍舊詞》，可知在已知寺院設立年代的三千兩百六十五座寺院之中，從天正年間（一五七三—九二）至寬永年間（一六二四—四四）所設立的寺院共有兩千一百六十四座（約占百分之六十六點三），「（占全數）三分之二的寺院是建於天正至寬永年間，實際上是集中於七十年的極短期間內」（竹田聽洲，一九七一）。此外，根據大桑齊分析東本願寺的《申物帳》，可確知已授予或接受寺號核准文書的所有一千六百二十一座寺院的詳細情況，是在元和年間（一六一五－二四）設立較多寺院，數量為兩百五十九座（百分之十六），其建造數量較多。此後自承應（一六五二－五五）至寬文年間（一六六一－七三）為止，在大約二十餘年間設立半數以上，其數為八百三十五座（百分之五十一點五）（大桑齊，一九七九ａ）。據大桑齊推測，在民間寺院設立方面，較淨土宗更晚設立寺院的淨土真宗將已設道場改為區域寺院，並藉此獲得自立，而此巔峰期應在於寬文年間。此外，圭室諦成留意到佛教各宗派情況互異，在藉由近世編纂的地誌類等著作之下，根據地區的實際發展進行論證，得知各宗派在設立或重興許多民間寺院的時期，皆集中於應仁元年（一四六七）的應仁之亂，至寬文五年（一六六五）制定〈諸宗寺院法度〉的期間（圭室諦成，一九六二）。

身為佛教徒及佛教推動者的僧侶和寺院是非生產者，需有在社會經濟層面上支持他們的社會階級。如此從十六世紀後期至十七世紀，自織豐政權期至江戶時代中期為止，在以小農為基礎的幕藩政體獲得整頓的過程中，在區域社會中支持小農的僧侶及寺院漸呈一般化。已如前述的竹田聽洲所指出，近世以後的庶民與佛教的關係，往往只從以寺請制度與寺檀制度為代表的政治角度來探討。基於這些制度的政治系統被庶民接受的先決條件下，佛教已與喪儀互為習合。此外，有關庶民與佛教的關係，還需考量到做為農業經營單位的小農之存在，進而思考民間寺院是由小農在社會經濟層面上給予支持的區域社會中才能廣泛形成（竹田聽洲，一九七五）。

三、江戶幕府的寺院政策

「葬式佛教」的形成，是以前述的小農家族形成與民間寺院普及做為基礎條件，藉由如此小規模的驅使力，再以江戶幕府政策做為巨大推動力來進行發展。

這項政策首先是將本末制度下的佛教各宗派寺院，以「本山—末寺」的等級制度來進行整頓，是江戶幕府以本山為中心進行寺院管轄系統而予以完成。

第二，是由幕府促使寺請制度穩定發展，而其制度在於證明寺院並非由天主教徒所構成。有關寺請制度方面，例如岡山藩自寬文六年（一六六六）起的數年間曾出現神職請（編案：由神職擔任證明庶民並非天主教徒的職務）般，可知即使未必是由寺院出示身分證明，仍有可能發揮政治功能，但必須是由幕藩體制管轄之下的寺請制度來一貫處理。藉由宗門改的寺請制度最終是與具有戶籍功能的人別改相互結合。進而在第一項方面，幕府將本末制度推行至區域社會的中、小寺院，至於受其管轄的僧侶或寺院則成為寺請制度的直接負責者，而其存在具有江戶幕府欲藉此管轄庶民的意義。

第三，寺請制度是在檀那與寺院所形成的寺檀關係之中穩定發展。所謂檀那，原本是由梵文的「Dānapati」（陀那缽底），亦即具有僧侶、寺院外護者之意的「檀越」而來。但在江戶時代的檀那，其特徵有別於由特定政治統治者所形成的「檀越」，而是每人以家為單位成為某寺檀那所形成的組織，他們的喪儀是由維持固定關係的僧侶或寺院予以處理（豐田武，一九三八；大桑齊，一九七九a）。然而，出示身分證明的寺請制度，以及寺院與檀那之間的寺檀關係，兩者雖本質相異，但至十七世紀末為止兩者近乎相互重疊。具體而言，出示身分證明的寺請是藉由以寺檀關係為基礎的宗門人別帳之製作來實際推行，寺請制度與寺檀制度漸趨一致而成立。

四、本末制度

以下將依序探討江戶幕府發展的政策，而此政策與「葬式佛教」的形成關係十分密切。首先是針對本末制度來進行探討。

中世寺院最終在織豐政權之下面臨瓦解，在此之前是透過複合式寺院的構成，並以宗廟為中心，周圍設置僧坊及子院，在遠方地區則擁有別院的巨大寺院。此後別院獨立，至江戶時代，則被定位為隸屬於同一宗派或教團的本山所管轄的末寺（豐田武，一九三八）。此外，自十六世紀後半至十七世紀設立的民間寺院，則是由具有師徒關係的僧侶，或身為師僧的次男、三男所創設隸屬於本山的末寺（竹田聽洲，一九七五）。若光就淨土真宗來看，在江戶幕府推行的本末制度形成之前，即有教團或血脈形成的本末關係（千葉乘隆，一九六〇、一九六二）。此外，在中世末期的加賀地區則逐漸形成寺院與道場的關係（大桑齊，一九六一）。

如前所述，佛教從江戶幕府之前就已出現形成本末制度的趨勢。江戶幕府依照各宗派或教團，將日本群島的所有寺院納入本末關係的等級制度中予以管轄。歷經慶長五年（一六〇〇）的關原之戰後，德川家康於慶長八年（一六〇三）成為征夷大將軍並開創江戶幕府，自慶長六年（一六〇一）至元和元年（一六一五）在金地院崇傳提擬的草案之下，家康針對天台宗、真言、淨土、臨濟、曹洞等各宗派及教團，下令制定寺院法令（辻善之助，一九五三）。這是為了防止各宗派及教團形成與幕府抗衡的政治勢力，並促使僧侶專習於佛學。此外，如同慶長十四年（一六〇九）的〈關東真言宗古義諸法度〉強調本山對末寺擁有絕對的權限般，其目的在於整頓各宗派及法脈的寺院秩序、本末制度（千葉乘隆，一九六七；藤井學，一九六七；圭室文雄，一九七一、一九七二、一九八七）。

五、各宗寺院法令

寬永九年（一六三二），將軍德川家光與擔任若年寄（編案：幕府要職，僅次於老中）的松平信綱，向佛教各宗派及各本山下令提出末寺帳，故以本末制度為基礎的寺院秩序

《諸宗末寺帳》書影（出處：國立公文書館藏）

是透過江戶幕府而被迫完成。目前收藏於國立公文書館的《諸宗末寺帳》共三十四冊正是撰錄於當時。此外，根據金地院崇傳的記述，他曾於寬永九年九月五日向林羅山（道春）呈交臨濟宗的末寺帳，其記錄為「五山十剎本寺末寺。並寺領目錄書寫。致道春」（佛書刊行會編，一九一五b），顯示崇傳曾提交其所編寫的目錄。

此後，金地院崇傳是身為江戶幕府最初的佛教政策草案訂立者，在其示寂（一六三三）兩年後，幕府於寬永十二年（一六三五）設置寺社奉行，不僅是寺院及僧侶，亦將神社及神官等納入管轄。至於寺院及僧侶方面，則以各宗派深具影響力的寺院擔任觸頭，在傳達幕府指示之際，寺院則扮演向幕府提出申請事項的中繼角色。不僅只有本山可成為觸頭，藉由本末制度與觸頭制度，可讓幕府將管轄佛教的權限延伸至區域社會的中、小寺院之中。

此外，寬永年間的末寺帳於元祿五年（一六九二）進行大幅改正及修訂，幕府指示各宗派與各本山撰寫及呈交末寺帳。藉由末寺帳的修訂，在元祿年間實施的末寺帳至幕末為止，成為決定幕藩體制之下寺院秩序形成的依據（豐田武，一九三八）。

幕府更於寬文五年（一六六五）針對佛教各宗派及各本山制定統一法令，亦即〈諸宗寺院法度〉。此項法令具有兩類，分別是根據將軍德川家綱的朱印狀，以及經由老中連署而成。前者共有九條，在規定僧侶應歸屬於某宗派及法脈的第一、第二條之後，第三條「本末之規式不可亂之」則強調維持本末制度。本末制度原本是採取本山地位優於末寺的立場，或許基於本山對末寺強取豪奪所致，故以「縱雖為本寺，不可對末寺有無理處置」，亦針對本山採取限制管理（石井良助、高柳真三編，一九三四）。

如前所述般，以小農家族為核心的近世村落就此形成。至於在區域社會中逐漸設立民間寺院的寬文年間，本末制度即使成為江戶幕府的政治秩序，亦逐漸趨於完備（大桑齊，一九七九b）。此外，彷彿是寺院及僧侶順應本末制度般，陸續出現第二階段的寺請制度、第三階段的寺檀制度，亦逐漸獲得整備。

六、寺請制度

寺請制度之所以成立，與江戶幕府禁止及鎮壓天主教有密切關係。天主教是由方濟．沙勿略自天文十八年（一五四九）抵日後不斷推行傳教活動，故而促使信徒增加，至慶長十八年（一六一三）才由江戶幕府全面下令禁止信仰。此時，身為京都所司代（編案：處理京都民政的幕府要職）的板倉勝重，強制要求京都的天主教傳教士及信徒改宗，並向寺院提出寺請證明文書做為佐證，此為寺請制度之始。金地院崇傳於翌年二月十四日致板倉勝重的書簡中，記載「就驅除吉利支丹一事，因受嚴命施行法令，故更改宗旨者，由其寺□□□□□」（□□□□的部分為原文或遭蛀蝕毀損）（佛書刊行會編，一九一五a），這段記述被視為寺請之最初明證（豐田武，一九三八；辻善之助，一九五四）。原本足以證明寺請是在此時間點開始發展的資料並不充分，故有議論對此提出質疑（福田アジオ，一九七六）。

在此階段的寺請制度是僅在幕府直轄地實施，此後從設置寺社奉行的年份，亦即約從寬永十二年（一六三五）起在日本全國擴大實施（千葉乘隆，一九六七；藤井學，一九六七；圭室文雄，一九七一、一九七二、一九八七、一九九九）。此年九月，幕府以「一、伴天連及切支丹宗旨之事，於此之前，雖為禁制，聞說至今並未斷絕，故於領內及各家中愈加嚴行宗門改，自然如有前述信其宗門者，則予以逮捕、舉報之」（石井良助、高柳真三編，一九三四），指示在全日本進行證明個人並非天主教徒的宗門改。同月七日，江戶的小濱藩主酒井忠勝在致領國家臣的書簡中，述及「伴天連及切支丹宗門改之覺：一、命令各村設五人組，嚴格要求連署納印之證明文書。二、有關無信仰切支丹宗旨之證據，因各家皆有所屬檀那寺，故令寺僧應嚴格要求檀那提出證明文書」（蘆田伊人，一九三五），指示透過五人組（編案：由庶民組成的鄰保組織）與寺院進行宗門改，顯示幕府在日本各地禁止信仰天主教並實施宗門改。

此外，在天草、島原一揆（一六三七—三八）結束未久的寬永十六年（一六三九）所編纂的《吉利支丹物語》中，記載天主教於元和年間（一六一五—二四）遭到彈壓後，幕府才展開以寺請制度為基礎的宗門改，「向日本國之守護、地頭、代官等奉告，凡山里水鄉，各各山家、各各島嶼，無有餘處，更連昨日新生兒，皆由各檀那寺備載於證明文書，撰書而捧奉之：『子子孫孫無疑皆為此寺檀那，若其中雖有一人為吉利支丹，則依寺規懲處沒收財產，僧侶無論如何亦應懲處之』」（比屋根安定編，一九二六）。由此可知自西元一六三〇年代中葉至後期因曾發生天草、島原一揆，在此情況下，寺請制度逐漸在日本全國獲得穩定發展。

江戶幕府更於寬永十七年（一六四〇）設置宗門改役（編案：司掌宗門改之幕府職

《吉利支丹物語》卷上目錄（出處：國立國會圖書館網站）

銜），各藩紛紛比照設置，針對天主教的宗門改與證明其宗教設施為寺院的寺請制度漸能穩定發展（千葉乘隆，一九六七）。尤其自萬治年間（一六五八—一六六一）至寬文年間（一六六一—七三）徹底執行。根據萬治二年（一六五九）六月的法令，幕府以「百姓町人為五人組，檀那寺愈加執行宗門改，若有不法宗旨，則應立即執行宗門改」（石井良助、高柳真三編，一九三四），指示宗門改應由檀那寺實施。又於三年後的寬文二年（一六六二）六月的法令中，規定「各處町內五人組，又宗門之檀那寺等更為縝密執行宗門改」（同前），指示全日本的宗門改應由檀那寺實施。此外，幕府於兩年後的寬文四年（一六六四）十一月的法令中，述及「切支丹宗門改之事，一萬石以上之各大名，此次依照命令　於役人發布定　家中領內每年續行宗門改」（同前），規定一萬石以上的大名必須負有設置宗門改役與藉此進行宗門改之義務，對於一萬石以下的領主同樣規定應設置宗門改役。幕府在以禁止信仰及彈壓天主教為開端所推行的宗門改與寺請制度，逐漸邁入完成階段。

最能顯示寺請制度完成的例子，就是製作宗門改帳。自寬永年間（一六二四—四四）就已存在的宗門改帳，至寬文年間擴展至日本全國（福田アジオ，一九七六；大桑齊，一九七九a；西脇修，一九七九；圭室文雄，一九八七、一九九九）。此外，原本起因於針對天主教的禁教及彈壓而展開的宗門改帳，有別於具有戶籍功能的五人組帳、人別帳。在將這些文書整合後，幾乎形成統一格式，日本全國以幕藩體制為基礎所形成的村落，亦從寬文年間以後才製作宗門人別帳（大石慎三郎，一九六八）。例如長野縣佐久地區，在寬永年間就開始製作五人組帳、人別帳，宗門改則逐漸與其整合，自寬文年間統一為宗門人別帳的形式（市川雄一郎，一九四一）。

此事的契機，就在江戶幕府於寬文十一年（一六七一）十月頒布的〈宗門改之儀ニ付御代官江達〉。

> 其代官所耶蘇宗門改之事，雖審慎處之，卻愈發不可掉以輕心。今後各家百姓分別以人別帳記之，以各村男女之總人數，又無論是以各郡，或以各國之形式，總計其人數。自今以後不可懈怠，作人別帳後交由代官所保管，每年向幕府提呈一份證明文書。（法制史學會編，一九五九a）

為了證明並非天主教徒而進行宗門改，並以「各家百姓」逐一記載於「人別帳」，進而指示以郡或國為單位收集數據。藉此以禁止信仰及彈壓天主教為開端來進行宗門改的寺請制度，以及具有戶籍功能的人別帳製作，兩者在做為幕府制度的情況下互為整合。

第四節　宗門人別帳的形成

一、宗門改帳

宗門人別帳究竟為何？若檢視其具體內容，首先，並非預先製作人別帳，而是透過宗門改製作的宗門改帳實際記錄。

例如，駿河國駿東郡御宿村（靜岡縣裾野市御宿）於寛文十一年（一六七一）四月製作的宗門改帳，其內容如下所示。江戶幕府頒布的法令〈宗門改之儀ニ付御代官江達〉是在該年十月制定，宗門改帳則早於五個月前製作，並以人別帳形式記載每戶的宗門改。這項事實堪稱提出了幕府在頒布此法令之前，已於萬治二年（一六五九）頒布實施宗門改法令，並於寛文四年（一六六四）頒布實施宗門改及設置宗門改役人的法令，宗門改與宗門改帳製作已趨向穩定發展。

御宿村的宗門改帳封面記有「亥之歲宗門御改之帳　駿州御宿村」，其開頭內容記載如下：

一葛山村淨土宗仙年寺　受持（印）
旦那　宮內左衛門（印）
同寺　女房
同寺　女子　ゆき
同寺　下男　作兵衛
同寺　同　甚藏
同寺　同　牛藏
同寺　同　わか
同寺　下女　はる
同寺　同　かめ
以上九人（印）

「宮內左衛門」家有九名成員，其中三名具有血緣關係，其餘六名是男僕及女僕，此戶應屬於高階農民。包括非血緣關係的男、女僕人在內，皆成為西側鄰村葛山村的淨土宗仙年寺的檀那。此宗門改帳是包含「宮內左衛門」家在內，共有五十四家族的宗門改並採取同樣形式，記載每家成員個別所屬的檀那寺。就整體而言，除了有包括男、女僕人等非血緣關係者在內的十個家族之外，尚有只由血緣關係組成的四十四個家族，可知寬文年間的小農已是由一對夫婦構成的單組婚姻小家族為基礎。總計為五十四家族的宗門改帳中記載的所屬檀那寺，分別為西側鄰村葛山村的淨土宗仙年寺（十三家族），南側鄰村千福村的曹洞宗普明寺（二十一家族），北側鄰村上田村的淨土宗淨念寺（七家族）。不僅如此，尚包括在地緣偏遠的水窪村一向宗長京寺（三家族）、深良村曹洞宗興禪寺（三家族）、深良村淨土宗西安寺（兩家族）、伊豆佐野村曹洞宗耕月寺（兩家族）、三島町日蓮宗圓明寺（一家族）、定輪寺村曹洞宗定輪寺（一家族）、深良村淨土宗松壽院（一家族）等，總共橫跨四宗派十座寺院。其中，伊豆佐野村曹洞宗耕月寺（兩家族）、三島町日蓮宗圓明寺（一家族），其原屬領國為伊豆國，亦有檀那寺受到國境隔離所影響的情況。或許這是較極端之例，檀那寺並非統一於一村、一宗派、一寺院，而是亦有異宗寺院、甚至包含遠地寺院的情況。單一村落的家族分屬於不同檀那寺，應可姑且稱之為一村多屬寺檀關係。

在記錄家族全體成員或所屬人員的宗門改之後，其宗門改帳的內容為「如前所示，不論男、女無一餘剩進行宗門改，向旦那寺提呈連署捺印之證明文書，無一人為不法宗門之信徒」，記載成員中並無天主教徒，庄屋（編案：村長）以署名或捺印的方式成為提交者，結尾則以領主的「御手代眾」（編案：輔佐代官或奉行等的低階吏人）為接收者（靜岡縣編，一九九三）。宗門改帳是以每個家族中的個別成員向寺院登錄身分，並向幕藩領主證明自身並非天主教徒。宗門改帳以此形式，極有可能亦兼具人別帳的功能。

二、人別帳

其次，是經由人別改所製成的人別帳實際記錄。例如，與前述宗門改帳記載的駿河國駿東郡御宿村相距不遠的駿河國駿東郡本宿村（靜岡縣駿東郡長泉町本宿），有關此村的人別帳於延寶五年（一六七七）八月有如下記載。在帳冊封面記有「巳年人別帳」，開頭內容則如下：

一高拾石三斗五升六合　內　四石六升貳合　田方
　　　　　　　　　　　　　六石貳斗九升四合　畑方

人數八人
　此分
　　住持宗寅（印）
禪宗伏見村實知寺旦那　源兵衛（印）　年五拾四歲
同　　女房　年五拾三歲

同　男子　九左衛門　年三拾歲
同　　　　女房　　　年廿歲
同　男子　傳左衛門　年貳拾七歲
同　女子　くり　　　年拾八歲
同　下男　清九郎　　年三拾八歲
同　下女　なつ　　　年貳拾歲
一馬貳疋

「源兵衛」家是由八名成員所構成，其中六名是有血緣關係的眷屬，其餘兩人是男僕及女僕，從擁有兩匹馬來看，應屬於高階農民。包括男、女僕人等非血緣關係者在內，皆屬於鄰村伏見村寶知寺的檀那。然而，這些資料是為人別帳而記載，宗門改帳僅記錄檀那寺，例如針對「源兵衛」家的農作物生產量、家族成員年齡、擁有馬匹數目皆有記載。人別帳亦以同樣形式，記載包括「源兵衛」家在內共十九個家族與非血緣關係者的人別資料。在此情況下，各家檀那寺與前述的駿東郡御宿村宗門改同樣，跨越四宗派五寺院。檀那寺並非統一為一村、一宗派、一寺院，而是藉由家庭組成的複數宗派寺院所構成。

在此人別帳中，可發現一個家庭內的夫妻隸屬於不同檀那寺的例子。根據其記載，「產量拾三石七斗六升六合」的高階農民「角左衛門」家，家族成員共有十四人，其中有血緣關係者五人、非血緣關係者九人（男僕四名、女僕五名），其當家之主「角左衛門」（三十六歲）雖是「法花宗岡之宮村光長寺」檀那，但以其妻（二十七歲）為首、包括男、女僕人在內的十三名皆為「禪宗伏見村玉井寺」檀那。此外，亦有在一家之內僅有部分非血緣關係者屬於不同檀那寺的例子。例如，身為最高階農民的「與惣左衛門」家共有二十九名成員，其中有血緣關係者六人，非血緣關係者二十三人（男僕十二名、女僕十一名），並擁有「產量壹百壹拾石壹升六合」，其家成員中僅有兩名男僕「傳右衛門」（五十歲）、「惣十郎」（四十五歲）是「法花宗岡之宮村光長寺」檀那，其當家之主「與惣左衛門」的所屬二十七人皆為「淨土宗三島蓮慶寺」檀那（靜岡縣編，一九九三）。如前所述般，是由某家族內的夫婦之間、或非血緣關係者之間形成分屬不同檀那寺的情況。筆者姑且將這種情況稱為一家多重寺檀關係，至於人別帳的記載中亦有與宗門改帳同樣的記錄，由此可知有此寺檀關係存在，並想確認其實際狀況為何。

如前所述，筆者針對西元一六七〇年代的宗門改帳與人別帳來進行介紹及對照，探討對象是駿河國駿東郡御宿村於寬文十一年（一六七一）記載的宗門改帳，以及該郡本宿村於延寶五年（一六七七）記載的人別帳。由此可知宗門改帳具備的記載寺檀關係之功能，在製作人別帳之際亦包含此功能並予以整合。藉此顯示了佛教徹底滲透於庶民生活的寺檀關係，同樣具備了幕藩領主權力在藉由前述的戶籍特性來發揮統治小農的政治系統功能。

三、宗門人別改帳

前述的宗門改帳與人別帳在經由整合後，成為宗門人別改帳的實際記錄。例如，與前文探討的宗門改帳及人別帳同屬於駿河國駿東郡的石川村（靜岡縣沼津市石川），並於文政九年（一八二六）三月的宗門人別改帳有如下記載。其封面記有「駿州駿東郡石川村宗門人別御改帳」，首先述及「切支丹宗門之事，早已下令嚴守其旨，村中不可掉以輕心，該成年份人別改之詳細內容，需取得旦那寺捺印而上呈之」，進行確認村民並非天主教徒的宗門改。其內容是以近世後期的固定用語為開端，要求村民在呈交該年份的人別之際，一併提出檀那寺的確認印。此外，並記錄石川村的總產量與各戶的宗門人別改。

當村
一法華宗本廣寺旦那（印）　高七石貳升三合　藤助（印）　年四十歲
同寺旦那（印）　妻　年三十四歲
此為大久保出雲守樣御領分富士郡神谷村市郎右衛門姪　原屬圓淨寺
旦那，成親後與夫同宗門同旦那寺
同寺旦那（印）　父　年六十九歲

同寺旦那（印）　弟　茂兵衛　年廿十六歲

同寺旦那（印）　同　儀助　年廿十一歲

同寺旦那（印）　下女　よを　年十七歲

此人為該村與右衛門孫，以壹年為期雇傭之寺請狀慎重呈其主人

〆六人　內男四人女貳人

「藤助」家共有六名成員，其中血緣關係者共五人，非血緣關係者僅一人（女僕），可說是一般百姓型態。所有家族成員證明為法華宗本廣寺檀那並進行宗門改，亦記載「生產量為七石貳升三合」及全體成員的年齡，並同時進行人別改。對於此份宗門人別帳，應特別注意的是在家族遷移之際明確記錄曾變更檀那寺。例如，「藤助」之妻是從富士郡神谷村嫁於此地，故從原本的檀那寺圓淨寺，變更為其夫「藤助」所屬的法華宗本廣寺。此外，亦可得知針對女僕「よを」締結了以一年為期擔任雇傭的「寺請狀」（沼津市史編纂委員會編，二〇〇三）。如前文所述般，雖有一家多重寺檀關係，但在整個近世時期，當透過婚姻或奉公（編案：受雇工作或從事家務）等方式構成的家族成員出現遷移之際，在為形成一家單一寺檀關係而變更寺院的情況，會隨著時代推移而逐漸增加。

四、宗門改帳與人別帳

自寬文十一年（一六七一）十月頒布〈宗門改之儀ニ付御代官江達〉之後，由宗門改成立的宗門改帳，以及由人別改成立的人別帳互為合併，實際情況是製成宗門人別帳。此外，由寺院管理小農的寺請制度得以完成，寺院成為江戶幕府治理小農之不可或缺要素。然而，為了證明個人並非天主教徒的宗門改與人別改原本功能相異，故自寬文年間之後，宗門改與人別改被視為不同政策。

例如，約於貞享二年（一六八五）製作的《豐年稅書》，是由村內向領主提呈的文書範例集成，內容呈現了宗門改帳與人別帳的個別製作樣式。首先從宗門改帳的「宗旨改帳之事」來探討，其型態為「每年如此」，製作範例則如下：

一天台宗　松壽寺　寺（印）　吉左衛門　（印）
法華宗　蓮光寺　同斷　女房　右（印）
天台宗　松壽寺　同斷　子吉兵衛　右（印）
同　宗　同　寺　同斷　子吉三郎　右（印）
淨土宗　西念寺　同斷　下人才藏　右（印）

禪宗　法光寺　同断　同　たつ　右（印）

〆六人

其內容僅記載每家各成員的寺檀關係，並沒有生產量及年齡等具有人別帳特徵的記錄。此外，在宗門改帳的範例中，一家六口橫跨四座檀那寺。夫婦的檀那寺各有其屬，兩名子女皆屬夫方之寺，兩名男僕並未變更原本各屬的檀那寺。貞享年間（一六八四—八八）製作的宗門改帳範例，是以一家多重寺檀關係為例，在此時期，與其說是一家單一寺檀關係，依然顯示一家多重寺檀關係可能更為普遍。

至於在人別帳的「人別帳範例」，則說明「雖每年製作，因帳冊數量龐多，故隔年製成即可」，並提示範例如下：

一高三十五石　年五十一　長右衛門

於村內向當時十左衛門繳五石做為典當品，於村外繳七石至某村為其代替地耕作

女房　某御知行管轄之某村某女　歲四十五

惣領　由戶主管理　年廿七　長兵衛

同女房　某人治理之某村某女　歲二十三

同子　於長兵衛之處　年三　辰之助

次女　嫁於某御知行管轄之某村某人　年廿五　まつ

三男　奉公於江戶某町某處　年廿二　五郎助

妹　患病且由戶主管理　年四十　つな

男僕　甚九郎譜代　歲二十三

三之丞　屬某村自丑年三年季奉公　歲二十五

女僕　つた　職務輪替

かつ　某御知行所某村者之一年季奉公　歲

人數共拾人內　五人男 五人女　外貳人別家

馬壹疋

牛壹疋

抱者

前地者

借地者

在此人別帳的範例中，記載生產量、家族每位成員的年齡及身分所屬，並記載所擁有的牛馬。然而，並沒有如同宗門改帳般記載檀那寺（瀧本誠一編，一九二八）。

若從貞享年間的宗門改帳與人別帳的範例來判斷，每年以宗門改製作的宗門改帳，與隔年以人別改製作的人別帳，兩者功能明顯相異。由日本司法省於明治時代初期編纂的江戶幕府法令集《德川禁令考》之中，編纂者在第二十九章「宗門改」項目的末尾記載注意事項，「古今之人，或有將宗門改與戶籍調查混同為一者」，然而兩者「似是而非」，「宗門改為每年調查，費用由代官負責，私領地由領主、地頭負責，皆提出無一人為耶蘇宗門徒之證文」。相對於此，「戶籍之事，當時稱為人別帳，非稱戶籍」、「然有戶口調查，此乃不爭之事實」（法制史學會編，一九五九a），被視為兩者性質不同的政策。

然而，已如前文所見，原本性質相異的宗門改帳與人別帳，或許是根據寬文十一年（一六七一）十月的〈宗門改之儀ニ付御代官江達〉，在實際的區域社會中是以整合方式存在。若從「葬式佛教」形成、佛教對庶民的滲透這層意味來看，江戶幕府推動禁止信仰及彈壓天主教的政策，促使寺請制度形成了宗門改及宗門改帳。進而與人別改及人別帳實際整合，導致佛教與寺院、僧侶的地位高居庶民之上，成為幕府統治機構的最末端勢力。在「葬式佛教」形成的過程裡，顯示近世佛教滲透於庶民之中，並以佛教與喪儀在此之前就已習合的先決條件下，藉由本末制度管轄寺院的幕府政治，堪稱是藉由歷經序列化的寺院，從制度上推動宗門改與人別改的結果。尤其隨著時代變遷，江戶幕府禁止信仰及彈壓天主教的政策在實際上毫無意義的情況下，這種政治功能變得愈益顯著。

第五節　寺檀制度的形成

一、制度化之前的寺檀關係

如前文所示般，過去的研究顯然傾向於將寺請制度與寺檀制度視為江戶幕府的政治體制（圭室文雄，一九六八、一九七一、一九七二、一九八七；藤井學，一九六七）。對於近世佛教給予負面評價的辻善之助，認為「佛教淪為形式化」、「佛教衰微與墮落」（辻善之助，一九五四、一九五五），在其佛教史研究中亦從政治層面來探討近世佛教，故產生如此價值判斷。然而，卻不僅有徹底執行寺請制度、江戶幕府推行政策，才促使近世佛教滲透於庶民之中、「葬式佛教」得以形成。具體而言，寺請制度是在家與寺院的寺檀關係之中實踐，江戶幕府藉由強制實施寺請制度，寺檀關係方才形成。倘若為了實踐寺檀關係而設立民間寺院，就只是將近世佛教對庶民的滲透視為是由幕藩領主對庶民權力支配的結果來做探討。實際上，卻充斥著無法單憑政治層面來探討的史實存在。

已如前文所見，民間寺院多設立於十六世紀後期至十七世紀，亦即在江戶幕府推行的本末制度獲得整備之前。此外，即使是以寺檀關係為例，幾乎是一村多寺的關係型態，亦即單一村落的各家族是與包括村外寺院在內的多數寺院締結寺檀關係。進而是單一家庭成員屬於一家多重寺檀關係，亦即成為數座寺院的檀那。假使近世佛教只根據寺請制度，亦即只根據江戶幕府的政治體制來對庶民進行滲透，寺檀關係則將成為秩序井然的現實發展，可就此採取一村一寺檀關係、一家一寺檀關係。但實際上，寺檀關係即使在同村內亦是錯綜複雜，或在同家族內出現多重性，富於多元化。更適切而言，唯有江戶幕府是藉由寺請制度，亦即透過宗門改與人別改相互整合的情況下所形成的庶民統治，並非促使寺檀關係形成，反而是隨著十六世紀後期至十七世紀的民間寺院成立之際，庶民與民間寺院的寺檀關係方才逐步形成。寺檀關係則是由後進的江戶幕府推行的政治體制，亦即藉由寺請制度形成的寺檀制度而獲得重新編組。

二、一家多重寺檀關係

那麼，做為寺請制度發展前提的寺檀關係又為何？其次就來探討寺檀關係的形成。長沼賢海發表的〈宗旨人別改めの発達〉（一九二九），是根據具體實例來研究江戶幕府法令與宗門人別帳，並論證寬文年間的宗門人別帳逐漸定型化記載的過程，以及針對寺請制度與寺檀制度進行先驅研究。長沼以介紹寬永年間的備後尾道町（廣島縣尾道市）的宗門改帳而為人所知，其介紹的尾道町寬永十年（一六三三）宗門改帳之中，有如下記載：

覺

淨土　寺為南之坊　廣島や　平四郎

女共

子共　四人

寺為安養寺　うば

子壹人

同　真宗　常泉寺　うば

同　同眾　福善寺　うば

同　同眾　寺　三太郎

淨土眾　寺為南之坊　宗市

與八

みや市

やや

寺為常泉寺　新眾　助市

人數共拾七人　　三吉

這應是商人「廣島や平四郎」之家的宗門改，家族成員共十七人，其中具血緣關係者是以淨土宗南之坊為檀那寺，「うば（乳母）」或下僕等非血緣關係者則以淨土宗安養寺、真宗常泉寺、真宗福善寺為檀那寺（長沼賢海，一九二九）。在此情況下，具血緣關係者統一入信淨土宗南之坊，非血緣關係者則分屬於三寺，寛永年間的宗門改所顯示的寺檀關係為一家多重寺檀關係。此外，脇坂昭夫承襲長沼的論證考察，在〈寛永期の尾道町宗旨人別帳について〉（一九五九）中分析寛永期尾道町的宗門改帳，並針對寛永十四至十八年（一六三七—四一）製作的宗門改帳之中夫婦分屬不同檀那寺的一家多重寺檀關係有相關介紹，其資料如下：

一真宗　　寺為淨泉寺　　　　源二郎
一律宗　　寺為淨土寺　　　　女房
一真宗　　寺為淨泉寺　源二郎子　きく太郎
同　　　　　　　　　　子　ほうす

共四人

上述情況是夫妻分屬不同檀那寺，據推斷應為兩名男孩的幼子則屬於夫方的檀那寺。此外亦有如下所示般，當夫妻分屬不同檀那寺之際，男孩及女僕皆屬於妻方檀那寺的情況：

一時宗　　寺為極樂寺　　半四郎
一真言宗　　寺為金剛院　　女房
同　むす子　市松
下女　なつ

共四人

介紹此例的脇坂昭夫指出，若以寬永年間尾道町的情況來看，夫妻分屬不同檀那寺的一家多重寺檀關係，其對象並非是大商人，而是以單組婚姻小家族的情況居多（脇坂昭夫，一九五九）。這項事例必須考量到從寺請制度穩定發展之前，庶民與寺院就已形成寺檀關係。

三、一家多重寺檀關係研究史

實際上，有各種將一家多重寺檀關係做為研究目的或田野調查、資料處理。此外，即使用詞相異，卻蓄積許多研究成果。這並非一般既定關係所認知的一家單一寺檀關係，而是零散分布於全國中。故一家多重寺檀關係被視為近世寺檀關係形成的重大研究課題，幾乎占據所有寺檀關係研究。尤其是促使寺檀制度成為定論的豐田武《日本宗教制度史の研究》（一九三八），指出寺檀制度具有兩大特徵，亦即一家一寺制與禁止離檀，故有所謂的寺檀制度是在以檀家為家族單位的默契及前提之下所成立。一家多重寺檀關係研究的累積成果，則是針對此定論而提出質疑。近年，一家多重寺檀關係研究在闡明寺檀制度的領域中，甚至被視為至要課題。

就此意味來看，筆者想依照年代順序，來整理一家多重寺檀關係研究的發展史。

實際上，在亞洲太平洋戰爭之前，不僅是長沼賢海〈宗旨人別改改めの発達〉（一九二九），鈴木榮太郎《日本農村社會學原理》（一九四〇）、豐田武《日本宗教制度史の研究》（一九三八）就已指出一家多重寺檀關係。但自西元一九五〇年代之後，方才正式展開研究。最上孝敬〈男女別墓制ならびに半檀家のこと〉（一九五三）在千葉縣進行田野民俗調查，並將一家之內的男女成員分屬不同寺院的寺檀關係稱之為「半檀家」。此外，櫻田勝德介紹在文政年間（一八一八—三〇）長崎縣的繪踏帳（每年由庶民踐踏刻有天主教聖像的木板，來藉此證明並非該教教徒，並記載所屬的旦那寺及個人資料）所顯示的多元化一家多重寺檀關係（櫻田勝德，一九五三）。杉本尚雄則介紹慶安年間（一六四八—五二），在長崎縣的宗門改帳所顯示一家分屬三寺的寺檀關係（杉本尚雄，一九五四）等資料說明，主要關注於男女分屬寺檀關係的課題。

至西元一九六〇年代之後，野口武德針對雙系親族研究的〈複檀家制と夫婦別・親子別墓制〉（一九六六），在用語上並未使用「半檀家」，而是提倡「複檀家」。最上孝敬則重新探論男女分屬寺檀關係的「半檀家」，認為是由婦女將婚前所屬的寺檀關係導入婚後的信仰生活中，並就此穩定發展的型態（最上孝敬，一九六六、一九六七）。此外，有關此課題的正式文獻史學研究是始於西元一九六〇年代，大桑齊〈寺檀制度の成立過程〉（一九六八）在針對石川縣的宗門改帳進行的分析中，可知在與小農形成有關的情況下，在趨向一家單一寺檀關係發展的過渡期中，可發現存有一家多重寺檀關係（大桑齊，一九六八）。此後，大桑齊一貫主張幕藩領主權力是以發展一家一寺制為志向（大桑齊，一九七九a、一九八六、一九九〇）。

至西元一九七〇年代之後，無論是以文獻史學或田野調查為基礎的民俗學研究，皆關注過去研究史的成果累積，尤其是男女分屬他寺的寺檀關係，這種寺檀關係並非屬於一家單一寺檀關係，而是試圖以個人檀那來進行分析的研究逐漸增加。以福田アジオ〈近世寺檀制度の成立と複檀家〉（一九七六）為首的文獻史學研究（福田アジオ，一九八三、一九八八、一九九二），以及具有代表性的論證研究，例如分析新潟縣宗門改帳的塩野雅代（塩野雅代，一九七六）、在長野縣進行田野調查的大柴弘子（大柴弘子，一九七六）、在神奈川縣進行田野調查的遠藤孝子（遠藤孝子，一九七六）等。尤其是福田アジオ針對大桑齊主張幕藩領主權力志在發展一家單一寺檀關係的說法，提出了否定觀點，就此形成論爭的對立形式。而此學說對立，究竟是近世的寺檀關係是以家為單位構成檀家，抑或以檀那為個人單位，成為延續至今的基本課題。有關於此，若僅以政治史的面向來看朴澤直秀〈幕藩権力と寺檀関係〉（二〇〇一），指出至寬延二年（一七四九）階段為止，一家單一寺檀關係尚未制度化，歷經安永年間（一七七二—八一）、天明年間（一七八一—八九），若根據文政年間（一八一八—三〇）的寺檀論爭，則可導出結論為幕藩領主權力並非積極推行法令，而是以發展一家單一寺檀關係為志向。

近年，森本一彥針對宗門改帳等史料進行分析，闡明一家單一寺檀關係在歷經整個近世的演變過程（森本一彥，二〇〇二、二〇〇四），蒲池勢至〈尾張の寺檀関係と複檀家〉（二〇〇三—〇四）在愛知縣進行田野調查，具體分析寺檀關係是經由近世的新田開發及出身村落而決定。尤其是蒲池的論證考察，闡明一家多重寺檀關係的形成過程與村落形成史亦有關聯，是相當重要的論證。

四、寺檀關係的形成與一家多重寺檀關係

筆者針對一家多重寺檀關係的研究，包括資料介紹在內，其他亦有許多論證考察，嘗試舉出主要研究。此外，在整理一家多重寺檀關係研究史之際，可列出以下四點來了解寺檀關係原本具有何種特性。

第一，寺檀關係在近世社會逐漸成立，幕府強制推行寺請制度，將寺檀關係做為寺檀制度，在成立之際不僅具有社會性，亦具有政治性。原本宗門改與人別改，分別在禁止信仰及彈壓天主教，以及對庶民的支配這兩大取向的本質上並不相同。但在經由整合的過程中，藉由落實寺請制度，實際推動將該制度的寺檀關係，在實質上是被納入幕藩領主權力所形成的政治統治架構中，這不僅是形成社會關係，亦形成寺檀制度。藉由此項因素，顯示了近世佛教明顯滲透至庶民階級的結果，導致民間寺院設立與寺檀關係形成。這兩者成為一種社會之存在，而此存在可認為是具備了幕藩領主權力統治庶民的政治功能。

第二，幕藩領主權力透過寺檀制度來統治庶民，可逐一確實掌控庶民。原本究竟是以檀家為家庭單位，抑或以檀那為個人單位來進行管理，關於這種政治統治的具體方式，如今仍有待商榷。有關於此，即使是一家多重寺檀關係，在考慮宗門改帳或宗門人別帳的

記載究竟是以各家為單位，或甚至是以整合各家的每座藩制村為單位之際，必須考量到幕藩領主權力是以家庭為單位來掌控寺檀關係。這並非將幕藩領主權力是否志在推行一家單一寺檀關係視為基本問題，而是更為重視寺檀關係是以家庭為單位或以藩制村為單位來予以掌控。就此意味來說，包括福田アジオ在內的研究者，曾針對幕府於寬文五年（一六六五）推出的法令中所述及的「檀越之輩雖為何寺，可任其心」一文，將之視為幕藩認同個人可自由選擇檀那寺的證據，故而對此說法產生過大評價，此乃無可厚非之事。甚至連一家多重寺檀關係的情況，亦會出現婦女維持信奉在婚前娘家所屬的檀那寺，與其說是選擇自由，毋寧說僅是受到娘家規定所致。寺檀關係所具備的社會性，亦是以家庭為單位。

第三，一家多重寺檀關係，顯示寺檀關係才是寺院經營之基礎。婚姻或奉公等造成的人口遷移，因伴隨家族移居的因素，一般會造成寺檀關係改變。若從寺院立場來看，如此意味著檀那與收入減少，故而延續遷移之前的寺檀關係，形成一家多重寺檀關係。有關於此，根據橋口侯之介、塩野雅代、大柴弘子、遠藤孝子、竹田聽洲、鈴木良明（橋口侯之介，一九六八；塩野雅代，一九七六；大柴弘子，一九七六；遠藤孝子，一九七六；竹田聽洲，一九七六b；鈴木良明，一九八二）所指出，透過一家多重寺檀關係的研究，闡明寺檀關係是寺院存續之基礎。有關寺院經營方面，豐田武已指出大多數的近世寺院並非如同中世寺院般從莊園等方面獲得利益，而是以寺檀關係為基磐（豐田武，一九三八），這項研究是基於不同觀點而提出論證之結果。

第四，從一家多重寺檀關係的研究中，顯然可知寺檀關係錯綜複雜，在此情況下並非只限於家庭，而是以村為單位的情況亦是如此。除了以鈴木榮太郎所著《日本農村社會學原理》（一九四〇）為嚆矢之外，尚有竹田在京都府進行田野調查，論證一家多重寺檀關係是根據每個本家或旁支家系所組成的家族團體而產生不同的寺檀關係（竹田聽洲，一九五五），以及福田（福田アジオ，一九九二）、朴澤（朴澤直秀，一九九五）、蒲池（蒲池勢至，二〇〇三—〇四）等介紹其實際狀況。由於寺檀關係研究只關注一家多重寺檀關係，較少有研究牽涉到脈絡複雜的一村多重寺檀關係。但無論是以家庭或村落為單位，若從寺檀關係在實際上絕非單一而是錯綜複雜的情況來看，今後應從多元視角來檢視兩者的關聯。

原本透過一家多重寺檀關係的用語，顯示一家成員成為多數寺院檀那的歷史現象。而顯示這種歷史現象的用語，至今在研究史上尚未統一。例如，民俗學多用「半檀家」、「複檀家」，大桑齊則使用「隸屬不同寺院的寺檀關係」、「一家多重寺制」。此外，福田アジオ沿襲大桑齊的用語，卻主張「一家多重寺院的寺檀關係」的用法十分適切，用語並未統一。在此筆者留意到研究史用語的運用方式，認為應採用簡潔且與內容相適之語。此外，福田認為應從與一村多重寺檀互為關聯的立場來掌握近世的寺檀關係，將統一兩者用語亦納入考量，並嘗試採用一家多重寺檀關係的說法。

在檢視占居寺檀制度研究最核心的一家多重寺檀關係，以及一村多重寺檀關係研究之際，堪稱是從寺請制度成立之前，就已形成民間寺院與庶民之間的寺檀關係。這並非針對個人，而是規定在逐漸成長的小農家族所具有的家庭原理之中。對於重新形成的寺檀關係，在幕藩領主權力主導的寺檀制度之下得以強制執行，寺檀關係成為寺檀制度，並兼具社會與政治的雙重功能。

第六節　寺檀制度與民間喪儀

一、偽文書〈御條目宗門檀那請合之掟〉

至近世初期為止，佛教與喪儀的習合滲透至庶民階級，進而由民間寺院及庶民所形成的寺檀關係，在寺請制度與寺檀制度之下，歷經整個近世而持續穩定發展。而「葬式佛教」則被編入幕藩領主權力的統治系統之中。

在前述的「葬式佛教」統治系統中重新編組的制度約於寬文年間（一六六一—七三）開始實施，其具體型態是以宗門改帳，甚至是以宗門人別帳的形式來呈現，此時則出現偽造法令〈御條目宗門檀那請合之掟〉。此法令的記載時間為慶長十八年，亦即西元一六一三年，寬文年間因發生禁止日蓮宗不受不施派擁有寺請資格等多起事件，這些史料雖在明治時代初期收錄於司法省所編纂的《德川禁令考》之中，如今則證實是技巧高明的偽造文書（豐田武，一九三八；圭室諦成，一九四〇；圭室文雄，一九七一、一九七二、一九八七；福田アジオ，一九七六）。然而，這份出自某位寺方人士之手的偽造文書，日後在寺院及僧侶在向庶民提示寺請制度與寺檀制度之際，卻往往反覆採用此法令。

例如，第三條「雖身為檀家，於祖師忌、佛忌、盂蘭盆節、彼岸、先祖忌日而絕不至檀那寺祭祀者，應畫花押，向執行宗旨改之役所表達拒絕參與之意，此需嚴格調查之」，規定檀那應具有參詣祖師忌、佛忌、盂蘭盆節、彼岸（以春分、秋分為中間之日，前後各三天，共為期七日）、先祖忌日之義務（法制史學會編，一九五九b）。若從寺院、僧侶的立場來看，為了維持做為經營基礎的寺檀關係，需有如此類型的偽造法令。然而，當面對必須盡義務成為某寺檀那的庶民，並向他們提出〈御條目宗門檀那請合之掟〉之際，對於這些被蒙在鼓裡的庶民而言，寺院及僧侶所執行的佛式喪儀與祭祖儀式，在政治統治的層面上亦成為強制執行。既然是以偽造文書為依據，在法令上仍視同具有效力，即使在具體型態上，「葬式佛教」亦被編入政治統治中。

此外，〈御條目宗門檀那請合之掟〉的第十條為「為逝者之亡骸剃髮，授予戒名，此由宗門寺住持審視逝者遺容，確認非邪宗者無疑，且確證可為其超度，此需審慎調查之」，規定亡者所屬檀那寺的僧侶必須確認檀那已往生，並具有為亡者取戒名的權限（法制史學會編，一九五九b）。在寺請制度與寺檀制度的實施背景支持下，寺院及僧侶不僅獲得庶民在生前的管轄權，甚至在其逝後仍具有管制權限。

二、寺檀制度與庶民

在此情況下，寺院、僧侶基於檀那寺的立場，倚仗可對庶民檀那行使多種權限，並以強者自居，漸使「葬式佛教」滲透於民間。例如，武陽隱士在《世事見聞錄》（一八一六）第三卷「寺社人之事」中，記述僧侶對於違抗己意的檀那，所採取的行動是「趁宗門改之際，拒其呈交證印，或待其欲至他地結親之時，不發給文書。或有往生者，除以己病為由，更以苦衷為藉口，使喪家儀式耗時費事，或拒絕引度亡魂等，將亡者視如罪人」，意指在宗門改及舉行喪葬之際，有時會出現刁難檀那的情況（本庄榮治郎校訂，奈良本辰也補訂，一九九四）。此外，正司考祺《天明錄》（一八五六）提及甚至連一貧如洗的檀那，亦需向寺院及僧侶布施供養金，以致生活更為困窘。例如有以下記述：「我身為赤貧寡婦，育有二子，做草鞋至深夜，晝時以日雇或樵薪為生，或立於門前行乞，忍受肌寒，盂蘭盆節、新年、兩彼岸、霜月麥秋，皆需向自家所屬宗門寺院繳納大豆、紡棉、粟米、蕎麥、新穀。若非農耕者，則需繳納銀兩，其餘更難逃各式供養金。雖稱約一年未值半俵米（編案：一俵為三斗五升），估量可買三斤棉時，應可為親子三人製衣，雖說為年貢，唯盼能消除之。」（瀧本誠一編，一九一六）即使是以每日雇用等方式勉力維生的母子家庭，仍需在新年或盂蘭盆節等時節向寺院繳納供養金。正因田產匱乏，需以供奉金錢的方式繳納，故而生活備受壓迫。

這些事例是從批判佛教及僧侶的角度來記述，故而仍有待商榷。在寺檀制度之下，寺院及僧侶位居優勢，佛教徹底滲透於庶民生活中。正因如此，除了婚姻或奉公等遷移而導致變更寺院之外，鮮少有脫離舊屬的檀那寺，幾乎皆是維持固定的寺檀關係。有關於此，甚至出現定論認為寺檀關係維持固定，才是近世佛教之一大特徵（豐田武，一九三八；辻善之助，一九五四），但亦有研究者提出質疑，認為並非如此（福田アジオ，一九七六）。總括而言，必須考量寺檀關係是維持固定的狀態。

例如，有關變更寺檀關係方面，曾出現向寺社奉行諮詢的情況。寬政元年（一七八九）九月二十一日，本庄甲斐守向身為寺社奉行的板倉周防守詢問自身的「養父母」有意改宗，不知是否准許一事。寺社奉行板倉的答覆為「改宗之事，並非易事」、「需經寺檀認同」。此外，享和元年（一八〇一）六月十日，松平伊豆守的下屬酒井彌兵衛曾向身為寺社奉行的堀田豐前守徵詢意見，倘若自身脫離原本信奉的檀那寺，並改信其他宗派及寺院，是否能認同其變更寺檀關係。寺社奉行堀田的答覆為「離檀改宗並非易事」、但「需經寺檀認同」即可（石井良助、服藤弘司編，一九九九）。若從現代角度來看，這些實例是收錄於可稱之為判例集的《諸家秘聞集》中，寺檀關係實際上是維持固定，正因為脫離原本信奉的檀那寺十分困難，故需採取如此方式確認。

在以寺院與僧侶居於優勢的固定寺檀關係中，「葬式佛教」逐漸穩定發展。

三、戒名與牌位、佛壇的確立

至中世為止，戒名與牌位尚未出現，但此兩者的穩定發展，堪稱是足以顯示「葬式佛教」發展最具代表性的現象。在偽造文書〈御條目宗門檀那請合之掟〉中，記載寺院及僧侶在確認檀那往生後，記錄亡者的戒名。至於在鎌倉、室町時代受到儒教影響的禪宗寺院，因信徒在生前即供養逆修牌位，至近世以後，此類牌位亦擴展至禪宗之外的各宗派及寺院。此外，亦可做為亡者供養而記錄戒名的順修牌位（編案：記有亡者戒名之牌位），並逐漸滲透於庶民生活中（跡部直治，一九三六；久保常晴，一九八四；岩城隆利，一九八八）。將寺院及僧侶所命名的亡者名或戒名記載於牌位上，並將之視為亡者遺物般的思考方式，在歷經整個近世時期緩緩滲透於民間。

例如，大庭良美在島根縣鹿足郡津和野町日原地區，一處稱之為畑的農村裡，以五十餘戶中的十四戶做為調查對象，並針對其家中保存的古老牌位進行調查。根據大庭的調查，其中一戶擁有延寶七年（一六七九）最古老的牌位。此外，西元一七一〇年代一戶、一七二〇年代兩戶、一七三〇年代一戶、一七四〇年代一戶、一七五〇年代一戶、一七六〇年代一戶、一七七〇年代一戶、一七九〇年代四戶。自十七世紀後期至十八世紀，使用牌位的情況逐步穩定發展。大庭良美指出牌位在穩定發展的同時，民間亦開始建立石塔，並述及「雖不知該農村附近的百姓約於何時開始造墓，但在大致上仍與牌位的設立時間一致，在此之前並未建墓」（大庭良美，一九八五）。

此外，中込睦子在群馬縣吾妻郡中之條町的澤地區，針對全二十八戶中的二十戶進行牌位調查。據其研究，在聚落之內成為屈指可數的舊家中擁有最多牌位，其數量高達二十三座，而其中最古老的牌位分別是寶曆八年（一七五八）、安永二年（一七七三）。其他擁有十座牌位的舊家中所保存的最古老牌位，分別是寬文九年（一六六九）、延寶八年（一六八〇）。中込睦子是為了從事牌位區分的研究而進行調查，牌位年號雖有不明之處，卻是包含本家與分家在內，進行全數的詳細調查。由此可窺知自十七世紀後期至十八世紀，牌位是在被稱為舊家的本家系統家庭之中逐漸穩定發展（中込睦子，二〇〇五）。

安置牌位的佛壇，亦自近世之後逐漸穩定發展。根據建築史研究者大河直躬所述，十六世紀尚未出現佛壇，是從十七世紀開始普及（大河直躬，一九八五）。然而有關佛壇產生的原因及發展過程，如今仍有許多不明之處，應可推測其源自於中世末期的有力農民所擁有的持佛堂，或安奉某些本尊做為一族守護佛之祠堂。在近世初期的小農形成過程中，持佛堂逐漸縮小為屋內佛壇，並普及於各家各戶，牌位則安置於佛壇之中（平山敏治郎，一九四九、一九五九；竹田聽洲，一九七六a）。原本佛壇是敬拜守護佛的場所，卻逐漸安置象徵各家先祖的牌位，成為具有守護佛與牌位安置處的雙重意味之祭祀空間。現今在日本各家庭的佛壇中多安奉本尊（亦有掛軸形式），或許顯示佛壇形成的過程。

四、民間喪儀與祭祖

戒名的滲透與牌位、佛壇的普及，有別於佛教自古代至中世逐漸滲透於喪儀中的情況，而是在更為促進佛教與民俗喪儀互為習合的過程中實際推行喪儀。有關其實際儀式，則如下所示。在江戶幕府任職的儒者屋代弘賢約於文化十年（一八一三）向各地的儒者及相識者寄送〈風俗問狀〉，並從對方給予的答覆（返答年份未詳，據推測多在數年內作答）之中，分別針對東、西日本各舉一項事例來探討。

首先在東日本，以〈奧州白川風俗問狀答〉為例，介紹現今位於福島縣白河市的農民喪儀，其描述如下：「該處農家赴亡者家，依序參詣菩提寺、誦經之後，亡者嫡子於家前持牌位，近親遠戚持供佛器物。女子立於棺前，牽棺木之白棉繩及申木綿繩，隨行者組為隊伍。不唯本村，連近村老者亦來念佛，敲鉦擊鼓，為亡者送葬，由旦那寺引導至墓地下葬。」農家若有逝者，檀那寺僧侶則來誦經，後由逝者長子手持牌位，親眷等共持佛器，村民一邊敲鉦、擊太鼓，一邊念誦佛號，組成送葬隊伍前往墓地，並在僧侶牽引下入土為安。此外，「該處農家自七七四十九日至百日為止舉行供養，從一週忌（編案：於一年後的忌日舉行）、三年、七年、十三年，至三十三年忌」，亦舉行年忌供養。

其次在西日本，則以〈和歌山風俗問狀答〉為例，介紹現今位於和歌山縣和歌山市的町家喪儀。「町家喪禮為亡者之子孫身著白刺貫袴褲、白衣，頭戴白角帽，頭頂兩端以紐線束髮，隨行隊伍送葬。（中略）將四支紙幡、紙天蓋、或白紋飾提燈等物置於棺上，自途中送至寺院。且至寺院後，招請各相識寺僧或親眷所屬旦那寺之寺僧為其誦經，亦有未請相識寺僧者。出殯之際，其家所屬各寺僧侶至家中誦經。」亡者子孫身穿白色孝服，並剪去束髮，將裝置天蓋及提燈的棺木送至寺院，該寺則有檀那寺僧侶等人前來誦經。此外，和歌山的情況是在四十九日之際，「置有四十九餅，於四十九小餅之上堆疊一大餅，備於旦那寺新牌位之前」。意指在四十九日之際，供奉於檀那寺的亡者牌位前（中山太郎編，一九四二）。

檀那寺的僧侶不僅處理喪儀，甚至從四十九日至年忌供養皆有參與，這些法事活動的主題，皆與記載戒名的牌位有關。民間喪儀是基於庶民與檀那寺及寺僧維持固定不變的關係之下執行。從古代至中世為止已與佛教習合的喪葬儀禮，在透過寺請制度與寺檀制度之下，亦即在維持固定不變的寺檀關係中，成為佛教民俗而延續傳承。

所謂的日本喪儀，在民俗學、人類學透過田野調查而逐漸闡明的過程中，必須考量到亦是屬於從近世以後逐漸形成的「葬式佛教」。至於其具體內容，就交由井之口章次《佛教以前》（一九五四）、《日本の葬式》（一九六五）等概說書及許多調查報告書來做說明，對於民間喪儀，亦是透過與佛教習合所形成的歷史發展。此外，日本喪儀與近世的幕藩領主權力所形成的政治因素亦難以脫離關係。

在民俗學方面，柳田國男《先祖の話》（一九四六）將日本的祭祖與佛教的習合予以徹底排除，並將日本祭祖描繪成「固有信仰」。故而即使針對喪葬儀禮的課題，但實際上仍漠視喪儀與佛教的習合，故有試圖將喪儀納入祭祖脈絡中的強烈傾向。但從史實來看，顯然並非如此。在日本祭祖儀式中的一大具體發現，正是喪儀與佛教習合所形成的「葬式佛教」，此外，亦在近世小農形成的先決條件之下，具有必須藉由近世幕藩領主權力予以規定的性質。例如，柳田國男針對牌位這種做為理解祖靈信仰的核心象徵，甚至針對佛壇促使盆棚（編案：安置牌位及供品之處）成為常態化的象徵物，皆認為是受到近世佛教滲透所致，而近世佛教又受到幕藩領主權力的管轄。

在此必須考量所謂的祭祖，並非可稱之為純粹民俗的「固有信仰」，而是透過與幕藩領主權力管轄的近世佛教互為習合，從近世開始逐漸形成「葬式佛教」的一種發現型態。

五、「葬式佛教」的現代課題

若從現代觀點來看，在江戶幕府瓦解後，從近現代社會發展至現代為止，以「葬式佛教」及其祭祖儀式得以延續，反而成為更重要的課題。在近世社會中因有寺請制度與寺檀制度，葬式佛教更成為一種政治系統。若採取極端說法，就是藉由權力來強制執行。然而，在近世社會中形成這種政治制度及社會習慣的「葬式佛教」，在逐漸脫離此情況後，為何仍能不斷改變型態而得以延續？有關這項課題，不得不予以保留。例如，牌位或佛壇、寺院環繞著眾人生活，並融入日常風景之中，我們為何會被這些在近世幕藩領主權力統治下所遺留的殘骸包圍著，卻還能在不知不覺中繼續生活？

概括而言，「葬式佛教」在寺檀關係中、在寺院與家庭的互動關係中，並非僅以寺檀制度這種政治要素，而是從昔日就以社會化的方式形成。這應是「葬式佛教」得以延續之一大要因。正因為屬於社會現實，制度固定不變的情況即使逐漸難以維持，卻依然得以延續。此外，幕藩領主權力所推行的「葬式佛教」，在制度上維持固定不變，此後仍以慣有習俗的方式，擁有充分的滲透能力足以維持延續。進而在明治時期之後，可能受到舊民法中的家父長式家庭制度，或受到所謂「家族國家」觀式的支配意識型態所影響。然而，這些意識型態即使至現代已完全消失，仍有以寺檀關係為基礎所形成的「葬式佛教」。此外，即使沒有寺檀關係存在，在多元化的喪葬及祭祀業者涉入的情況下，「葬式佛教」依然獲得重組及延續。由於寺檀關係逐漸脆弱，雖有人士認為應持續強化其經營層面，但在藉由「葬式佛教」來促使佛教擴大勢力的情況下，如今其勢似乎銳不可擋。

專欄六

四國八十八處寺院的札所與空海十大弟子畫像

真鍋俊照（四國大學教授）

約在兩年前的夏季，熊谷寺的高島俊弘住持（已故）曾來電告知，表示在改建大師堂之際，曾考慮丟棄兩片木板，這些木板原本貼在堂內正面的兩側牆壁上，其上更貼有破碎微髒的和紙，故想請筆者務必親來一睹。筆者隨即挪出時間前往觀看，只見是在大幅和紙上，以並排方式素描兩幅人物坐像。畫面上滿布灰塵，看不清細部描線，但乍看即知是〈弘法大師十大弟子畫像〉。德島的靈山寺（第一札所）亦以展示部分作品而為人所知，但值得一提的，是熊谷寺的畫像在畫面中附記墨書，提示掛圖應如何配置（北側、南側）。熊谷寺大師堂（德島縣指定重要文化財）參考此配置圖，將該寺現存的縣重要文化財〈弘法大師坐像〉安置於正面中央，並於兩側左、右壁上各繪五名嫡傳弟子，呈現猶如尊仰大師般的內陣（編案：位於本堂最裡處，安奉神佛尊像的處所）模樣。或許在昔日，這無疑是經由嚴飾的空間。

熊谷寺大師堂於平成二十年（二〇〇八）四月修理完畢，並舉行落成法會藉以宣告竣工，並配合以彩繪復原十大弟子畫像（真鍋俊照以筆繪重現）。東寺與高野山並未舉行將十大弟子供奉於內陣的法會，但筆者承蒙在調查大和長谷寺寶物之際，得知有江戶時代的十幅彩繪〈十大弟子像〉傳世，並根據此經驗而促成這次的文物發現。

空海深厚信賴弟子之事，可從弘仁十二年（八二一）向藤原冬嗣（右大臣）、藤原緒嗣請託關照自身門徒的書簡中得知。對空海而言，實慧無疑是首屈一指的高徒。此後，實慧成為東寺長者（編案：即住持），後由真濟、真雅繼承。實慧為讚岐佐伯氏出身，是空海族人，真雅則是空海胞弟。空海的最初傳法據點高雄山寺，是由其弟子智泉（讚岐出身）及早開始擔任指導之職。空海遷於高野山後，智泉亦隨行，卻於天長二年（八二五）以三十七歲之齡早逝。智泉之所以無法離開空海的原因，無疑是身為空海之甥，且在高雄山寺院擔任職務，故與空海建立深厚的信賴關係所致。此外，身為空海親屬的真然亦是如此，空海在日後將高野山金剛峯寺交由其管理。空海其次重視實慧大德，實慧曾參與營建高野山，為時長達五十六載。

空海的十大弟子多以高野山為舞台，建立師弟不二的信賴關係。這種信賴關係，奠定了弘法大師信仰在鎌倉時代以後逐漸成形的基礎。在巡禮四國的寺院中發現的十大弟子畫像，與其說是對弘法大師個人的信仰，毋寧說是對空海師徒的讚仰，而其促使空海忌辰法會「正御影供」的過程更為充實。舉行法會的場所，是面向熊谷寺本堂的山中。弘法大師十大弟子畫像為白描繪圖，是繪於大師堂內的木造弘法大師坐像（縣指定有形文化財）的左、右壁面貼板上所張貼的和紙之上，並以兩張墨繪的形式予以表現（分別為長八十六公分，寬一百四十三公分）。

對真言宗而言，以正月為中心舉行的「正御影供」，無論是東寺或高野山，一般皆僅在堂內正面懸掛空海的「御影」，其目的在於供養或讚仰大師。藉由此次文物發現，在緬懷十名弟子的遺德之餘，主要是以空海忌辰為中心，同時為其師徒進行祈願。藉由此次發現畫像一事，證明在四國八十八處寺院中，有某些靈場在法會中曾採用其畫。法會的供養結構，在在說明了巡禮四國的弘法大師信仰情況是如此廣泛。四國的大師信仰源自於空海一人，與空海相關的禮敬對象皆被設定為具有信仰依據。

真言宗內部的十大弟子畫像，如今猶深眠於各山寶庫中。就筆者所知，大和長谷寺傳存了十幅彩繪〈弘法大師十大弟子畫像〉（十七世紀前期）。長谷寺（亦即豐山派）隨著奈良的伊勢街道在江戶時代逐漸交通繁盛，大師信仰亦逐漸擴展。尤其是高野山與位於其東側、有女人高野之稱的室生寺之間的合作關係，在一般信徒中亦維持緊密連結。在此同時，藉由大師信仰中的十大弟子畫像，逐漸喚起對空海及其周圍人物的景仰。

換言之，若從空海的真實形象、空海是以血肉之軀獲得重生的角度來看，反需藉由弟子相伴於師側的溫穩氣氛來予以烘托。其原因就在於筆者曾在大學畢業後，隨即圓滿達成獨自巡禮四國的心願。就在思及四國遍路的宣傳口號「同行二人」的意涵時，筆者屢次佇足思索，認為追隨空海的弟子們所擁有的巡禮精神，正是竭盡所能對先師的供養。筆者凝視著此次發現的十大弟子畫像，彷彿覺得空海與其說是佛，反而像是在十名弟子圍繞下的「人間空海」。

特論一

透過佛像所見的古代日本佛教

長岡龍作

東北大學大學院教授

第一節　造像的意義

一、引言

佛像是佛教信仰的產物，況且曾是直接傳達信仰的獨一無二之遺產。在探討日本佛教史之際，佛像的重要性可說是足以匹敵文字資料，甚至是有過之而無不及，如此說法亦是不足為過。然而，過去的佛像主要是做為美術史的研究對象，並以其造型性為探討的核心主題，在信仰方面的意義探討堪稱是尚未充分。此外，佛像史與針對各種尊佛的信仰具有密不可分的關係。有關究竟該皈依何種佛的問題，是與順應各時代的佛教世界觀而發展的救濟論理息息相關，故而理解佛像是與救濟觀這個與佛教史根幹有關的主題形成連結。然而，這項問題至今是否充分被提出探討？筆者對此決定盡棉薄之力，從這項問題意識來思考日本佛像與信仰的關聯。筆者欲將古代日本佛像做為主題來探討，並試圖彰顯其功能及所表現的世界觀。

法隆寺金堂（張晴攝）

二、法隆寺金堂釋迦三尊像

造像目的

古代日本佛像的代表之例，是在推古天皇三十一年（六二三）造立的法隆寺金堂釋迦三尊像。為了理解建造佛像之目的，就來探討透過光背銘所得知的造像始末（石田尚豐，一九九七）。

首先是推古二十九年十二月，鬼前太后（間人皇后）崩，翌年上宮法皇（聖德太子）臥病於床，心情抑鬱。干食皇后（膳菩岐岐美郎女）亦積勞成疾，臥病不起。深懷憂愁的「王后、王子、諸臣」奉祀上宮法皇所發願造立的「釋迦尺寸王身」，欲藉佛力祈願法皇病癒延壽，歿後往生淨土，證得妙果。

其次，則是如願造立佛像。造像者可藉此達成個人的祈願，亦即安住世間，悟達彼岸的心願成就。眾人冀求為達彼岸，而發願「隨奉三主，紹隆三寶，遂共彼岸，普遍六道含識法界，得脫苦緣，同趣菩提」。造像者建造法隆寺金堂釋迦三尊像的最終目的，是與一切眾生共渡彼岸，亦即獲得證悟。大乘佛教藉由實踐利他而達成自悟之目的，其所掌握的大原則，在造立佛像之際亦正確顯現。所謂三主，是指已逝的太后、法皇、王后，造像者表明將追隨他們而同生彼岸。

一般而言，佛像造像的意義在於祈求故者往生，或重視現世的利益層面，鮮少從造像者個人「證悟成就」的層面來做評價。然而如同銘文所明示般，為了祈願故者病癒或欣求往生，在此同時，亦包含個人對現世及來世的祈願，最終祈求自身於來世能渡彼岸。如後文所述，釋迦三尊像的造像目的，與佛像表現亦有正確連結。

造像者——知識

釋迦三尊像的造像者，是發願造立的「王后、王子、諸臣」。他們自稱「信道知識」，發願但求開悟。所謂知識是指「善知識」，其意為「良友／同修道友」。由此可知他們將自身團體視為關係良好的集團。這與在中國北魏有「邑義」之稱的團體，頌揚成為善知識並以共求開悟為目標（雲岡石窟第十一窟東壁最上層，太和七年〔四八三〕銘）

的例子有共通之處。將自身與同好達成共同目標視為正確的思考方式，是兩者皆有的共同點。

佛師

銘文於末尾敘述是向「司馬鞍首止利佛師」請託造像。在當時的銘文中，以佛師之名出現的形式實屬異例，具有重大意義。

《日本書紀》所描繪的鞍作鳥（止利佛師）人物形象，可彙整為以下三點：1.其祖父司馬達等曾於法會供養的齋食上，將舍利獻於蘇我馬子；其父多須那則於用明天皇病篤、即將駕崩之時，奏請出家修道及建造佛寺。換言之，止利是出身於篤信佛教的鞍部氏族；2.其所建造完成的丈六銅像，比預定安置的元興寺金堂之門更為巨大，雖有許多工人試圖破壞堂門，止利卻具有才智，可讓銅像移入卻使堂門完好如初；3.推古天皇發願造立佛像之際，止利曾獻呈符合天皇御意的「佛本」（編案：佛像草圖）。

由此可知良好的佛師是具備篤信佛教與智慧，以及擁有「佛本」做為其先決條件。法隆寺金堂釋迦三尊像的造像者，必須體悟到佛像是證悟的表徵。正因止利是符合如此期待的優秀佛師，故列名於銘文中，此亦表明佛像是以良好「佛本」為基礎所建造。

造像者的行與像之表現

造像者為了達成證悟這項最終目的，故而提示兩種「願」，亦即造像中與造像後的行為。所謂「願」是指預定追求目的或目標，並祈求如願以償，此為立誓之意，故將期盼達成心願的行為稱之為「行」（《岩波佛教辭典》）。發願造像是藉由造立佛像之行來予以達成，為了成就度脫彼岸的心願，則成為後續行動的先決條件。

基於此項理由，佛像與行的關係十分密切。造像者是採取「尺寸王身」的規模而造佛，這意指建造的釋迦像與上宮法皇的身形規模一致，並將釋迦像與辭世的上宮法皇形象互為重疊。這尊釋迦像的左手印契，是以食指及中指下垂的方式呈現，顯示其追求悟道之意志（漆紅，二〇〇六）。從印契的意志表現中，顯示上宮法皇向造像者的垂示之意。

造像者為求度脫彼岸而追隨的對象，並非僅有上宮法皇，而是「三主」。倘若如此，他們所面臨的三尊像必須與三主的形象重疊，兩脇侍像亦應與太后與王后的形象重疊才是。對造像者而言，釋迦三尊像亦是其所追隨的三主。

若上宮法皇的形象與釋迦像互為重疊，則釋迦所在之處即是上宮法皇往生的淨土。造像者假設的來世之行，是相信自身往生淨土，並與三主相遇而獲得證悟。這尊釋迦像具備了可將來世之行在現世實踐的功能，並由此事例可知佛像是為了實踐行而存在。

三、天平時代的法隆寺

天平八年（七三六）二月二十二日，行信於法隆寺迎請道慈律師及三百名僧侶舉行法華講會（《法隆寺東院緣起》）。光明皇后為配合此佛事，將各式供奉品裝於「丈六」像中（《法隆寺伽藍緣起并流記資財帳》，天平十九年〔七四七〕）。有關「丈六」像究竟是指何種尊像，至今仍議論不斷（東野治之，二〇〇〇），研究者則認為是前節所示的金堂本尊釋迦三尊像最為適切（松浦正昭，二〇〇四）。二月二十二日是釋迦三尊像銘文中提示的聖德太子（上宮法皇）忌日，而此法會正是配合聖德太子忌日而舉行。

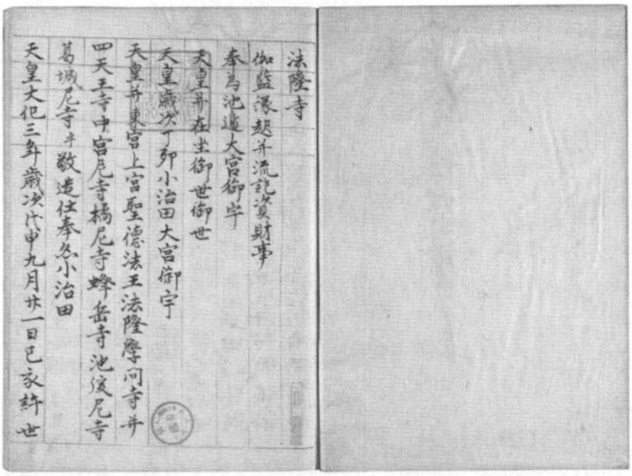
法隆寺
伽藍縁起并流記資財事
奉為池邊大宮御宇
天皇并在坐御世御世
天皇歳次丁卯小治田大宮御宇
天皇并東宮上宮聖德法王法隆學問寺并
四天王寺中宮尼寺橘尼寺蜂岳寺池後尼寺
葛城尼寺并敬造仕奉彡小治田
天皇大化三年歳次戊申九月廿一日己亥許世

《法隆寺伽藍緣起并流記資財帳》部分內容
（出處：國立國會圖書館網站）

《日本書紀》傳述的聖德太子忌日是二月五日，與銘文所示日期相異，故而引發議論。至少光明皇后認知的日期是二月二十二日，應是以釋迦三尊像的光背銘文為依據，而此銘文內容在天平時代應為人所熟知。然而，《法隆寺伽藍緣起并流記資財帳》針對釋迦三尊像的描述為「右，為奉上宮聖德法王，於癸未年三月，王后敬造」，僅記載造像者為「王后」。已如前述，此像是由「信道知識」的團體所造，並非由王后獨力而成。或許是重視銘文中的「王后仍以勞疾，並著於床」一句，結果才將之視為王后因憂心聖德太子而為其造像。此例正是後人重新賦予釋迦三尊像的新意義。

《法隆寺伽藍緣起并流記資財帳》之中，出現「飛鳥淨御原宮御宇天皇」（持統天皇）、「平城宮御宇天皇」（元正天皇）、「平城宮皇后宮」（光明皇后）、「無漏王」（光明皇后的異父姊）等多數女性敬獻者之名。由此可窺知天平時代的法隆寺是女性祈願的場域。這是由於為聖德太子所建的佛像，將「仿效王后」的心意傳達於這些婦女所致。

由此可知，佛像亦具有將先人祈念傳於後人的功能。

第二節　佛與表象

一、生身佛

所謂佛像，是指由緬懷釋尊之人所建造的理想擬似形象，但釋迦的姿態是無法以形象來表現的偉大存在（《佛說大乘造像功德經》）。若具體說明之，就是認為佛具有三十二種及八十種的身體特徵，亦即三十二相、八十種好。《大智度論》除了將三十二相視為相對於無相「法身」的「生身」特徵，更說明佛是為了由善行生善因而運用三十二相。換言之，所謂具備三十二相的生身，是指無形之佛為使眾生皆能行善而示現的佛身。此為現世所生的釋迦，是釋迦的真實之姿（真容）。

對於佛滅度後的佛教徒而言，雖無法得遇釋迦真容，卻可不斷追求其理想形象。基於此份心意，故而產生被視為釋迦真容的佛像。而大安寺的釋迦如來像，即是日本最初之例。大安寺的釋迦如來像，應是根據《大安寺伽藍緣起并流記資財帳》（天平十九年，七四七）所記載般，是由天智天皇造立的「丈六即像二具」之一。因是屬於「即像」，可知為一丈六尺乾漆像，此外不具其他特徵。將這尊釋迦像視為特別造像的最初史料，是寶龜六年（七七五）的〈大安寺碑文〉。其中值得關注的是「天人降臨，讚相好之妙體」一句，「相好」是指三十二相與八十種好，「妙體」則指「物之真實體」。換言之，此句解釋為天人降臨而稱讚大安寺釋迦如來像是具足相好的釋尊真容。

《日本靈異記》記述某百姓家因誤食天皇的獵鹿，故向大安寺祈求庇佑，或有赤貧之女向大安寺釋迦祈求，就此獲利益的故事（上卷第三十二話、中卷第二十八話）。這些故事是承襲向生身佛虔心祈求並獲得救濟的思想。眾人追求釋迦真容，其目的是為了祈求救濟。大安寺釋迦如來像具有如此真容故能促使人們產生祈念，並被視為靈驗之佛而受到篤厚信仰。

二、藥師寺金堂藥師三尊像的意義

《日本書紀》記述天武天皇九年（六八〇）十一月，天武天皇因皇后身有恙疾而誓願建造藥師寺，該寺是根據天皇所發誓願而建。有關藥師寺的論爭，首先的爭議點是位於藤原京的該寺佛像究竟完成於何時，而《日本書紀》提示的持統天皇十一年（六九七）七月所舉行的開眼會則被視為佛像完成之時，如此看法應無疑問（望月望，二〇〇九）。天武天皇因持統天皇罹病而發願建造的佛像，是由公卿百官予以完成（持統天皇十一年六月辛卯條）。由後人秉承天武天皇遺願而完成佛像的實例，在此後的造像之中屢見不鮮。

隨著和銅三年（七一〇）遷都平城京後，藥師寺亦遷至新京。第二項爭議點則是現存的藥師三尊像，究竟是屬於藤原京或平城京的藥師寺。在思考其製作年代之際，應考量此課題。在此時期，大江親通所撰《七大寺日記》、《七大寺巡禮私記》（皆撰成於十二世紀）的記述可做為參考。親通對此提出評價，認為除了大安寺釋迦像之外，藥師寺金堂的佛像及莊嚴更勝於其他寺院。

藥師寺藥師如來像是足以匹敵現今已佚的大安寺釋迦如來像，其理由在於同樣被視為佛的真實之姿。藥師寺像是在佛足底的平坦部分刻繪輪寶及佛足文。手指間有膜，掌心亦繪有輪寶。這些特徵與佛具三十二相中的「足下安平立相」、「手足千輻輪相」、「手足指縵網相」互為對應。現存的古代日本佛像中，沒有比藥師寺像更具備這些特徵，由此可窺知當初建造就是以重現佛的真實之姿為目的。金銅製藥師像在當初建造時的金輝燦然模樣，彷彿呈現三十二相中的金色相。

如前所述，藥師寺像應是被造成釋迦於現世中化現的生身佛形象，該像的台座更能凸顯此意。在模製須彌山的須彌座中呈現各種主題，其中包含源自中國思想，四神（青龍、朱雀、白虎、玄武）是以陰陽五行思想為基礎的中國傳說世界中的靈獸。此外，位於中央支撐柱子的人物形貌殊異，其雙足變形為魚鰭狀，狀似支撐崑崙山之鼇形（曾布川寬，一九八一）。此外，從中央蓮花向長方形的四角落延伸描線而形成的蝴蝶領結文樣，顯現出象徵崑崙山之主西王母的「勝」（小南一郎，一九八四）。台座更有葡萄唐草或圓形花飾等源自西方的主題，亦有猶如從南洋（東南亞）至中國獻貢的崑崙奴（編案：來自印度半島或南洋群島的僕役）形象之異邦人（淺湫毅，一九九三），而此台座象徵著藥師如來示現的現世。藉由將中國、西方、南方各自起源的主題下意識地予以融混，試圖顯示異國者亦來聚集的理想世界。如同《藥師琉璃光如來本願功德經》（《本願功德經》）所述般，「若國王、貴族起慈悲心，供養藥師如來，由此善根，令其國界即得安穩，穀稼成熟，無有暴惡藥叉等神惱害有情。國王、貴族壽命色力，無病自在，皆得增益」（大意），此台座具有象徵皈依藥師如來可使國泰民安的功能。

此外，台座框內出現貌似崑崙奴的異邦人，其數為十二名，可視為經典描述的「十二藥叉大將」。《本願功德經》述說藥叉向藥師如來宣誓在「村城國邑、空閑林中」護持此經的信奉者。異邦人手置胸前擺出立誓的手勢，並將半身隱藏於台座中，如此意味著將在現世各種場所守護眾人。

如前所述，藥師寺金堂的藥師三尊像，是具有透過皈依真身藥師而對其護國性產生一種期待，以及對於充滿國際性的現世所具備的自覺意識。與白鳳時代相較之下，護國性與國際性的特質或許更適於奈良時代。現存的藥師寺像應是在藥師寺遷至平城京之後，以當時的時代意識為基礎而建造。

三、蓮華藏世界——東大寺大佛與國分寺釋迦

長久以來，有關東大寺大佛究竟是依據《華嚴經》或《梵網經》所建造的問題，不斷成為議論對象。但根據近年研究，大佛顯然是受到新羅華嚴學的影響，而其教理並未將兩種世界觀予以嚴密區分（稻本泰生，二〇〇四）。《華嚴經》描寫的「蓮華藏世界」是盧舍那佛從身為菩薩的遙遠過去，藉由誓願及修行而嚴飾的廣大清淨境界，《梵網經》則將之簡略描繪成「蓮華台藏世界」。東大寺大佛則將兩種世界予以融合。梵語稱為毘盧遮那（Vairocana）的如來，是指總攝諸佛的法身佛。

台座蓮瓣之上繪有以須彌山為中心的世界圖，呈現了大佛思想。描繪於蓮瓣中央的如來，是《梵網經》述說的盧舍那佛座台，「周遍有千葉，一葉一世界為千世界，其化為千釋迦」，釋迦則為盧舍那佛之化身。釋迦穿著貼身衣裳，右足暴露於外而結跏趺坐。位於胸側的右手與下垂的左手掌心皆有輪寶，胸前有卍字。這兩項特徵分別為三十二相的「手足千幅輪相」，以及八十種好的「手足及胸臆前，俱有吉祥喜旋德相」。顯現此二種文樣，應是顯示釋迦具有三十二相與八十種好（相好）的特徵。化身與生身同為現世之佛。透過具足相好的特徵，釋迦顯現為盧舍那佛的化身。

天平十五年（七四三）十月十五日頒布的建立大佛之詔，敘述推行此事業之目的為

「賴三寶威靈，乾坤安泰，動植咸榮」。聖武天皇藉由建造盧舍那佛而實踐法身佛，並試圖以此為中心秩序而為國土下定義。在建立大佛的詔書中將國土稱為「法界」，欲將日本視為蓮華藏世界。

在此之前的天平十三年（七四一），聖武天皇頒布〈國分寺建立之詔〉，建立國分寺的時間則是始於天平九年（七三七），並下令在各國造立釋迦三尊與抄寫《大般若經》。天平十二年於各國建立七重塔，翌年令抄《金光明最勝王經》、《法華經》各十部，以及聖武天皇親自繕寫金字《金光明最勝王經》安奉於佛塔。除此之外，則建造僧寺與尼寺。詔書說明以上陸續推展的事業，是隸屬於國分寺的整體營建事業。

國分寺與大佛具有互為一體的涵義，可從此詔書將國分寺稱為「國華」一事而獲得確定。國分寺的本尊是釋迦如來，「國華」是指以蓮瓣譬喻一世界，而此釋迦與大佛台座上的釋迦同樣，相當於一世界的盧舍那佛化身。換言之，聖武天皇所構想的世界，是盧舍那佛化身的釋迦如來存在於各國的國分寺中，每座國分寺則相當於一世界。

天平九年，聖武天皇下令造立釋迦三尊像及抄寫《大般若經》，盼能國泰民安。聖武天皇對於此項事業得以成功實現，曾有所感懷：「徵誠啓願，靈貺如荅」（〈國分寺建立之詔〉）。此外，將大安寺釋迦如來像奉為本尊而舉行的大般若會，其目的在於鎮壓火難（《大安寺碑文》），而其意為「以佛法之道，止神怒之炎」（《三寶繪》）。藉由深皈佛法，亦即皈信釋迦之力，促使掌管天候及引發災害的神祇有所感應，並能平息怒意，此為古代建造釋迦如來像及抄寫《大般若經》、舉行大般若會之目的。

蟹滿寺的釋迦如來像，是全身幾乎採取單次鑄造的丈六金銅佛。這尊佛像具有神情嚴峻的方正佛容、略顯高聳的雙肩及緊實身軀，有別於藥師寺金堂藥師如來像具有令人感到溫和的圓滿像容、更為豐滿的身軀表現。兩者的比例極為類似，衣著質感及線條優美的衣紋則是共通點。釋迦如來與藥師如來的佛名雖異，佛像型態並無二致。

近年透過蟹滿寺境內的發掘調查，已發現七世紀後期的建築遺跡，並可確認目前的本堂應建於當初的金堂遺跡之處（山城町教育委員會，一九九一）。蟹滿寺佛像極有可能在最初就已傳入該地。當思考該寺原本是何種類型的寺院之際，最值得關注的是，寺院建造的地點是位於面向連結大和與大津之間的山城道，而此處則是邊界地帶（奧田尚良，一九九三）。倘若具有藉由向釋迦祈求而平息神怒的涵義，邊界則成為適合場所。蟹滿寺佛像極有可能是為了配合對《大般若經》的期待而形成的信仰。

若從寺院營造期間的長短來看，沒有必要將蟹滿寺佛像的建造時期限定在七世紀後期，而是極有可能始於八世紀，應更早於聖武天皇下令建造的釋迦像。換言之，與各國釋迦像相似的蟹滿寺佛像，就是所謂的國分寺釋迦像之原型。今日已不復見的國分寺像，可藉由此像來遙想昔貌。

第三節　佛像所顯現的世界觀

一、忉利天與兜率天

在古代日本佛教的世界觀之中，佛教與神仙思想的習合為其基層結構（長岡龍作，二〇〇九）。如同藥師寺金堂藥師如來像的台座所示般，須彌山世界是採用源自於四神或勝的中國思想主題而予以表現的例子。從活躍於八世紀初的長屋王曾為父母發願抄寫《大般若經》（卷第二百六十七〈神龜經〉，神龜五年，七二八，根津美術館藏）的願文中，亦出現同樣的世界觀。在此值得關注的，是長屋王祈願雙親之靈所歸何處，首先是「登仙」，繼而升往「上天」面見彌勒，並於「淨域」面奉彌陀。由此可知「上天」是指彌勒菩薩的兜率天，「淨域」是指阿彌陀佛的極樂淨土。所謂「上天」原指在中國思想中的太帝（天帝）居所，位於遠比崑崙山更高之處（《淮南子》〈地形訓〉）。換言之，這篇願文可被解讀成是以崑崙山為中心的神仙思想，與以須彌山為中心的佛國天界互為習合所形成的世界，而此世界正是靈魂往赴之處。故登於須彌山頂之上，亦即登上忉利天，稱之為具有登崑崙山之意的「登仙」。忉利天與兜率天的佛國天界，是藉由神仙思想點綴而顯得多彩多姿。

以忉利天為課題的佛教美術中，明確描述其樣貌。例如玉蟲櫥子的須彌山圖頂端，或以釋迦在忉利天為其母摩耶夫人說法為主題（稻本泰生，二〇〇八）的釋迦如來說法刺繡圖（奈良博物館藏）之中出現的中國神仙即為其例。

在日本，居於兜率天的彌勒菩薩是以半跏思惟像的形式來表現。野中寺金銅菩薩半跏像（天智五年，六六六）是從銘文來確定該像為彌勒菩薩的實例。同樣形式的菩薩半跏像（法隆寺獻納寶物第一五九號），因在台座下方以山岳圖案表現，顯示是較須彌山更為高遠的兜率天。這意味著比廣隆寺或中宮寺所遺留的菩薩半跏像更為古老的尊像，亦是兜率天的彌勒菩薩。

《法華經》〈普賢菩薩勸發品〉述說依據生前奉持《法華經》的善行，往生之處將有不同。「若有受持、讀誦、正憶念、解其義趣，如說修行」者前往無量無邊諸佛所，「受持、讀誦、解其義趣」者前往兜率天的彌勒菩薩所，書寫者則前往忉利天。

位於雲岡石窟第十七窟的明窗東壁龕（太和十三年，四八九），其上層為彌勒菩薩交疊雙足，下層為釋迦、多寶二佛並坐之像，其下方左、右各配置四尊比丘像。此像是由身為造像者的比丘們所表現的世界觀，亦即向釋迦與多寶佛誓願護持《法華經》，並以前往彌勒菩薩居處的兜率天為目標（長岡龍作，二〇一〇）。兜率天的彌勒菩薩像，蘊涵了傳統造像者根據《法華經》所欣求前往的處所之意。由此可假設日本的菩薩半跏像亦具有同樣的蘊意。

二、阿彌陀與極樂

《觀無量壽經》中的韋提希夫人厭離閻浮提的五濁惡世，並欣求極樂淨土的表現，出現於〈觀無量壽經變相圖〉之中。以此為主題的壁畫，則有多幅遺留在敦煌莫高窟中。在日本的創作之例，則有據傳於天平寶字七年（七六三）所織成的當麻曼荼羅。在曼荼羅中央描繪的極樂淨土右側邊緣，繪有一幕王舍城的悲劇場景（序分義），亦即阿闍世太子幽禁其父頻婆娑羅王，逮捕試圖協助己夫的母后韋提希。左側邊緣繪有韋提希遵照釋迦的教示，觀想極樂淨土十六觀的場景，下緣則分別繪有九品往生之圖。韋提希於現世觀想阿彌陀世界的十六觀，是以此土窺望他土為主題，首幅描繪的日想觀明確揭示了兩者關係。敦煌莫高窟壁畫中的第一七二窟北壁與南壁，第三二〇窟北壁的日想觀場景，構圖皆是極為相似。無論在任何場面中，韋提希的坐處皆是位於峭壁前的河岸上，太陽所象徵的極樂淨土，則出現在由流水及遠山所構成的平遠景致之彼方。第一七二窟的南壁在遠山彼方湧現瑞雲。這些例子，是將此土與他土的關係藉由自然景觀做為舞台背景而予以描繪。此外，其構圖顯示了這種描繪方式已定型化的特性（長岡龍作，二〇〇八）。

莫高窟壁畫的景象，並非只表現與極樂世界的關聯，而是更普遍發揮了將佛菩薩居處與現世相互連結的裝置功能。第三二〇窟北壁的序分義之中，由釋迦派遣的目犍連是在完全同樣的景象中從淨土飛至現世。換言之，在中國唐代，定型化的自然景觀是為了說明「淨土——現世」的關係性所提供的架構。

在弔唁天武天皇之際，新羅曾餽贈金銅阿彌陀三尊像（《日本書紀》持統三年〔六八九〕四月壬寅條），此為記載阿彌陀如來像的早例，現存的古代製作尊像數量則未必甚多。據傳橘夫人所有的念持佛櫥子（法隆寺藏）即是代表之例。位於須彌座上的櫥子內，從銅製的平面蓮花圖案底部生出三枝蓮華之上，分別出現阿彌陀三尊像。須彌座的鏡板描繪了供養菩薩（正面）、化生菩薩（背面）、供養比丘（左、右側面）。正面因剝落嚴重，以致圖案不明，值得關注的是左、右背面的繪畫是以山嶺為背景。將極樂淨土表現在位於山之彼方，倘若是沿襲自敦煌壁畫以來將現世與山岳一同呈現的表現原則（肥田路美，一九九七），這些場景則是呈現與極樂世界對比的現世。

目前這座櫥子置有門扉，須彌座基壇的表面四方所遺留的八角埋木（編案：以木材填補孔穴），與天蓋內部的井桁（編案：由木材組成井字形的建築結構）下面的枘孔（編案：做為接合之用的木材所嵌入的孔洞），最有力的說法是當初僅是由四根柱子形成天蓋的吹放（編案：在屋頂下只有柱子圍繞的空間）構造（村野浩，一九六七）。

《法隆寺伽藍緣起并流記資財帳》記載「宮殿像貳具」，其中述及「一具金涅押出千佛像」是指櫥內貼有千佛的玉蟲櫥子，一般解釋認為「一具金涅銅像」是指此櫥子。此外，該年的《大安寺伽藍緣起并流記資財帳》中的「宮殿像二具」，亦與玉蟲櫥子同樣具有千佛。從這些例子可知所謂的「宮殿像」是指貼有千佛且具有櫥壁或門扉的櫥子。故據傳為橘夫人所有的念持佛櫥子，在天平十九年的階段極有可能已附門扉。

光明皇后於天平五年（七三三）以「阿彌陀佛所有」，而獻上「褥」與「寶頂」。這尊阿彌陀佛即是玉蟲櫥子的阿彌陀三尊，而此獻品應與橘三千代（編案：橘夫人）於該年正月十一日離世有關。由此可推知其發展經緯，應是由光明皇后要求附有門扉的櫥子，並可在追薦之日打開櫥子，奉拜其母三千代的遺物（長岡龍作，二〇〇五）。這項實例，顯示佛像可隨著信仰變遷而變化形象。

三、現世表象與補陀落山觀音

有關觀音菩薩的經典甚多，其中《觀無量壽經》述說觀音菩薩與大勢至（勢至菩薩）在極樂淨土中與無量壽佛（阿彌陀佛）為鄰，《華嚴經》〈入法界品〉則說明是在南方之山「補怛洛迦」（補陀落山）。天平勝寶六年（七五四）於東大寺大佛殿懸掛的東曼荼羅的一段銘文中（〈大佛殿東曼荼羅左右緣銘文〉，《東大寺要錄》雜事章第十之二），指出觀音之「神」於極樂，「跡」降於補陀落。這是天平時代的人們所理解的極樂觀音與補陀落山觀音之間的關係。極樂觀音在現世的垂迹，即是補陀落山觀音。

補陀落山淨土圖在今日雖已佚失，但從文獻記載中可得知，奈良時代的日本各地曾收藏該圖。其中，值得矚目的是天平十一年（七三九）建成的法隆寺夢殿。行信曾將「於太子在世時所造之御影」的觀音像安置於此殿中（《法隆寺東院緣起》），就是聞名遐邇的夢殿救世觀音像。此尊觀音像如同《法隆寺伽藍緣起并流記資財帳》（東院資財帳）中記述的「上宮王等身觀世音菩薩木像」般，被視為與聖德太子身高一致的觀音造像。進而有〈靈山淨土〉、〈補陀落山淨土〉各一幅。〈靈山淨土〉是描繪居靈鷲山的釋迦，〈補陀落山淨土〉則描繪居補陀落山的觀音菩薩。換言之，〈靈山淨土〉與〈補陀落山淨土〉之中，皆具有描繪現世佛菩薩的共通點。

以夢殿為例的八角圓堂，最早是在養老五年（七二一）興建的興福寺北圓堂。在此堂內最初安置的彌勒像，早已於治承年間的兵火中付之一炬，至鎌倉時代由運慶一門重造的佛像則保留至今。此尊像是由兜率天降生世間的彌勒如來，最初造像亦以佛稱之，可知同樣是彌勒如來（〈山階流記〉）。

有關八角堂這種特殊型態的建築物，亦有研究者提出見解，認為是源自於佛塔的佛教式建築（田中重久，一九四三；小野佳代，二〇〇一）、大內陵（天武、持統陵）或中

興福寺南圓堂（張錦德攝）

尾山古墳等八角墳，建造時期則比成為八角圓堂首例的北圓堂更早，並認為各種圓堂所呈現的八角形樣式是源自中國的見解十分恰當（網干善教，一九七九；福永光司，一九八二）。中國北涼時期的石塔上刻有八卦之例（張寶璽，二〇〇六），由此可知以陰陽五行說為基礎的八角形狀亦適用於佛塔建築，八角塔的形式就此成立。

夢殿、興福寺南圓堂、北圓堂成為八角堂的代表之例，表現出補陀落山或彌勒降生的世界，皆意味著該處與現世相通。與藥師寺金堂的藥師如來像台座同樣，此例顯示陰陽五行說被視為一種表現佛教現世的思想。

另一項顯示觀音與八角形有關的例子，是立於東大寺法華堂八角形壇上的不空羂索觀音像。承和十三年（八四六），在堂內舉行法華會表白（在法會開始之際於佛前宣讀要旨，並告示三寶及大眾）的〈櫻會緣起〉（《東大寺要錄》雜事章第十之二）之中，將法華堂比擬為補陀落山的觀音寶殿。此外，將「補陀真儀」（補陀落山的觀音真容）與「安養正軀」（極樂觀音之真身）視為對句並讚歎尊像，由此可窺知是將不空羂索觀音像視為極樂觀音的垂迹之象。

補陀落山觀音以現世觀音之姿而凝聚信仰。為了藉由視覺表象呈現，特別在堂宇安置或台座形狀方面費心凝神。故而同樣是立於八角形台座之上的藥師寺東院堂聖觀音菩薩像，或在模擬竹子模樣的光背支柱下層部分顯現出山岳文（編案：山岳圖樣）的法隆寺觀音菩薩像（百濟觀音），這些例子皆可能是呈現補陀落山觀音的形式。

第四節　天所擔任的角色

一、四天王寺

據《日本書紀》用明二年（五八七，崇峻天皇即位前期）秋七月條所述，與飛鳥寺同樣出現了與四天王寺草創期有關的軼事。在蘇我馬子與物部守屋相戰之際，參戰的廄戶皇子認為若不發心立誓，就難以獲勝，故以白膠木自行刻造四天王像置於束髮之上，立誓道：「若能致勝，必為四天王建寺塔。」平定戰亂後，廄戶皇子於攝津國建立四天王寺。

在《日本書紀》中，並未記載四天王寺所安置的佛像為何。然而，日後的史料（《別尊雜記》）卻述及該寺本尊為觀音菩薩（救世觀音），而此像是以與聖德太子有所淵源而為人所知，其形象為半跏趺坐。此外，亦有見解認為當初的本尊為彌勒菩薩。四天王寺的寺名並非意指「將四天王奉為本尊之寺」，而是「為四天王所建之寺」。已如前文所見，大乘佛教是以誓願利他之行為根本。四天王寺的情況則是廄戶皇子為求勝戰而立誓建寺，具有為了救度四天王而建寺之涵義。正因為廄戶皇子的行為具有菩薩道精神，故其立誓具有願力，且由此可知四天王成為救濟對象。天雖是六道之首，仍完全在輪迴之中。對於

四天王寺石鳥居（吳宜菁攝）

將脫離六道輪迴的「至彼岸」視為最終救濟階段的佛教而言，天亦成為救度之對象（稻本泰生，二〇〇七）。

二、觀察世間的四天王

日本現存最早的四天王像，是法隆寺金堂的四天王像。其像踏於身軀龐大的邪鬼之上，猶如衛兵般挺直而立。雖顯示蹙眉憤怒之貌，卻壓抑怒意的神情，以冷靜的眼神定視前方。四天王像的特色就在於端嚴肅穆的立姿之中。在四天王像之中，廣目天的光背後面刻有銘文「山口大口費」，被視為與《日本書紀》白雉元年（六五〇）條項中出現的「漢山口直大口」為同一人物。由此可知四天王像大約造於七世紀中葉。

廣目天的光背後面還有以針雕篆寫的

「筆」字，可知其形象自始即持有筆及卷子。以法隆寺四天王像為首，此後在古代四天王像中，廣目天幾乎皆持有筆及卷子。四天王的功能，可從考量其所持物品具有何種涵意來予以導出。

《佛說四天王經》（宋智嚴、寶雲合譯，《大正藏》第十五冊，頁一一八）述說：「四天王於月八日及二十三日遣使者案行天下，十四日及二十九日遣太子下，十五日及三十日四天王自下。勤伺眾生若於斯日歸佛、歸法、歸比丘僧，清心守齋、布施貧乏、持戒忍辱、孝順二親，具分別之以啟帝釋。」（大意）在此所示的日期「六齋日」，對在家眾而言，是應持守八齋戒（佛教徒必須持守的基本戒律）的日子，四天王尤其在特定之日觀察眾人行儀。換言之，筆與卷子是為了記錄眾人的言行而設。

時至今日，中國或朝鮮的四天王像尚未出現持有筆與卷子的例子。四天王像徹底顯示了古代日本佛教對於行所抱持的強烈自覺之特色，不難想像當時格外意識到觀察眾人行儀的佛像所具備的功能。

三、梵天、帝釋、四天王

天平十三年（七四一）的〈國分寺建立之詔〉，將國分僧寺的名稱定為「金光明四天王護國之寺」，國分寺是冀求四天王護國的場域。若考量到四天王所扮演的角色，最值得關注的，就是詔書末尾添附的五項願文（《類聚三代格》）中的「願若惡君邪臣犯破此願者，彼人及子孫，必遇災禍，世世長生無佛之處」。此願文不僅祈求幸運，亦求降罰於違願者。

《金光明最勝王經》第六卷〈四天王護國品〉第十二，則有「若有人王，於其國土，雖有此經，未常流布，心生捨離，不樂聽聞，亦不供養尊重讚歎，見四部眾持經之人，亦復不能尊重供養，（略）……我等四王并諸眷屬及藥叉等，見如斯事，捨其國土，無擁護心。非但我等捨棄是王，亦有無量守護國土諸大善神悉皆捨去。既捨離已，其國當有種種災禍，（略）……生如是等無量百千災怪惡事」。經文強調四天王不僅是守護者，更是對有罪者行使罰則的天部之神。四天王藉由在《金光明最勝王經》之中登場，明確具備《四天王經》所未有的懲罰者功能。奈良時代的四天王不僅扮演觀察者，亦兼具懲罰者的角色。

從飛鳥時代至奈良時代，四天王所具的象徵意義之變化，尤其明顯呈現在眼部表現方面。法隆寺金堂的四天王像皆具有冷澈眼神，而此神情與觀察者的身分十分相適。另一方面，東大寺戒壇堂的四天王像具有兩種類型的眼神，廣目天與多聞天彷彿是以瞋目遠眺般，持國天與增長天則是猶如凝目威嚇般的眼神。這兩類型的眼睛，被認為是象徵四天王身為觀察者及懲罰者的兩種功能。換言之，可提出如此假設，亦即立於前側的持國天與增長天是懲罰者，立於後側的廣目天與多聞天則是具有觀察者的功能。法隆寺與東大寺的四天王像所表現的差異，顯示兩者在功能上的相異。

廣目天所持之筆與卷子，具有「記錄」之意。而卷子具有另一項意義，就是意味著「傳達」。四天王具有詳細判別眾人行儀，且向帝釋天報告的功能。東大寺法華堂內的尊像如今據傳為梵天，但從身穿鎧甲的特點來看，原本應被視為帝釋天。由此像左手持有卷子的特徵來看，可知是接受四天王上呈的報告文書。

東大寺戒壇堂中的廣目天（吳宜菁攝）

在奈良時代，除了前述兩類型的天之外，更加上梵天之存在，在當時十分重視梵天、帝釋天、四天王的組合。在《金光明最勝王經》中，示說天是以此種組合方式屢次現身來護持持經者。

相對於四天王是行使罰則的身分，接受呈報的帝釋天具有明顯的觀察者意味，梵天是居於更高位階的天主。至於扮演此角色的法華堂梵天、帝釋天像顯得端嚴畢備，從其凌厲眼神之中，充分顯示身為審判者的尊像樣貌。

四、結語

古代日本的佛像具有各種功能，親近佛像的古代人能充分理解其存在。為了配合佛像角色而著墨於表現方式，如此可發揮促使眾人信仰的功能。在處理成為信仰歷史的佛教史之際，必須理解從正面接觸佛像的人心，而此為不可或缺的課題。為了構築做為心性史的佛教史，筆者期盼讀者能更加深入理解佛教。

專欄七

若沖的佛畫

辻惟雄（東京大學名譽教授）

伊藤若沖（一七一六—一八〇〇）出身於京都錦小路，為蔬果市場枡源商店老闆之長男，二十三歲遭逢父喪，成為第四代繼承者，而其個性明顯不同於一般的年輕老闆。與若沖親交甚篤的人物，是相國寺僧大典顯常（一七一五—一八〇二）。大典十歲入禪門，在寺內修行之餘，曾向黃檗宗的大潮元皓修習，亦鑽研文學，積累才賦，成為五山首屈一指的詩文僧。有關若沖的性格特質，大典曾撰有〈若沖居士壽藏碣銘〉，或許記載了若沖親身所言。據碑銘所述，若沖自少時即厭惡為學，不善習字、藝事樣樣不精，唯有佛教及繪畫能懾其心。

據大典顯常所述，若沖剃髮如僧，不食葷、無妻兒，過著禁欲僧般的生活。某日，若沖在市場遇到小販正兜售活捉來的麻雀，哀憫麻雀即將面臨被燒烤而供宴客品嘗的命運，遂買數十隻在自宅庭院中放生。若沖原本信奉淨土宗，位於寺町的淨土宗寶藏寺是伊藤家菩提寺，其族墓仍傳存至今。麻雀放生的軼事，應是源自於提倡護生的淨土宗義。

在繪畫方面，伊藤若沖最初接受狩野派的技法指導，卻漸感生膩，開始熱衷臨摹京都寺院所傳的中國畫。三十六、七歲時與大典顯常結識，應是以臨摹中國畫為契機。大典曾指點若沖學習中國花鳥畫傳統技法的「寫生」理念及方法，若沖則將技法實際運用在自宅後院所飼養的雞群寫生之中。

至四十歲時，伊藤若沖將家督之職委任於么弟，專事最為喜好的繪畫，並決意創作三十幅絹本濃彩的花鳥畫，皆是縱長一百四十餘公分的作品。現今宮內廳三之丸尚藏館保存的《動植綵繪》恰是此作，約費時十年繪成。

伊藤若沖擅繪雞，總共出現在《動植綵繪》的九幅作品中，此外更有各種動、植物蘊藏於作品中。在動物題材方面，包含錦雞、雁、鸚鵡、鴛鴦、孔雀、天鵝、麻雀及各種小禽，各式魚貝

伊藤若沖畫作《葡萄雙雞圖》（出處：大都會藝術博物館 The Metropolitan Museum of Art 網站）

類、昆蟲類。植物方面則有薔薇、芍藥、菊花、芙蓉、向日葵、牡丹、南天竹、蓮花、棕櫚、繡球花、稻禾、蘆葦、梅花、松樹……，這些面貌繽紛多彩的角色，在花鳥畫、蟲草畫這些所謂的中國傳統畫題之中，訴說著若沖試圖在堪稱是動、植物曼荼羅之中，置入這些多彩多姿的主題。從《池邊群蟲圖》裡描繪的昆蟲中，亦能明顯發現如此傾向，其中包含蓑衣蟲、椿象、樹蜂、紅蜻蜓、芋蟲、油蟬、尺蛾、瓢蟲、蠼螋、螻蛄、蟋蟀等，合計多達五十種以上。

伊藤若沖將所繪的三十幅花鳥畫與「釋迦、普賢、文殊」三聯畫一併進獻相國寺，合計三十三幅作品。此後在相國寺舉行閣懺法之際，其配置方式是在方丈內的正面懸掛《釋迦三尊像》，左、右各懸掛《動植綵繪》十五幅。然而，明治時代初期發生廢佛毀釋，《動植綵繪》為了拯救在逆境中殘喘的相國寺，故以進獻方式改由皇室收購，此後遂與《釋迦三尊像》分道揚鑣。相國寺的現任住持有馬賴底所懷的悲願，終於在西元二〇〇七年五月得以實現，將暌違已久的《釋迦三尊像》與《動植綵繪》在該寺承天閣美術館一併展出。當時將《釋迦三尊像》與《動植綵繪》比照昔日舉行閣懺法時的配置方式展出。

如眾所周知般，當時受到若沖的流行風潮所影響，造成入場人數破紀錄。筆者在展場中認為，《動植綵繪》畢竟還是配置在《釋迦三尊像》兩側最為適宜。《釋迦三尊像》

三幅作品的縱長為兩公尺餘，較《動植綵繪》規模大一倍，適合置於正中央。若沖聲稱是臨摹張思恭的畫作，其畫風特色是迥異於日本佛畫風格的濃豔色彩及細緻描繪，不可思議地與《動植綵繪》十分相應，互為調和，是若沖內心的「理想世界＝佛國土的印象視覺化」，《動植綵繪》並非單純的寫生作品。

這三十幅作品是否從最初就以「莊嚴」寺院為創作目的？有關於此，伊藤若沖與大典顯常並沒有遺留任何說明。僅能表示如同在繪製《動植綵繪》之前的大作《旭日鳳凰圖》（宮內廳三之丸尚藏館）的自贊開頭所記載：「花鳥草蟲各各有靈」般，若沖並非從博物學者的立場，而是以泛靈論者的視角來關注動、植物。普林斯頓大學的名譽教授清水義明早已指出，若沖的另一傑作是大幅水墨畫《野菜涅槃圖》（又名《果蔬涅槃圖》），京都國立博物館藏），此畫巧妙演出在擬作白蘿蔔的釋迦周圍，環繞著各式各樣憂悲嘆息的蔬菜。這幅畫的創作背景，是源自於被認為是由天台宗僧良源所撰的《草木發心修行成佛記》，其內容是將草木的一生擬作釋迦生涯。盛行於鎌倉時代的天台本覺思想正是繼承此思維方式，倡說「草木國土悉皆成佛」。另一方面，以達磨和尚與弟子對話的形式來表現的六世紀著作《絕觀論》之中，已然可見「草木成佛」的思想，如此說明其思想原本與禪宗關係十分密切。或許若沖是透過臨濟僧大典而得知「草木國土悉皆成佛」的泛佛論思想，並依此成為《動植綵繪》的創作動機。

文獻介紹

Yoshiaki Shimizu, "The Nirvana of Vegetables." *Flowering Traces*, Princeton University Press, 1992.

特論 II

佛教建築的變遷

藤井惠介

東京大學大學院教授

第一節　古代佛教建築

一、飛鳥時代

日本創設佛教寺院的時間是在六世紀末，自佛教公傳（欽明七年，五三八）之後，佛教信仰在以渡來人系統為主流的族群中逐漸普及，有意建造寺院者不在少數。然而，必須等至蘇我氏在戰勝物部氏（用明二年，五八七）後發願建造飛鳥寺，始有真正的寺院。飛鳥寺於翌年開始建造，當時從朝鮮半島隨百濟僧侶一同派遣寺工、露盤博士、瓦博士、畫工渡日。在建寺地點的勞動者是日本人，但居於領導地位的技術人員皆是渡來人，當時在日本完全不曾存在的中國式建築群就此誕生。其特徵為建基壇、置礎石、豎立寬柱，採用斗栱製作屋簷，覆蓋屋瓦及塗彩等。當時的日本建築物是採用掘立柱（編案：於地面挖掘洞穴，在洞中豎立木柱）、板葺（編案：以木板覆蓋的屋頂）、草葺（編案：以茅草等草類覆蓋的屋頂），故受到極大震撼。長久以來，前者的特徵成為日本寺院建築的傳承。

飛鳥寺是以佛塔為中心，周圍配置三座金堂，皆有迴廊環繞。南側建有中門，迴廊裡側設置講堂（兼做食堂）及僧房。至七世紀初創建四天王寺、法隆寺（若草伽藍）等，

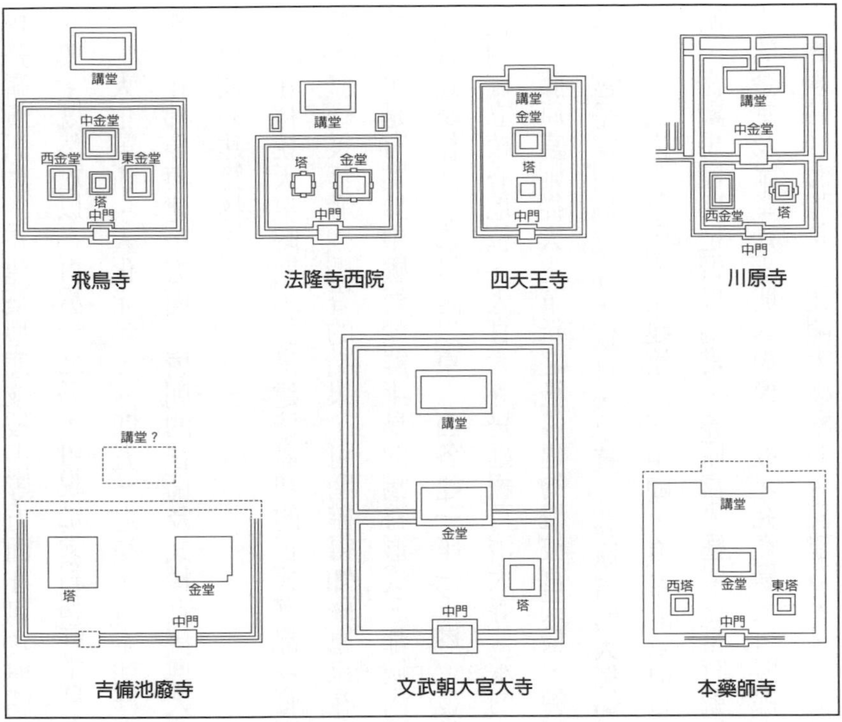

古代寺院伽藍配置圖

是由佛塔與一座金堂前後並列，成為當時的普遍形式。此後皇族及豪族陸續建寺，推古三十二年（六二四）建有四十六座寺院，以及僧、尼人數總計一千三百八十五名（《日本書紀》）。

舒明十一年（六三九），舒明天皇發願建造「大寺」（百濟大寺）。近年經由發掘調查的吉備池廢寺，據推測雖與百濟大寺的形式相似，卻如同此後重建的法隆寺金堂及佛塔般，是採取左、右並列的形式。此外，其金堂面積較當時一般規格約大四倍以上。這些皆是嶄新訊息，在建築型態或技術等方面亦包含與朝鮮半島的關係在內，故有重新考察之必要。既然冠以「百濟」之名，可說是受到朝鮮半島百濟的深遠影響。

大化革新（大化元年，六四五）之後，日本朝廷屢派遣唐使，與唐朝直接展開實質交涉。在佛像與建築方面，唐朝的技術及式樣直接傳入日本，川原寺（六六〇年代）被視為最早期的建築物。

在持統天皇時期，計畫建造最初的正式宮都（藤原京），並於大化五年（六九四）遷都。歷經長年發掘調查的結果，可明確得知藤原京在整體上近乎是正方形，宮殿設於中心位置，是有別於中國與朝鮮半島的獨特形式。都城內設有兩座大寺院，其中，藥師寺採用唐代建築樣式，佛塔是以東、西各建一座三重塔。金堂位於可從中門直接眺望之處，在伽藍內確立核心地位。大官大寺是延續百濟大寺傳承的大佛剎，其伽藍配置與藥師寺一致。

藤原宮則從大化革新之後修建的難波宮式樣，轉變為比照中國式的宮殿建築。當初的難波宮是採用掘立柱、板葺、草葺，藤原宮的大極殿則是採用基壇、礎石、瓦葺（編案：瓦頂），可知為中國化建築。在中國，皇帝的宮殿是以最具規模為自豪，寺院建築「比照」宮殿規模則是習以為常。藤原宮大極殿在當時號稱是日本最大規模的建築物，大官大寺的金堂及講堂幾乎與其規模一致。究竟是天皇與佛之位格相當，或因缺乏建造大型建築物的經驗，而將該寺比照大極殿的規模建造，迄今仍難以下定論。

持統六年（六九二）據傳曾計算日本全國的諸寺數量，總數約有五百四十五座（《扶桑略記》）。原本在七世紀前期僅限於畿內發展的寺院，此時已擴展至諸國。

在現存建築遺跡之中，年代最久遠的是法隆寺西院的金堂、五重塔、中門、迴廊。根據不同研究者的見解雖有若干差異，但可確定是在皇極二年（六四三）或天智九年（六七〇）的火劫之後重建，亦即建於七世紀後期。在這些建築物邊緣的斗栱，僅以四十五度的傾斜角度朝單一方向延伸，呈現出從朝鮮半島傳入的殘存形式。如此顯示了在唐代建築技術革新之前的亞洲古建築形式，玉蟲櫥子亦出自同一系統的技術表現。此外，法起寺三重塔的形式則是將法隆寺五重塔的第二層及第四層予以省略。在近年發掘中，最值得一提的是從山田寺遺跡中大量出土的迴廊建材，由此可確知是更早於法隆寺重建年代的七世紀中葉所呈現的建築樣式。亦有學者認為，創建年代繼法隆寺、法起寺之後列居第三的藥師寺東塔是建於天平二年（七三〇），但將原本位於藤原京的藥師寺的東塔在遷都平城京之際而移建新京，或是比照其固有形式重新建造。藥師寺東塔是運用唐代技術之中建設年代最久的建築物，邊緣的斗栱分別朝三方向延伸，此後的斗栱即是採用由此形式發展出來的式樣。

二、奈良時代

平城京是仿效唐都長安所建，整體上是南北九條、東西八坊，畫分條與坊的大路間隔為一百六十丈（約四百八十公尺），其京城面積又以南北向、東西向再各分四等分（共分割為十六等分），這些小區塊稱為坪（或町），是做為土地分配的基礎單位。坪在計算方面是四十丈（約一百二十公尺）的矩形空間，但因道路有寬度，故其面積略小。在棋盤狀的道路內側設置宮殿、寺院、市、住宅等各種設施。平城京的中央南端設有羅城門，朱雀大路向北延伸，至宮殿入口的朱雀門。其北側一帶是以大極殿為中心的政治、行政設施，內部設有天皇所居的內裏。平城京的北側有寬廣的園池松林苑，都城如同中國式樣般以環牆圍繞於外，城壁是否僅止於南側部分，因議論見解不一而無法確定。

平城京的大極殿，與藤原宮的規模全然一致，形式亦同，研究者指出有可能是移建而成。大極殿是屬於多層式的構造及瓦葺。內裏則是採用掘立柱、檜皮葺，承襲日本自古以來的設計意趣及技法。

至於寺院方面，包括從藤原京移建的大安寺（原為大官大寺）、元興寺（原為飛鳥寺、法興寺）、藥師寺，以及從山城移建的興福寺，並以官大寺的形式建設。藥師寺是採取與藤原京相同的伽藍配置，其他是以迴廊圍繞金堂的前庭，佛塔則置於其外側。原則上，金堂是採取正面七間（編案：一間為六尺）及多層的結構，若是單層形式，則採取附有裳階（編案：在佛堂或佛塔屋簷下另外附加的屋簷及空間，具有保護建築外部之作用），外觀看似雙層的建造方式。斗栱與佛塔同樣採用三手先（編案：由木柱朝外延伸的三層斗栱）。以上是官大寺金堂的標準形式，以此為基準的寺院金堂，正面似乎是七間以下的單層結構。東大寺法華堂（八世紀前期）是正面五間的單層形式，唐招提寺金堂（後期）則是正面七間的單層形式。寺院內的金堂、佛塔、講堂、食堂、僧房、鐘樓、經藏是不可或缺的建築物，進而將大眾院、賤院、花園院、倉垣院等設於外側，做為支持寺院經營的設施。

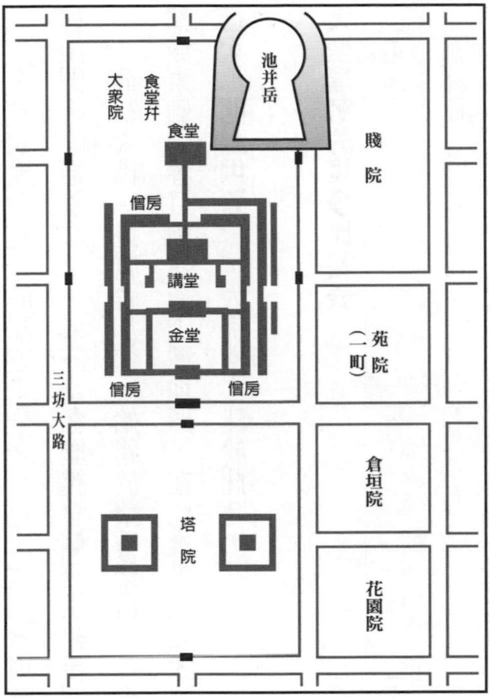

大安寺配圖

天平十三年（七四一），聖武天皇向全國發布詔書，下令應建立國分寺、國分尼寺，並計畫建造東大寺做為總國分寺，以及將法華寺做為總國分尼寺。各國的國分寺皆設置金堂與一座七重塔。

金堂規模與建築的配置十分多元化，並未發現統一規格。此外，令人無法置信此項工程能即時建造及竣工，或許是在歷經整個八世紀後期方才緩慢建成。

最初大佛（毘盧舍那佛）始建於紫香樂宮（今滋賀縣），卻隨即遷移至平城京，並在都城東側的春日山建造山麓地形，在此推動造立大佛的工程。天平勝寶四年（七五二）舉行大佛開眼供養會，大佛殿亦建於此時。

大型建築的規模比較表

七世紀	年代	正面（約）	深度（約）
吉備池廢寺金堂	約六三九	三十公尺	十八公尺
藤原宮大極殿	約六九四	四十五公尺	二十公尺
大官大寺金堂	七世紀末	四十五公尺	二十公尺
八世紀			
平城宮大極殿	約七一〇	四十五公尺	二十公尺
藥師寺金堂	約七二〇	二十八公尺	十七公尺
元興寺金堂	約七二〇		

興福寺中金堂	七二一	三十七公尺	二十三點五公尺
東大寺金堂（大佛殿）	約七五二	八十七公尺	五十一公尺
西大寺藥師金堂	約七六四	三十六公尺	十六公尺
彌勒金堂	約七六四	三十二公尺	二十點五公尺
唐招提寺金堂（現存）	八世紀末	二十八公尺	十八公尺
九世紀			
東寺金堂		三十四公尺	十八公尺
朝鮮半島、中國			
皇龍寺（新羅・慶州）	五八四	五十二公尺	二十九公尺
大明宮含元殿（唐・長安）	六六三	六十七公尺	二十九公尺

大佛計畫建造成十六丈的金銅佛，規模為一般本尊的十倍，實際高度約二十公尺。供奉大佛的佛殿（金堂）則是規模雄大，成為破例。與過去的官大寺等級的金堂相較之下，大佛殿的正面約為兩倍，總面積約為四倍，是較當時在唐朝號稱最大規模的宮殿含元殿更

為宏偉。形式則是將既有的官大寺金堂以等比例擴大，因創建當時的建築物已付之一炬，故其詳細情況未明。但在舉行開眼供養會之後又約歷經二十年歲月，大佛殿被迫面臨必須建造四十根副柱，令人質疑其建築未必能充分確保耐震度。此後，東大寺持續建設，於三十年後燒製僧房所需的屋瓦十九萬片。耐人尋味的是，該寺不僅是金堂規模巨大，包括南大門、中門在內的各門、七重塔、倉庫（正倉院等）亦較一般規模更大。僧房的各房舍雖為一般規模，卻因止住僧人眾多，僧房的整體規模龐大，講堂、食堂亦是如此。這些建築物無論是占地面積或高度，在與官大寺相較之下，皆約龐大二至三倍，更遙遙凌駕天皇的宮殿（大極殿）。即使綜觀東亞地區，亦堪稱是極為特殊的建築物。

海龍王寺五重小塔，記錄了奈良時代前期的建築風格。（秦就攝）

稱德天皇為了祈求平定藤原仲麻呂的叛亂（天平寶字八年，七六四），故而創立西大寺，奈良時代的大規模寺院建設遂以此寺而告終。光仁天皇即位（寶龜元年，七七〇）後，大幅限制新設寺院及擴充寺院領地。桓武天皇繼承此政策，於延曆三年（七八四）在將多數寺院留置平城京的情況下，強行遷都至長岡京。

寶藏是唐招提寺創建時期的建築之一，是經藏、寶藏收藏處。（釋果品攝）

奈良時代的建築物，在今日碩果僅存的唯有寺院而已。八世紀前期的建築物，包括藥師寺三重塔、海龍王寺五重小塔、東大寺法華堂、法隆寺東室（僧房）、食堂（當時為處理莊園事務的政所）、夢殿等。八世紀後期則有唐招提寺金堂、新藥師寺本堂、元興寺五重小塔等。在倉庫方面，正倉院、東大寺、唐招提寺則有保存寶物的寶藏或經藏等，經由僧房改造的建築物則有元興寺本堂及禪室。

三、平安時代

延曆三年（七八四），桓武天皇遷都長岡京，又於十年後的延曆十三年（七九四）遷都平安京。長岡京位於距平安京西南側約十公里之處，都市規模及形式與平城京幾乎一致。若是從過去的都市計畫方式來看，成為各基準單位的町（坪），其規模會因面向道路的幅度變寬，而出現縮小面積的不協調狀態。如同前述般，平安京是決定一町規模為四十丈（約一百二十公尺）的矩形空間，並變更方法為設置道路，進而設置條坊的大路。一町的用地在藉由道路寬度調整下，可避免因變更矩形空間所造成的不便，並在其中設置各種設施。（編案：條坊是指由朱雀大路分為左、右京，並由南、北向大路畫分為四坊。再由東、西向的大路分為九條，形成棋盤式的市街畫分區域。）

宮殿區與平城京同樣設於都城中心的北部。大極殿院、豐樂院位於中央，東北側設置天皇居處的內裏，周圍則由官廳建築所環繞。從豐樂院遺跡中出土的綠釉瓦，可確認是屬於中國風格的裝飾。

寺院建築位於都城內，羅城門的東、西側僅各設東寺、西寺。都城內部禁設寺院，此規制一直遵守至平安時代。最澄開創的天台宗、空海開創的真言宗，兩宗皆以山岳修行為基礎，天台宗在比叡山創建延曆寺，並於山中整頓伽藍，真言宗則是以東寺為都城據點，兼而開創高野山。此外，例如神護寺、安祥寺、醍醐寺（山上）等，皆在環繞平安京的群山中腹之處設立道場。天皇或藤原氏發願建造的大寺院，亦於平安京外側設置仁和寺、貞觀寺、醍醐寺（山下）等，並依據奈良時代的寺院式樣而建立伽藍。其中最值得關注的是，空海建造的真言堂、灌頂堂，是屬於為了從事密教特有儀禮的專用建築物，堂內有相對懸掛的兩界曼荼羅。最澄則建造常行三昧堂、法華三昧堂，目的是為了進行天台宗特有的行法。此外，兩宗派亦開創新式佛塔的多寶塔。

日本諸國的國分寺，因受到國家提供財政援助而有名無實化，逐漸趨於荒廢。取而代之的是形成許多定額寺，這些寺院是由具有檀越身分的地方有力人士所護持。當時是屬於何種形式的伽藍及建築，則是難知其詳。

以天台宗為基礎的淨土教於十世紀後期開始擴展，起初是由中流貴族設置小規模的阿彌陀堂，成為舉行結社活動的場域。身為權力中樞的藤原道長、賴通父子，促使華麗嶄新的阿彌陀堂誕生。藤原道長有感於死期將至而建設無量壽院（治安元年，一〇二一），後為法成寺，其內部是具有九尊丈六阿彌陀佛像並列的九體阿彌陀堂。道長在堂內地上鋪床而眠，在招請的僧侶誦經聲中，握著阿彌陀佛牽引的五色線而辭世。這座新式的阿彌陀堂，是為了體現往生極樂而修造的建築物。另一方面，藤原賴通建造的平等院阿彌陀堂（天喜元年，一〇五三），設計成猶如浮在寬廣蓮池上般，將極樂淨土予以造型化。從十一世紀末至院政期，白河上皇發願建造的法勝寺內安奉著密教諸尊，其寺中央區域建有八角九重塔，並設置九體阿彌陀堂，繼而陸續由五位上皇建造六大寺（六勝寺）。皇族及具有實力的貴族在白河、鳥羽地區競相建造華麗的阿彌陀堂，迎向空前的建設時期。但自十二世紀後期起發生平、源二氏戰亂，平安京的建設活動被迫停止。

平等院鳳凰堂（黃麗婷攝）

舊都奈良的大寺院依然維持運作，卻因國家庇護弱化，導致寺院轉變為莊園領主，舊伽藍即使遭破敗或燒毀亦無法重建的情況愈漸增多。此外，在東大寺等處形成寺內具有小寺型態的院家。擁有影響力的大寺院則興建多處院家，成為獨自的宗教活動據點。有力貴族家的子弟進入院家，僧侶生活就此平步青雲。院家內部設有獨自的僧房與佛堂，並從本寺獨立而進行宗教及經濟活動。本寺逐漸成為各種院家的組織集團而運作。

有關地方寺院的建築情況仍有許多未明之處，尤其值得一提的是平泉。奧州藤原氏因蓄積龐大的經濟實力，遂於十二世紀在平泉設置御所，創建中尊寺、毛越寺、無量光院等。無量光院是仿效平等院的形式，中尊寺金色堂則被評價為比平等院鳳凰堂所展現的漆工藝技術更為匠心獨具，並被認為是與京都工藝有密切關聯。其他如富貴大堂（大分縣）、白水阿彌陀堂（福島縣）、鶴林寺太子堂（兵庫縣）等，皆零星散布與十二世紀建築有關的一間四面（編案：中央有一間矩形的主屋，外圍四方各有稱為「廂」的平面空間）形式的小規模佛堂。

第二節　中世的佛教建築

一、鎌倉時代

治承四年（一一八〇）源賴朝在伊豆韮山舉兵，攻入鎌倉後，將該地視為據點。源賴朝在群山環繞的北奧地區勸請修造八幡宮（鶴岡八幡宮），並於東側鄰地的大倉建造御所，向南建造筆直的若宮大路延伸至由比濱，並在此路的東、西兩側計畫建設棋盤式的都市。當時曾部分引用京都的都市計畫，採取將宮殿變更為八幡宮的形式。八幡神是源氏的守護神，八幡宮從最初即設置二十五名僧侶，並為其各建僧坊。北條氏繼源氏三代之後成為執權且大權在握，卻未重建大規模的政治設施。身為各地領主的武士（御家人），則將原本在平安京的居所設於鎌倉。

為了祭祀連年內戰的陣亡者，永福寺（建久三年供養，一一九二）在建造之際是仿效平泉的無量光院，形式為三堂並置及設置水池的伽藍。鎌倉在初期所建的寺院，十分具有京都特色。榮西於正治二年（一二〇〇）受請擔任源賴朝一週年超薦法會的主法法師，並於法會後獲得龜谷地區的土地並創建壽福寺，繼而在京都所設的鎌倉政權據點六波羅修造建仁寺（建仁二年，一二〇二）。榮西系出天台宗，兩度入宋並將禪宗（臨濟宗）傳入日本，雖遭天台宗勢力彈壓，卻受到鎌倉政權護持，繼而在鎌倉籌畫興建大佛與大佛殿。據傳鎌倉幕府就此被賦予成為東國國家（編案：東國國家是指鎌倉幕府所形成的東國政權，具有與京都王權並立的獨立特性）之象徵（寬元元年供養，一二四三）。

建長寺為日本首座禪宗道場，佛殿堂前老柏樹相傳是開山蘭溪道隆手植。（秦就攝）

北條時賴就任第五代執權後，欲創建正式的禪寺，原本有意招聘越前大佛寺（後為永平寺）的道元，卻遭道元堅拒，遂改招請渡日的宋朝高僧蘭溪道隆至鎌倉，並創立建長寺（建長三年，一二五一），在此成立日本首座正式的禪寺。從宗教上的修行形式至伽藍或建築樣式，皆徹底實踐中國風格（禪宗寺院的建築式樣稱為禪宗樣），此後歷經北條氏一族陸續創建圓覺寺、淨智寺、淨妙寺等禪院。此外，位於金澤的北條實時別墅成為稱名寺，兼修真言宗與律宗。真言律宗的極樂寺則成為忍性的弘法據點，亦與幕府經濟政策維持密切關聯。

在京都留存許多建於平安時代後期的寺院，但在承久之亂（承久三年，一二二一）後，院及貴族大量喪失莊園，無法持續經營。尤其是六勝寺或鳥羽的離宮遭到棄置，漸形荒廢。其中，最值得一提的是藤原道家創建的東福寺，原本計畫建造八宗兼學（南都六宗、天台、真言）的寺院，因重用圓爾辨圓而改為禪寺，並完成大規模伽藍。當時，應是採用重建東大寺時所運用的中國式技術及設計風格（大佛樣）。鎌倉時代的京都有不少令人矚目的佛寺建設，包括南禪寺在內的數座禪寺，皆是由天皇或貴族以進獻方式創建而成。在鎌倉新佛教之中，淨土宗、淨土真宗、日蓮宗、時宗在都市設置小堂，試圖在庶民之間普及化，建築物則未能遺存。

在奈良時代發生的大事件，就是平重衡於治承四年（一一八〇）在征討敵軍中焚毀寺院。東大寺、興福寺因曾援助源氏舉兵對抗平氏，故兩寺包括金堂在內的主要伽藍皆付之一炬。興福寺是藤原氏的氏寺，此後立即展開重建活動，至元曆元年（一一八四）以前，除了中金堂之外的主要建築皆獲得重建。東大寺的大佛與大佛殿的規模過於龐大，故難以推估何時將可重建。重源於該寺焚毀的翌年，親自為求重建而推展復興事業。大佛重鑄的工程可能採用包括陳和卿在內的中國鑄造工匠，大佛殿亦採用中國的技術及設計風格（稱為大佛樣），並於建久六年（一一九五）開始供養。大佛與大佛殿皆以重現奈良時代創建當時的規模及形式為目標。除東大寺、興福寺之外，法隆寺積極轉型為信奉聖德太子的寺

元興寺本堂（秦就攝）

院，並整頓東院。元興寺的僧房成為淨土信仰的據點，並改建為極樂坊本堂、禪堂（寬元二年，一二四四）。

在鎌倉、室町時代，真言宗、天台宗寺院在地方盛極一時，兩宗寺院多起源於平安時代，並與當地神社結合，在地領主們（包括身為地方有力人士的武士在內）的信仰逐漸凝聚一方。在略入山間之處選定土地後，構成山門、本堂、佛塔（三重塔、多寶塔）、庫院、院家等。其本堂具有正面五間或正面七間，屬於近乎正方形的平面面積。內設禮堂的本堂形式已於平安時代末期完成，至鎌倉、室町時代方在全國普及。本堂內部是由安奉禮堂與本尊的正堂所構成，兩者之間是由透空的格子門相隔。基本上徹底維持內陣、外陣結構，柱子配列及細部設計等則是交由工匠衡量，每座建築風格獨具，尤其是柱子間的蟇股（編案：上、下樑間支撐或托墊的墩木）、天井周圍的斗栱等，呈現多彩多姿的設計風格。

至於本堂方面，則有初期位於京都府大報恩寺本堂（安貞元年，一二二七）、滋賀縣長壽寺本堂等，中期位於福井縣明通寺本堂（正嘉二年，一二五八）、奈良縣長弓寺本堂（弘安二年，一二七九）、山梨縣大善寺本堂（弘安九年，一二八六）、櫪木縣鑁阿寺本堂（正安元年，一二九九）等，後期則有採取大佛樣、禪宗樣細部設計的愛媛縣太山寺本堂（嘉元三年，一三〇五）、廣島縣明王院本堂（元亨元年，一三二一）、廣島縣淨土寺本堂（嘉曆二年，一三二七）等。除本堂之外，佛塔或寺門亦有許多秀巧之作。在多層塔方面，京都府海住山寺五重塔（建保二年，一二一四）、福井縣明通寺三重塔（文永七年，一二七〇）、鎌倉後期位在滋賀縣的西明寺三重塔。在多寶塔方面，滋賀縣石山寺多寶塔、大阪府慈眼院多寶塔（文永八年，一二七一）等。此外，在二重門方面則有京都府光明寺仁王門（寶治二年，一二四八）、樓門則有奈良縣般若寺樓門、愛媛縣石手寺二王門（文保二年，一三一八）等。

二、南北朝、室町時代

足利尊氏消滅鎌倉幕府後，於京都設置邸宅，開創室町幕府。鎌倉在幕府滅亡後，

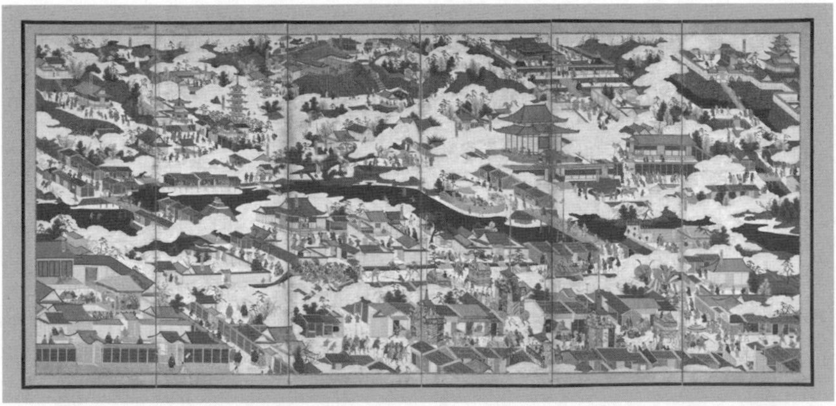

「洛中洛外圖」是日本室町時代所創作的風俗畫的一種，美國大都會藝術博物館所藏「洛中洛外圖屏風」，為江戶前期的堺市博本。屏風描繪了京都及其周圍的節日場景和指標性景點，此為屏風右半部，描繪京都的東部以及以祇園祭為主的街頭活動。（出處：大都會藝術博物館 The Metropolitan Museum of Art 網站）

仍成為幕府政權主宰東國的據點而繁榮發展，因十五世紀中葉發生叛亂，遂遭幕府軍徹底破壞。地方都市自室町時代中期漸趨成熟，出現了成為守護大名據點的初期城下町、真宗據點的寺內町。

後醍醐天皇將禪宗（臨濟宗）的南禪寺置於五山首剎，足利氏進而創建天龍寺（足利尊氏，曆應元年，一三三八）、相國寺（足利義滿，永德二年，一三八二）。這些寺院與鎌倉的建長寺、圓覺寺等幾乎具有相同的伽藍形式，甚至規模更為壯觀。相國寺建有高達一百公尺的七重塔，成為京都最具象徵性的建築物。自十六世紀起，以京都為理想都市所描繪的上杉本「洛中洛外圖屏風」呈現氣勢恢弘的景象，彷彿南禪寺、建仁寺、東福寺、天龍寺、相國寺的盛況。這些寺院伽藍皆在應仁之亂時近乎毀滅殆盡，杳無影蹤，寺院雖維持運作，卻僅有部分重建而已。

另外值得一提的，是在伽藍周圍設置本寺內的寺院，亦即塔頭。最初是住持隱居之處，在其示寂及建墓後，塔頭則成為擺設供品祭祀的場所。十四世紀初因成立門流，塔頭成為其據點。為了做為墓塔的卵塔（編案：於台座上設置卵形塔身的墓碑）或陳設供品祭祀的昭堂（編案：供奉祖師像或牌位之堂），以及客殿（方丈）、庫院、坐禪堂、眾寮、文庫、門等，整體上是藉由築地塀（編案：以石垣為基底所砌成的土牆）圍繞而成。東福寺龍吟庵客殿（天授四年，一三七八）是現存最古的方丈，並由六室構成，是屬於住宅設計風格。此外，知名的圓覺寺舍利殿（十五世紀初），原本是鎌倉尼五山之一的太平寺佛殿，此後移建成為圓覺寺塔頭正續院的昭堂。

從十四世紀前期開始，原本僅限於鎌倉、京都的禪寺逐漸在日本全國普及。足利尊氏、直義受夢窓疎石的勸化之下，為憑弔陣亡者而發願在諸國各建一寺一塔，亦即安國寺及利生塔。安國寺是在禪宗（臨濟宗）管轄下所建，多數護持者將之視為個人菩提寺，造成禪宗建築霎時在各地普及。自平安、鎌倉時代以來，天台、真言二宗已廣泛根植於各地，如今則新添禪宗勢力。

在中世鎌倉、京都的禪宗建築物幾乎未能遺存至今，鎌倉幕府滅亡（正慶二年、元弘三年，一三三三）後，仍於該地設置「鎌倉府」，成為室町幕府在東國統治的據點而繁榮發展，卻因永享之亂（永享十年，一四三八）、康正之亂（康正元年，一四五五）而廢除鎌倉府。因淪為荒廢之村，導致寺院建築形同棄置，多數寺院就此廢失。京都則因應仁之亂（一四六七—七七）而成為戰場，昔日累積建造的諸多寺院建築就此喪失。

在禪宗建築方面，模仿京都、鎌倉的五山佛殿所建造的廣島不動院金堂（天文九年，一五四〇）、附有方三間（編案：由四角支柱排列成正方形空間，每邊長度為三間，約五點五公尺）裳階的山口縣功山寺佛殿（元亨三年，一三二三）、東京都正福寺地藏堂（應永十四年，一四〇七）、複合式建築的岐阜縣永保寺開山堂（貞和三年，一三

圓覺寺正續院舍利殿（昭堂），是神奈川縣唯一的國寶建築。（秦就攝）

四七）、岐阜縣安國寺經藏（應永十五年，一四〇八）、鎌倉時代後期長野縣的安樂寺八角三重塔等，皆分布於日本全國。這些建築物皆是從中國輸入的新形式及設計風格，在日本經由融會貫通之後使其廣泛普及。至江戶時代之後，其形式或設計風格則運用於稱之為「唐樣」的高級奢華建築之上。

此外，自鎌倉時代展開活動的鎌倉新佛教宗派，亦即淨土宗、淨土真宗、時宗、日蓮宗等，在都市或農村漸獲眾多信徒。日蓮宗於十四世紀前期的京都建造妙顯寺，並由足利義滿捐獻寺地。京內曾大量建造寺院，卻在應仁之亂後逐漸荒廢，在上京、下京採取小都市型態發展之際，得以鞏固其周邊勢力的則是妙顯寺、妙覺寺、本能寺等日蓮宗寺院。淨土真宗在地方農村逐漸普及，但在京都的大谷設置親鸞本廟，就此產生御影堂、阿彌陀堂（本堂）並置的伽藍形式，並逐漸發展為山科本願寺、石山本願寺。至十六世紀後，在畿內、北陸產生許多以真宗寺院為核心的寺內町，逐漸形成與戰國大名交戰的強大組織。

至戰國時代，各地的戰國大名形成領國，並在國內經營都市及寺院。彼此交戰的結果造成領國範圍明顯改變，工匠不斷進行重組，亦頻繁進行技術交流。北陸最具實力的戰國大名朝倉氏所遺留的一乘谷遺跡（福井縣），是可理解戰國城下町實際發展樣貌的罕見之例。原本做為戰鬥用途的城廓，是以迅速建設做為重要考量的簡易建築物。織田信長遷至名古屋、岐阜，興建城廓及都市，並在平定畿內後，於琵琶湖畔的安土地區建造具有大規模城廓的安土城（天正四年，一五七六），藉此彰顯其統一天下之意圖。

第三節　近世的佛教建築

一、桃山時代

織田信長平定畿內後，在安土建造以天守（城主處理政務及生活之處，做為誇示其權威象徵之建築）為中心的安土城（天正四年，一五七六），並聚集武將部屬建設城下町。然而，信長在本能寺之變（天正十年，一五八二）遭討伐而自盡後，安土城亦付之一炬，結束其短暫生涯。安土城是由武士信長在企圖心驅使之下創建而成，是誇耀其自身王權的建築物。據推測，安土城的創建構想，應是參照中國建築或寺院的多層建構而來。繼信長之後掌握霸權的豐臣秀吉則建造大坂城（天正十二年，一五八四），後於京都設置聚樂第（天正十五年，一五八七），卻於文祿四年（一五九五）被拆毀。秀吉進而建造御土居（編案：為防禦外敵來襲或河川氾濫而建造的土壘）環繞於京都外圍，使其轉變為真正的城下町。秀吉所管轄的武將亦在自身管轄的領國內建設城廓及城下町。至於江戶，亦由德川家康整頓建設城下町。自古高層建築物是以寺院的佛塔為代表，新天守則成為都市的視覺中心。被視為戰鬥裝置而產生的城廓，是以做為可供仰眺之用的建築物而達成其建造目的。

據傳信長的安土城內曾安置多寶塔，是具有宗教性質的建築物，但自秀吉建造大坂城後，就不再具有宗教性。

佛教方面因淨土真宗、時宗、日蓮宗等宗派普及，各教團聚集民眾信仰而成立諸多寺院。淨土真宗的本山本願寺在遭驅逐而遷至山科後，於大坂石山地區建造要塞都市，在與織田信長激戰（石山合戰，一五八〇年停戰）後，主和派將本願寺遷至京都。如同信長討伐、焚毀比叡山（元龜二年，一五七一）般對佛教缺乏信仰心，但對天主教傳教活動甚為禮遇，更促使佛教各宗派進行宗論等，形成一種自由競爭。信長歿後，秀吉限制天主教的傳教活動，造成了重返重用固有寺院、神社的趨勢。豐臣秀吉完成全國統一，計畫在京都東山的山麓建造大佛（天正十四年開工，一五八六；天正十七年完成，一五八九）。永祿十年（一五六七），奈良東大寺遭到筒井順慶所焚毀，秀吉試圖在京都實踐計畫，建造一座較奈良東大寺規模更宏偉的大佛殿做為和平象徵。當時在畿內廣徵工匠，建構新建築工程系統。約於此時，在江戶時代掌握畿內建設行政的中井家開始嶄露頭角，歷經關原之戰（慶長五年，一六〇〇）之後，德川家康向豐臣秀賴勸薦捐助修繕畿內各寺社，秀賴促使諸多寺社得以復興。東寺金堂（慶長八年重建，一六〇三）、北野天滿宮本殿（慶長十二年重建，一六〇七）、法隆寺（金堂修理）等，皆於此時投入修繕或重建。

豐臣秀吉於慶長三年（一五九八）歿後，獲封大明神之神號，並於京都東山建設氣勢恢弘的豐國廟，其建築形式則是仿效北野天滿宮（今日稱為權現造）。秀吉的廟堂令人想起菅原道真為俗者建廟之先例，豐國廟的裝飾則更為絢爛華麗。元和元年（一六一五），德川家康在大坂夏之陣消滅豐臣家後，為了消弭其影響力，徹底迅速拆除豐國廟，並為期一年完成。信長、秀吉時代的建築歷經如此變故，僅能得知現存最盛期所遺留的稀少建築物，而其原本所在地多已不明。此外，當時塗用的色彩特徵是以黑漆為底並施以濃彩，與過去以朱色為基調色彩的風格迥然相異。寶嚴寺唐門（據傳為移建豐國廟極樂門）、大德寺唐門（據傳為移建聚樂第之門），地方則有和歌山縣天滿神社本殿（慶長十一年，一六〇六）、宮城縣大崎八幡宮本殿（慶長十二年，一六〇七）等。

二、江戶時代

近世因確立新政體，以及在各地形成如同京都等極少數的都市，或都市型態的場域，故而產生新建築類型。此外，基於庶民的經濟力提昇，地方建築亦顯著提昇品質，而此成為一大特徵。

至十六世紀末，大名城廓與以城為核心發展的城下町開始大量建造。既有嶄新的設計形式，亦有舊都市或包含鄰近都市的型態。例如犬山城（愛知縣）、松本城（長野縣）、彥根城（滋賀縣）等，如今仍有天守存世。元和元年（一六一五），因制定一國一城

日光東照宮唐門（吳宜菁攝）

令，准許各國僅能保留一城，除大名居城之外皆徹底拆毀。此後，各國以大名居城的城下町為中心逐漸發展。

德川家康於元和二年（一六一六）歿後，幕府在久能山建設東照宮做為祭祀場所，又於翌年在日光興建完成東照宮，並將家康改葬於此。現今的日光東照宮於寬永十三年（一六三六）改建而成，沿襲豐臣秀吉的豐國廟形式，以石間（做為連結之用的舖石迴廊）連結本殿與拜殿。家康獲封東照大權現之神號，故東照宮的建築風格有「權現造」之稱。其裝飾是以黑漆為底色並搭配雕刻，其上施以濃彩及白

清水寺本堂（吳宜菁攝）

色，設計風格極為絢麗多彩。東照宮成為對幕府表以恭順的象徵，各大名競相參與建設，據傳總數為五百人以上。即使在改建其他神社之際，亦廣泛採用權現造的形式，華麗色彩的特色逐漸普及化。包括和歌山東照宮（元和七年〔一六二一〕，和歌山縣）、寬永寺東照宮（慶安四年〔一六五一〕，東京都）等，仍現存許多建築物。

在寺院方面，繼豐臣秀賴修建近畿一帶的寺院與神社後，許多荒廢寺社面臨重建及修造。例如清水寺本堂（寬永十年，一六三三）、延曆寺根本中堂（寬永十七年，一六四〇）、長谷寺本堂（慶安三年，一六五〇）等，東大寺大佛殿亦於寶永二年（一七〇五）進行重建及供養。

此外，寬永寺、增上寺是基於做為都市的

南、北守護寺院而創建。在江戶，兩者皆屬大規模寺院，寺內建造多處將軍家的靈廟及御靈屋（編案：祭祀祖先之神壇），這些建築物是以東照宮為基礎，設計異常豪華絢麗。寬永寺、增上寺因戊辰戰爭（明治元年，一八六八），以及第二次世界大戰的美軍空襲（一九四五）而遭受毀滅性破壞，靈廟建築近乎消失殆盡。

江戶時代的寺院建築中，尤其值得一提的，是鎌倉新佛教的本堂在全國逐漸普及化。中世的淨土宗、淨土真宗、時宗、日蓮宗、曹洞宗（禪宗）傳存至今的建築物已是屈指可數，這恐怕是缺乏具有影響力的檀越護持所致。然而，自十七世紀在京都、江戶，於各地的城下町興建數量極為可觀的大、小寺院建築。寺院管理的宗旨別人帳具有戶籍功能，故能同樣發揮役所功能。至十八世紀後，寺院分布於日本各聚落，其建築（尤其是本堂）多數現存至今，與中世階段的佛寺相形之下，近世的寺院堪稱是獲得更加堅固耐久的建築物。至於信徒數量擴大與經濟能力，促使本堂建築得以落實。本堂多採用將供奉本尊的佛殿區與信徒聚集的座敷（編案：鋪有榻榻米的客室）區相互結合的形式。此外，庫院包括事務所、廚房、僧坊在內，其後側一般設有座敷，至於層塔建造則是十分罕見。

年表
參考文獻

年表

1. 日本篇（第十一卷至十四卷）所附之年表，在與各卷相關的時代為詳表，其他時代則為略表。此年表是以佛教史為中心，亦收錄相關社會或思想、文化項目。
2. 改元之年以新年號標示。
3. 年表製作
⑴古代（？—一一八四）：藤井淳（東京大學大學院醫學系研究科 Global COE 特任研究員）、豊嶋悠吾（東京大學大學院）
⑵中世（一一八五—一五七二）：和田有希子（早稻田大學日本宗教文化研究所客座研究員）
⑶近世（一五七三—一八六七）：西村玲（財團法人東方研究會研究員）
⑷近代（一八六八—）：辻村志のぶ（前日本學術振興會特別研究員）

西元	年號	佛教發展動向	史事紀要
五二二	繼體十六	據傳司馬達等渡日，於大和高市郡的草堂安置佛像。	
五三八	宣化三 欽明七	據傳百濟聖明王將佛像及經論贈於日本朝廷，群臣為禮佛方式而引發論爭（佛教公傳，一說五五二年）。	

五八四	敏達十三	司馬達等之女嶋剃度出家，稱善信尼，另有二名女子亦同（此為出家之始）。	
五八七	用明二	用明天皇因患疾而皈依佛門。	蘇我馬子與聖德太子攻滅物部守屋。
五九四	推古二	頒布佛法興隆之詔。	
六〇四	推古十二		聖德太子制定《憲法十七條》。
六〇七	推古十五	聖德太子創建法隆寺。	
六〇八	推古十六		小野妹子受遣入隋，僧旻等留學僧亦同行。
六一〇	推古十八	高句麗王派遣僧曇徵渡日，傳入紙、墨製法。	
六一一	推古十九	聖德太子撰《勝鬘經義疏》，此後著有《維摩經義疏》、《法華經義疏》（三經義疏的作者另有其說）。	
六一八	推古二十六		隋滅建唐。

六二二	推古三十	橘大郎女等人製作天壽國繡帳以追思聖德太子。	
六四三	皇極二		山背大兄王遭受蘇我入鹿襲擊而自盡。
六四六	大化二		頒布大化革新之詔。
六七二	天武元		壬申之亂。
六八三	天武十二	任命僧正、僧都、律師監督僧尼（成立僧綱制）。	
七〇一	大寶元	於大官大寺宣述《僧尼令》。	完成《大寶律令》。
七一〇	和銅三	山階寺遷於平城京，改稱為興福寺。	遷都平城京。
七一七	養老元	禁止百姓私度及行基從事民間傳法活動。	
七二三	養老七	於興福寺設置悲田院。	
七三五	天平七	玄昉自唐朝攜歸經論五千餘卷，並傳入法相宗。	
七四〇	天平十二	新羅僧審祥初講《華嚴經》（六十卷	藤原廣嗣之亂。

		本）。	
七四一	天平十三	聖武天皇發願建立國分寺、國分尼寺。	
七四五	天平十七	行基受任為大僧正。	
七五二	天平勝寶四	於東大寺進行大佛開眼供養。	
七五四	天平勝寶六	唐僧鑑真渡日，弘傳律宗。	
七五五	天平勝寶七	東大寺設立戒壇。	
七五九	天平寶字三	鑑真建立唐招提寺。	
七七〇	寶龜元	道鏡被貶謫為下野藥師寺別當。	稱德天皇（年五十三）薨。
七八八	延曆七	據傳最澄建造比叡山寺（一乘止觀院、延曆寺）。	
七九四	延曆十三		遷都平安京。
七九八	延曆十七	制定年分度者制。	
八〇四	延曆二十三	最澄、空海入唐。	
八〇五	延曆二十四	最澄歸朝，傳天台法門。	

八〇六	大同元	空海歸國，傳真言密教，編撰《御請來目錄》。	
八一六	弘仁七	空海向朝廷請賜高野山（金剛峯寺）。	
八一九	弘仁十	最澄奏請於比叡山設立圓頓戒壇，遭到南都僧眾連署反對。	
八二二	弘仁十三	最澄（年五十六）示寂（逝後，朝廷敕准比叡山設立戒壇）。	
八二三	弘仁十四	朝廷將東寺敕賜於空海（稱為教王護國寺，被定位為真言宗根本道場）。	
八三〇	天長七	向朝廷上呈天長敕撰六部宗書。	
八三五	承和二	空海（年六十二）示寂。	
八四七	承和十四	圓仁自唐歸朝，撰《入唐求法巡禮行記》。	
八五一	仁壽元	圓仁於比叡山初次引入五台山的引聲念佛，修持常行三昧。	
八五八	天安二	圓珍自唐土攜歸諸多佛典及儀軌，此	

		後重興園城寺。	
八六六	貞觀八	追贈最澄諡號為傳教大師，圓仁為慈覺大師（此為最初的敕諡號）。	
八八五	仁和元	安然撰《菩提心義抄》、《真言宗教時義》。	
八九四	寬平六		菅原道真奏請停止派遣遣唐使。
九三八	天慶元	空也入京，始於市井推廣口誦阿彌陀佛的稱名念佛。	
九四〇	天慶三		平定平將門之亂。
九六三	應和三	應和宗論（宮中舉行法華八講之際，法相宗的法藏等人與天台宗的良源等人之間引發論爭）。	
九七〇	天祿元	初次舉行祇園御靈會。	
九八五	寬和元	源信撰成《往生要集》。	
九九三	正曆四	圓仁門徒（山門派）與圓珍門徒（寺	

		門派）相爭，圓珍弟子離開比叡山。	
一〇〇六	寬弘三	興福寺僧眾以神佛譴罰為由，向朝廷發起稱為「強訴」的武力抗爭，此後僧眾、神人發起強訴威脅朝廷的風氣漸盛。	
一〇二七	萬壽四	藤原道長（年六十二）歿於法成寺阿彌陀堂。	
一〇五二	永承七	開始盛行末法將至之說。	
一〇五三	天喜元	藤原賴通建立平等院阿彌陀堂（鳳凰堂）。	
一〇八六	應德三		白河上皇始行院政。
一一一七	永久五	據傳良忍感得融通念佛之偈。	
一一三二	長承元	覺鑁建立高野山傳法院的密嚴院。	
一一六四	長寬二	平清盛與平氏一門共同抄寫《法華經》等經典，供奉於嚴島神社（平家納經）。	

一一六七	仁安二		平清盛成為太政大臣，平氏邁向全盛時期。
一一六八	仁安三	榮西初次入宋，與前一年入宋的重源偕同返日。	
一一七五	安元元	法然提倡專修念佛，離比叡山而移住東山吉水（日本淨土宗之始）。	
一一八〇	治承四	平重衡火攻南都，東大寺、興福寺付之一炬。 平康賴約在此之前撰寫《寶物集》。	源賴朝舉兵入侵鎌倉。
一一八一	養和元	重源勸請重建東大寺。	平清盛歿。
一一八五	文治元	東大寺大佛建成。	壇之浦之戰（平家滅亡）。設置守護與地頭。
一一九二	建久三		源賴朝成為征夷大將軍。
一一九四	建久五	禁止榮西、大日能忍（達磨宗）等人弘傳禪宗。	
一一九八	建久九	法然撰《選擇本願念佛集》。 榮西撰《興禪護國論》。	

一二〇四	元久元	榮西撰《日本佛法中興願文》。法然撰《七箇條制誡》。	源賴家遭北條氏殺害。
一二〇五	元久二	興福寺僧眾提出停止念佛的訴狀（《興福寺奏狀》）。	
一二一九	承久元		源實朝遭公曉所弒（源氏嫡系滅絕）。幕府將九條道家之子賴經從京都遣往鎌倉。
一二二一	承久三		承久之亂。後鳥羽院遭流放於隱岐。
一二二四	元仁元	親鸞完成《教行信證》初稿（淨土真宗開宗）。	北條泰時成為執權，北條時房成為連署（連署之始）。
一二二七	安貞元	延曆寺眾徒破壞法然之墓，隆寬、空阿彌陀佛遭流放。	加藤景正自宋返日，始有瀨戶燒。
一二三二	貞永元	明惠（年六十）示寂。	設定御成敗式目（貞永式目）。
一二三六	嘉禎二	叡尊、覺盛等人於東大寺立誓受戒。	猿樂在京都蔚為風潮。

一二四三	寬元元	圓爾受迎請為東福寺開山祖師。	
一二四四	寬元二	道元受招請至越前大佛寺（永平寺）。	
一二四六	寬元四	蘭溪道隆自宋渡日。	名越光時擁立藤原賴經，但又密謀廢除（名越光時之變）。幕府將賴經送返於京。
			九條道家遭奏請罷免擔任攝政一職。
一二五一	建長三	親鸞以書信化導對佛經解釋歧異的東國門徒。	
一二五二	建長四		宗尊親王就任將軍（皇族將軍之始）。
一二五三	建長五	日蓮於清澄寺勸說及獎勵法華信仰，宣教於鎌倉（日蓮宗開宗）。	
一二六四	文永元	叡尊初修光明真言。《歎異抄》撰成。	
一二六八	文永五	凝然撰《八宗綱要》。	幕府驅逐蒙古使者。

		日蓮呈書於時宗，譴責諸宗及警告外寇來襲。	北條時宗成為執權。北條實時約於此時創立金澤文庫。
一二七二	文永九	日蓮於佐渡撰《開目抄》。親鸞之女覺信尼，將父墓遷至大谷（本願寺）。	蒙古使者奏呈國書。後嵯峨院（年五十三）薨。持明院統與大覺寺統分裂後形成對立。
一二七四	文永十一	日蓮獲赦免遭流放佐渡。一遍參詣閉關於熊野（北條時宗開宗）。日蓮於身延山開創久遠寺。了惠道光編《黑谷上人語燈錄》。	文永之役。卜部兼方撰《釋日本紀》（—一三〇一年）。
一二八一	弘安四		弘安之役。
一二八六	弘安九	叡尊撰《感身學正記》。無學祖元（年七十一）示寂。	
一二八八	正應元	賴瑜將大傳法院、密嚴院自高野山移至根來（另立新義真言宗）。日興離開身延山而前往富士。	

一二九四	永仁二	日像於京都宣揚法華宗。忍性創建悲田院、敬田院。	
一二九八	永仁六	將西大寺管轄的三十四座寺院做為將軍祈願所。	
一三一七	文保元	一山一寧（年七十一）示寂。	幕府決定由持明院統、大覺寺統的皇嗣輪流繼位為天皇（文保和談）。
一三二一	元亨元	後宇多法皇創建大覺寺金堂。	院政結束，改由後醍醐天皇親政。重興記錄所。
一三二四	正中元	大德寺創建。存覺撰《諸神本懷集》。	正中之變（後醍醐天皇欲行倒幕計畫卻事跡敗露）。
一三三一	元弘元、元德三		元弘之變（後醍醐天皇攜神器投奔笠置寺）。
一三三三	元弘三、正慶二	後醍醐天皇將大德寺列為五山之一。纂集《末燈鈔》。中巖圓月撰〈原民〉、〈原僧〉以論時弊。	足利尊氏、新田義貞舉兵。北條高時自盡（鎌倉幕府滅亡）。後醍醐天皇返京。

一三三四	建武元	制定南禪寺為五山之首，大德寺亦同等階位。	推行建武新政。編纂具批判文性質的《二條河原落書》，藉以諷刺社會。
一三三六	延元元、建武三		足利尊氏制定《建武式目》（成立室町幕府）。後醍醐天皇獻出神器而暗中前往吉野（南北朝分裂）。
一三三八	延元三、曆應元		足利尊氏任征夷大將軍。北畠親房撰《元元集》。
一三三九	延元四、曆應二	足利尊氏奏請建造安國寺、利生塔。創建天龍寺。	後醍醐天皇（年五十二）薨。北畠親房撰《神皇正統記》。
一三五二	正平七、文和元	延曆寺眾徒破壞日蓮宗妙顯寺法華堂。	足利尊氏暗殺其弟直義（年四十七）。
一三六八	正平二十三、應安元	延曆寺眾徒批判禪宗興盛。	足利義滿任第三代將軍。《太平記》撰成。

一三七八	永和四、天授四		足利義滿於京都創設花御所並移居於此。
一三九二	元中九、明德三	足利義滿為前一年的明德之亂戰死者舉行超度法會。	南北朝統一。李氏朝鮮建國。
一三九七	應永四	足利義滿建造北山第（金閣寺）。	
一三九九	應永六	足利義滿為義詮舉行第三十三回年忌，以建久年間的東大寺供養為依據，並於相國寺舉行七重塔供養。	大內義弘兵敗而亡（應永之亂）。洞院公定在此之前撰成《尊卑分脈》。
一四〇一	應永八	相國寺取代天龍寺，晉升為五山首剎。	足利義滿派遣肥富、祖阿等人入明（遣明船之始）。
一四〇四	應永十一		足利義滿取得明朝的勘合符，始有勘合貿易。
一四〇九	應永十六	天龍寺恢復為五山首剎。	
一四一九	應永二十六	足利義持制定山門條條規式。	朝鮮兵進攻對馬（應永外寇）。
一四四〇	永享十二	日親撰《立正治國論》，遭幕府拘禁。	

一四四一	嘉吉元	將軍足利義教歿，日親獲特赦出獄。	足利義教遭赤松滿祐殺害（嘉吉之亂）。
一四五五	康正元	派遣建仁寺的勸進船入朝鮮。	足利成氏敗逃至下總古河（古河公方）。
一四六〇	寬正元	幕府決定懲處日親，破壞本法寺。	幕府將舊南朝的武將楠木氏斬首。東國暫用私年號「延德」。
一四六七	應仁元年		應仁之亂（—一四七七）。諸多寺院遭焚毀。
一四八〇	文明十二	蓮如於山科重建本願寺。一休撰《狂雲集》。	一條兼良撰《樵談治要》。
一四八二	文明十四	延曆寺僧眾鬥爭，焚毀橫川中堂。	足利義政始建東山山莊（銀閣寺）。
一四九六	明應五	蓮如於大坂建造石山本願寺。	
一四九七	明應六	吉田兼俱為法華三十番神而與日蓮宗徒論爭。	大和土一揆，要求發布德政令。
一五三二	天文元	證如因遭法華一揆襲擊，將本願寺遷	《塵添壒囊鈔》撰成（作者

		至大坂石山（石山本願寺）。	未詳）。吉田兼右撰《兼右卿記》（—一五七二）。
一五三六	天文五	延曆寺眾徒擊敗法華一揆（天文法華之亂）。	清原宣賢撰《日本書紀神代卷抄》。伊達氏撰《塵芥集》。
一五四九	天文十八	方濟．沙勿略於鹿兒島登陸（天主教傳入日本）。	
一五六〇	永祿三	幕府允准傳教士維列拉宣教。	桶狹間之戰爆發，今川義元敗亡。
一五六五	永祿八	維列拉、路易士．佛洛伊斯遭驅逐離京。	三好義繼、松永久秀等人殺害將軍足利義輝。
一五六七	永祿十	松永久秀、三好三人眾破壞東大寺，大佛殿焚毀。	
一五六八	永祿十一	天皇傳綸旨，昭告諸國重興東大寺大佛殿。	織田信長奉請將軍足利義昭入京。足利義昭任第十五代將軍。

一五七〇	元龜元	顯如煽動一向宗徒武裝起義，對抗織田信長（石山合戰）。 伊勢長島一向一揆討滅信長之弟信興。	織田信長擊敗淺井長政、朝倉義景（姊川之戰）。
一五七一	元龜二	織田信長進攻延曆寺，焚毀堂塔殆盡及討伐僧眾。	
一五七二	元龜三	上杉謙信討伐越中國一向一揆。	武田信玄擊敗德川家康（三方原之戰）。
一五七三	天正元	織田信長討伐伊勢長島的一向一揆。 應其發願木食行。 卡布拉爾於博多、山口傳教。	室町幕府滅亡。 武田信玄（年五十三歲）歿。
一五七四	天正二	顯如於大坂的石山本願寺舉兵反抗織田信長。 在大村純忠的領地發生天主教徒破壞寺社與強迫領民改宗。	織田信長獲賜東大寺敕封倉所藏的一片蘭奢待名香。 狩野永德完成「洛中洛外圖屏風」。
一五七五	天正三	織田信長討伐越前的一向一揆。 知恩院獲得香衣綸旨的執奏權。 卡布拉爾為大友義統受洗。	長篠之戰。 織田信長於大和國進行檢地。

一五七六	天正四	顯如與織田信長抗戰，至西元一五八〇年為止，困守於大坂的本願寺內。 京都南蠻寺改建為三層建築。	織田信長建造安土城，並出任內大臣。
一五七七	天正五	織田信長討伐紀伊雜賀的一向一揆。 朝山日乘歿。 京都所司代認同不受不施派，將法華宗從各勸募宗教團體中除名。	織田信長於安土城下町推行樂市法令。 松永久秀遭信長討伐而亡。 羽柴秀吉預備出兵中國。
一五七八	天正六	奧爾岡蒂諾與織田信長會見。 大友宗麟受洗。 織田信忠攻擊石山本願寺。	上杉謙信（年四十九）歿。
一五七九	天正七	淨土宗貞安與日蓮宗日珖進行安土宗論。 織田信長處決日蓮宗徒。 范禮安抵日。 奧爾岡蒂諾於安土建造教會。 開設飯高談所。	山科言繼（七十三）歿。 明智光秀平定丹後、丹波。
一五八〇	天正八	大坂本願寺與織田信長和解。 大村領民改信天主教。 豐後設立學林，安土、有馬設立小神	織田信長向大和國交出土地。 羽柴秀吉進軍因幡、伯耆。

		學校，臼杵設立修道院。 大村純忠將長崎獻於耶穌會做為教會領地。	
一五八一	天正九	織田信長處斬千餘名高野聖。 范禮安於京都與信長會見，完成草稿《日本のカテキズモ》。	德川家康平定遠州。 羽柴秀吉平定淡路國。
一五八二	天正十	大友宗麟等人派遣天正遣歐使節前往羅馬。 加賀的一向一揆消滅。 快川紹喜示寂。 於大德寺舉行織田信長喪儀。 於伊勢建造專修寺御堂。	本能寺之變。 織田信長（年四十九）自戕。 羽柴秀吉開始進行檢地。
一五八三	天正十一	奧爾岡蒂諾會訪羽柴秀吉。 佛洛伊斯開始撰寫《日本史》。 島津義久將傳教士驅離鹿兒島。	賤岳之戰。
一五八四	天正十二	紀伊國根來、雜賀發生一揆。 羽柴秀吉准許重興比叡山。 有馬晴信將長崎浦上獻於耶穌會做為教會領地。	小牧、長久手之戰。 羽柴秀吉建造大坂城。

一五八五	天正十三	羽柴秀吉討伐根來寺。 木食應其阻止秀吉進攻高野。 天正遣歐使節會見額我略三世。 佛洛伊斯撰《日歐文化比較》。	秀吉任關白。 征討四國。
一五八六	天正十四	羽柴秀吉著手建造方廣寺大佛殿。 科埃略、佛洛伊斯、奧爾岡蒂諾與豐臣秀吉會見。	羽柴秀吉任太政大臣，獲賜豐臣之姓。 發布出兵九州的動員令。
一五八七	天正十五	豐臣秀吉頒布〈伴天連追放令〉，破壞南蠻寺（無實效）。 大村純忠歿。 島津義久禁止薩摩領地內信奉一向宗。	秀吉出兵九州。 在博多推行樂市法令。 建造聚樂第。
一五八八	天正十六	豐臣秀吉沒收長崎耶穌會領地。 細川伽羅奢受洗。 專譽重興長谷寺（豐山教學邁向興盛）。	秀吉發布刀狩令。 鑄造天正大判、小判。
一五八九	天正十七	方廣寺大佛（開祖為木食應其）大致完建。 重建比叡山延曆寺。 定珍撰《科註妙法蓮華經》。	中國開始刊行萬曆版《大藏經》。 頒布小田原征伐令。

一五九〇	天正十八	天正遣歐使節返國。 傳入活版印刷機。 德川家康向增上寺進獻宋、元、高麗版本的《大藏經》，並將增上寺做為菩提寺。	北條氏請降，家康入江戶。 豐臣秀吉於聚樂第接見朝鮮使節。
一五九一	天正十九	豐臣秀吉將六條堀川的領地捐於本願寺顯如（西本願寺）。 天正使節團與范禮安晉見豐臣秀吉。	千利休自戕。 發布征討朝鮮令。
一五九二	文祿元	顯如示寂。 豐臣秀吉下令破壞長崎教會。 於天草刊印《どちりいな・きりしたん》、《平家物語》。	秀吉出兵朝鮮（文祿之役）至西元一五九六年。 設置長崎奉行。 設立朱印船制。
一五九三	文祿二	端坊妙念於朝鮮釜山開創高德寺（真宗）。 刊印《天草本伊曾保物語》。	淀君產下豐臣秀賴。
一五九四	文祿三	本願寺分為兩派。 前田利家准許在金澤重興本願寺。 豐臣秀吉於京都逮捕天主教徒，於長崎處以釘十字架之極刑。	豐臣秀吉將養子秀次放逐高野山，秀次自殺。 全國進行檢地。

一五九五	文祿四	日奧拒絕豐臣秀吉要求舉行的千僧供養（形成不受不施派）。 刊行《羅葡日辭典》。	秀吉於京都舉行東山大佛千僧會。
一五九六	慶長元	豐臣秀吉將二十六名方濟會天主教徒處以極刑，被釘於十字架之上。 多聞院英俊示寂。	聖斐利浦號漂抵日本。 京都大地震。
		《義演准后日記》開始撰寫至西元一六二六年。	
一五九七	慶長二	安養寺慶念撰《朝鮮日々記》。	豐臣秀吉再度出兵朝鮮（慶長之役）至西元一五九八年。
一五九八	慶長三	木食應其完成建造醍醐寺五重塔。	豐臣秀吉（年六十三）歿。 獲封豐國大明神之神號。
一五九九	慶長四	島津家久禁止信奉一向宗。	刊行敕版《日本書紀神代記》。
一六〇〇	慶長五	細川伽羅奢（年三十八）歿。	關原之戰爆發。 荷蘭船愛情號漂抵日本。
一六〇一	慶長六	德川家康制定各宗的寺院法度至西元	板倉勝重受任為京都所司

		一六一五年。 范禮安始撰《日本教會史》。	代。 家康向朝鮮請和。
一六〇二	慶長七	德川家康將京都七條獻於教如做為建寺用地（分為東、西本願寺）。 當山派、本山派因是否准許穿著金襴地袈裟而訴訟。	德川家康建造鶴岡八幡宮，向南都寺社捐獻土地。
一六〇三	慶長八	袋中欲渡明，卻漂流至琉球。 刊行《日葡辭書》。 德川家康公認當山派修驗道。	德川家康任征夷大將軍，於江戶開江戶幕府。 德川秀忠之女千姬嫁於豐臣秀賴。
一六〇四	慶長九	幕府將寺領獻於關東諸寺。 教如入東本願寺。 天主教在長崎盛大傳教。	開始實施糸割符制。 朝鮮使入京。 幕府下令松前藩實施蝦夷統治規則。
一六〇五	慶長十	幕府創建增上寺。 不干齋巴鼻庵撰《妙貞問答》。 范禮安歿於澳門。	德川家康接見朝鮮國使。 德川秀忠任第二代將軍。
一六〇六	慶長十一	道明會於薩摩成立教會。	角倉了以於丹波、山城開水路。

一六〇七	慶長十二	知恩院成為門跡寺院。西笑承兌示寂。	阿國於江戶城演出歌舞伎。
一六〇八	慶長十三	幕府制定比叡山法令。淨土宗與日蓮宗於江戶城進行論爭（日蓮宗負敗，慶長法難）。	林羅山與松永貞德約於此時展開論爭（《儒佛問答》）。
			德川家康招請天海。
一六〇九	慶長十四	制定〈諸宗寺院法度〉。	准許荷蘭設置平戶商館。
一六一〇	慶長十五	明忍欲渡中國而歿於對馬。	准許西班牙通商。
一六一一	慶長十六	天海任僧正。景轍玄蘇於對馬示寂。	墨西哥使者於東北沿岸進行測量。
一六一二	慶長十七	岡本大八事件。江戶幕府禁信天主教。	荷蘭向德川家康密告葡萄牙有拓展領土之野心。
一六一三	慶長十八	幕府針對天主教而頒布全國禁教令。頒布修驗道法令。	伊達政宗派遣支倉常長赴歐。
一六一四	慶長十九	傳教士與高山右近等人遭驅逐出境，被流放至澳門及馬尼拉。	大坂冬之陣。
一六一五	元和元	幕府制定諸宗諸本山法令，規定本末	大坂夏之陣，豐臣氏滅亡。

		制度。	制定〈禁中並公家諸法度〉。
一六一六	元和二	天海任大僧正。日奧撰《宗議制法論》。	德川家康（年七十五）歿。嚴禁人口買賣。
一六一七	元和三	德川家康獲敕賜神號為東照大權現。營建日光東照宮。	准許開設吉原遊廓。
一六一八	元和四	勸請東照宮建於江戶城紅葉山。	制定大奧法令。
一六一九	元和五	六十餘名天主教徒遭處火刑。將長崎教會破壞殆盡。	尾張藩勸請建造東照社。
一六二〇	元和六	不干齋巴鼻庵撰《破提宇子》。	紀州藩與水戶藩勸請建造東照社。德川秀忠之女入宮。
一六二一	元和七	巴鼻庵歿。澤庵撰《澤庵和尚法語》。	於馬尼拉郊外復興日本人町。
一六二二	元和八	五十五名天主教徒遭處決（元和大殉教）。德川秀忠參詣日光東照社，舉行家康	小瀨甫庵撰《信長記》。

		的第七回忌辰。	
一六二三	元和九	二十四名天主教徒遭處火刑（江戶大殉教）。 義演重興後七日御修法。 於宮內宣講法華八講。	德川家光任第三代將軍。 斷絕與英國貿易往來。
一六二四	寬永元	幕府因伊勢踊流行而下令禁止。	禁止西班牙船抵日。
一六二五	寬永二	天海創建寬永寺。 身延山控訴不受不施派。	小瀨甫庵撰《太閤記》。
一六二六	寬永三	長崎奉行執行踏繪。 此後天主教徒信仰活動轉為地下化。	德川秀忠、家光入宮晉見。
一六二七	寬永四	宣告大德寺、妙心寺穿著紫衣的敕許無效（紫衣事件）。	
一六二八	寬永五	日蓮宗與不受不施派、其他宗派進行論爭。	
一六二九	寬永六	後水尾天皇因紫衣事件而激怒讓位。	改定武家諸法令。
一六三〇	寬永七	受不施與不受不施兩派進行論爭（身池對論）。	幕府以五十萬兩營建出雲大社。

一六三一	寬永八	禁止在江戶建立新寺。	江戶、大坂商人加入糸割符。
一六三二	寬永九	德川家光命令諸本山提出末寺帳（本末制）。	德川秀忠（年五十四）歿。將林羅山邸改為先聖殿（湯島聖堂）。
一六三三	寬永十	金地院崇傳（年六十五）示寂。諸宗本山提出末寺帳。	頒布第一次鎖國令。林羅山於先聖殿舉行釋奠。
一六三四	寬永十一	伊勢高田的專修寺與越前的專修寺針對正統問題而對決，前者勝訴。	頒布第二次鎖國令。長崎開始建設出島。
一六三五	寬永十二	全國成立寺請制度。設置寺社奉行。	頒布第三次鎖國令。參勤交代（諸國大名交替至幕府執行政務）。
			改定武家諸法令。
一六三六	寬永十三	天海始撰《東照社緣起》至西元一六四〇年。	頒布第四次鎖國令。朝鮮通信史來朝。
一六三七	寬永十四	天海版《一切經》初開版至西元一六四八年。	島原之亂開始。

一六三八	寬永十五	強化舉發天主教徒。開創東海寺。	平定島原之亂。朝山意林庵《清水物語》刊行。
一六三九	寬永十六	天海發給但唱〈融通念佛弘通朱印狀〉。	禁止葡萄牙船抵日（完成鎖國）。刊行《吉利支丹物語》。
一六四〇	寬永十七	幕府設置宗門改役，編製宗門人別帳。	金澤前田氏勸請建造東照宮。
一六四一	寬永十八	羽黑修驗歸由天台宗管轄。	平戶的荷蘭商館遷至長崎出島。
一六四二	寬永十九	刊行《祇園物語》。	山崎闇齋撰《闢異》。諸國發生大饑荒。
一六四三	寬永二十	幕府再度頒布天主教禁教令。天海（年一百零八）示寂。	頒布禁止買賣田畑永代之法令。
一六四四	正保元	重建東寺五重塔。小西マンショ殉教。	後光明天皇即位。制定白糸割符制。明朝滅亡。
一六四五	正保二	澤庵宗彭（年七十三）示寂。	林羅山撰《本朝神社考》。

			林鵞峰出任法眼。
一六四六	正保三	江戶建造天主教牢獄。	鄭成功乞師，遭幕府拒絕。
一六四七	正保四	制定日光例幣使。	拒絕葡萄牙船請求通商。
一六四八	慶安元	鈴木正三撰《驢鞍橋》。 完成進獻日光東照宮的行道杉木。	頒布公事訴訟令。
一六四九	慶安二	幕府將朱印狀發給諸國的神社及寺院領地。	頒布慶安御觸書。 制定檢地條目。
一六五〇	慶安三	道者超元東渡長崎。 澤野忠庵（費雷拉）歿。	制定農民鐵砲免許制。
一六五一	慶安四	德川家光葬於日光山，受封號為大猷院。	德川家光（年四十八）歿。 德川家綱任第四代將軍。 慶安事件。
一六五二	承應元	鈴木正三撰《萬民德用》。 設置日光山守護職。	承應事件。 幕府進行江戶的浪人調查。
一六五三	承應二	天主教徒山浦玄蕃於米澤極樂寺遭斬。	制訂秤量標準。
一六五四	承應三	隱元隆琦東渡長崎。	設置禁信天主教的高札。

一六五五	明曆元	木庵性瑫東渡長崎。	制定京都市諸法令。
一六五六	明曆二	幕府下令西國大名搜索天主教徒。	
一六五七	明曆三	即非如一東渡長崎。 幕府准許隱元隆崎於京都、大坂等地說法。	明曆大火，林羅山（年七十五）歿。 德川光圀開始編纂《大日本史》。
一六五八	萬治元	隱元與德川家綱會見。 大村純長處決六百零三名天主教徒。	奏者番兼任寺社奉行。
一六五九	萬治二	隱元創建萬福寺。 幕府指示檀那寺執行宗門改。	明儒朱舜水亡命長崎。
一六六〇	萬治三	元政撰《題目和談抄》、《本朝法華傳》。	諸國遭風災水害。
一六六一	寬文元	黃檗宗萬福寺開山。 鈴木正三門人所編《因果物語》刊行。	越前藩發行藩札（藩札之始）。
一六六二	寬文二	潛伏天主教徒不絕，幕府下令徹底執行宗門改。	設置若年寄。

一六六三	寬文三	尾張藩處決兩百零七名天主教徒。	禁止殉死。 京都、大坂、神戶（三都）設置飛腳問屋。
一六六四	寬文四	製作偽造文書〈御條目宗門檀那請合之掟〉。	幕府將授予領地的文書（寬文印知）交付各大名。
一六六五	寬文五	頒布〈諸宗寺院法度〉、〈諸社禰宜神主法度〉。 鎮壓不受不施派。	山鹿素行倡說古學。
一六六六	寬文六	水戶藩破壞領地內的九百九十七座新寺。 岡山藩受神職。	追加荷蘭人通商條目。
一六六七	寬文七	岡山藩整理領地內的六百四十三座寺院。 智堂光紹《日域曹洞初祖道元禪師清規》刊行。	幕府制定農村五人組。 熊澤蕃山《葬祭辨論》刊行。
一六六八	寬文八	發給修驗下知狀。 鎮壓不受不施派。 元政示寂。 濟禪《悉曇愚鈔》刊行。	重建足利學校。 設置京都町奉行。 於幕府領地展開總檢地。

		重建泉湧寺佛殿。	
一六六九	寬文九	幕府禁止不受不施派寺院具有寺請資格。	沙牟奢允之亂。
一六七〇	寬文十	常陸真福寺佛像於湯島天神公開受民眾參拜（近世開帳之始）。	河村瑞賢開發東迴航道。
一六七一	寬文十一	幕府編製宗門人別帳。即非如一示寂。	山崎闇齋提倡垂加神道。
一六七二	寬文十二	禁止前往海外與天主教徒渡日。制定盲僧條目。	始有運送酒的樽迴船（貨船）。
一六七三	延寶元	隱元隆琦（年八十二）示寂。松前藩頒布天主教禁教令。	頒布田畑分地制限令。頒布書籍出版取締令。
一六七四	延寶二	制定盲僧法令。設置禁信天主教的高札。	畿內、關東、中國發生大洪水，農作物歉收。
一六七五	延寶三	運敞《性靈集便蒙》刊行。	山鹿素行免遭流放。
一六七六	延寶四	西本願寺禁止恣意議論宗典。	開始刊行《先代舊事本紀大成經》至西元一六七九年。

一六七七	延寶五	頒布虛無僧宗派的普化宗法令（虛無僧覺）。	重興春日祭的朝使參詣神社。
一六七八	延寶六	卍元師蠻撰成《延寶傳燈錄》。鐵眼道光完成黃檗版《大藏經》。	江戶大震災。西國大風雨災害。
一六七九	延寶七	運敞《釋論啓蒙》、《鐵牛禪師語錄》刊行。	熊澤蕃山撰《集義外書》。
一六八〇	延寶八	忍澂重興法然院。隆慶《三輪祖師傳》刊行。	德川家綱（年四十）歿。德川綱吉任第五代將軍。
一六八一	天和元	焚毀《舊事本紀大成經》版木。	
一六八二	天和二	頒布本願寺法令。禁止刊行《舊事本紀大成經》。	山崎闇齋（年六十六）歿。池田光政（年七十四）歿。
一六八三	天和三	勇大編《扶桑往生傳》。心越興儔入住水戶天德寺。	幕府授予土御門家管轄陰陽師之朱印狀。
一六八四	貞享元	幕府准許公慶重建東大寺大佛殿與從事諸國勸化活動。	禁止江戶的出家眾、山伏、願人等任意遊蕩。
一六八五	貞享二	制定淨土宗法令、檀林掟。	松尾巴蕉撰《野ざらし紀行》（別稱《甲子吟行》）。

一六八六	貞享三	寂本撰《神社考邪排佛教論》。	長崎奉行增加三名役人。
一六八七	貞享四	不受不施派遭流放遠地。	頒布哀憐護生之令。
一六八八	元祿元	幕府准允融觀創立融通念佛宗。	柳澤吉保成為御用人。長崎興建唐人屋敷。
一六八九	元祿二	懷玉道溫撰《伽藍開基記》。	松尾巴蕉撰《おくのほそ道》（《奧之細道》）。
一六九〇	元祿三	契沖撰《萬葉代匠記》獻於德川光圀。	湯島聖堂建成。德籍醫師坎普弗爾抵日。
一六九一	元祿四	幕府禁止信奉日蓮宗悲田派，將該派僧侶予以流放。	熊澤蕃山撰《三輪物語》。
一六九二	元祿五	公慶重興東大寺大佛殿。改訂末寺帳。	井原西鶴撰《世間胸算用》。
一六九三	元祿六	靈空光謙始興天台安樂律。盤珪永琢（年七十二）示寂。高泉性潡《扶桑禪林僧寶傳》刊行。	井原西鶴（年五十二）歿。進行元祿年間的總檢地。新井白石成為甲府藩主德川綱豐的持講。

一六九四	元祿七	吉川惟足（年七十九）歿。德川綱吉重興賀茂神社的葵祭。	松尾巴蕉（年五十一）歿。
一六九五	元祿八	護持院住持隆光成為大僧正。東本願寺重興學林。	武藏中野設置收容野犬的犬小屋。
一六九六	元祿九	如幻明春編《近世往生傳》刊行。	水戶藩將僧侶逐出神社。
一六九七	元祿十	追贈法然為圓光大師之號。	修訂旗本知行制。
一六九八	元祿十一	將日蓮宗悲田派的八名僧侶流放遠地。	柳澤吉保成為老中之首。
一六九九	元祿十二	幕府完成修繕歷代天皇陵。	
一七〇〇	元祿十三	鐵牛道機示寂。《東照宮御遺訓》流傳於世。	德川光圀（年七十三）歿。
一七〇一	元祿十四	契沖示寂。鳳潭《起信論義記幻虎錄》刊行。	赤穗藩主淺野長矩於江戶城本丸御殿砍傷吉良義央。
一七〇二	元祿十五	卍元師蠻撰《本朝高僧傳》。淨嚴示寂。	赤穗浪士攻入吉良邸。
一七〇三	元祿十六	幕府制定曹洞宗嗣法條例（宗統復古	

		運動）。 融觀撰《融通圓門章》，整頓及籌備大念佛寺。	
一七〇四	寶永元	心阿撰《淨土本朝高僧傳》。	淺間山噴發、出羽大地震、諸國洪災。
一七〇五	寶永二	東大寺舉行大佛殿上樑儀式。 公慶示寂。	流行組團參詣伊勢神宮。
一七〇六	寶永三	幕府禁止信奉日蓮宗三鳥派，處決四十三名信徒。 卍元師蠻《延寶傳燈錄》刊行。	
一七〇七	寶永四	了翁道覺示寂。 梅峯竺信示寂。	根津權現社竣工。 富士山噴發（寶永大噴發）。
一七〇八	寶永五	義籍傳教士西多契登陸屋久島，遂遭逮捕。	
一七〇九	寶永六	重建東大寺大佛殿，舉行落成法會。 幕府禁止男女同席守夜。	德川綱吉（年六十四）歿。 德川家宣任第六代將軍。 新井白石與西多契面見，撰〈天主教大意〉。

一七一〇	寶永七	卍元師蠻示寂。忍澂完成萬曆版《大藏經》校訂。	新井白石制定〈武家諸法度〉。
一七一一	正德元	忍澂示寂。祐天任增上寺住持。	淺見絅齋歿。室鳩巢任幕府儒官。
一七一二	正德二	珂然《新聞顯驗往生傳》刊行。	德川家宣（年五十一）歿。荻原重秀遭罷免。
一七一三	正德三	松譽巖的撰《血盆經和解》。	德川家繼任第七代將軍。
一七一四	正德四	幕府承認門跡三寶院的醍醐寺管轄權。	貝原益軒（年八十五）歿。西多契遭入獄囚禁。
一七一五	正德五	卍山道白示寂。西多契歿。	澀川春海歿。增穗殘口《艷道通鑑》開始刊行。
一七一六	享保元	融觀（年六十八）示寂。高野山行人方、學僧方因相爭而遭懲處。	德川家繼（年八）歿，德川吉宗任第八代將軍。
一七一七	享保二	義山示寂。	荻生徂徠撰《弁道》、《弁名》、《学則》。

一七一八	享保三	幕府再度禁信日蓮宗三鳥派。 祐天示寂。 知空示寂。	制定定免制。
一七一九	享保四	高野山編年史《高野春秋》成立。	幕府頒布相對濟令。
一七二〇	享保五	日省撰成《本化別頭高祖傳》。 惠空示寂。	准允天主教以外的洋書輸入日本。
一七二一	享保六	道鏡慧端示寂。	山崎闇齋《垂加草》刊行。
一七二二	享保七	頒布各宗本山、末寺掟。 頒布〈當山方修驗御條目〉。	制定上米之制。 鬆緩實施參勤交代。 設立小石川施藥院。
一七二三	享保八	幕府規定每六年編製宗門人別帳。 鳳潭開創華嚴寺。	制定足高之制。 流行參詣伊勢神宮。
一七二四	享保九	隆光示寂。	近松門左衛門（年七十二）歿。 設立懷德堂。
一七二五	享保十	幕府准許池上本門寺住持穿著紫衣。	新井白石（年六十九）歿。
一七二六	享保十一	重興東大寺戒壇院。	頒布〈新田檢地條目〉。

一七二七	享保十二	嶺南秀恕撰《日本洞上聯燈錄》。鸞宿撰《淨土傳燈總系譜》。	大坂町奉行所前設置目安箱。坎普弗爾於倫敦刊行《日本誌》。
一七二八	享保十三	授予讀唱《地神經》的盲僧官位院號，禁止穿著袈裟法衣。	德川吉宗睽違六十五年參詣日光社。荻生徂來（年六十三）歿。
一七二九	享保十四	天一坊事件。	石田梅岩倡說心學。
一七三〇	享保十五	幕府為了修築仁和寺，准許在護國寺舉行富突（以抽籤方式取得高額彩券，藉此集資修繕寺社）。	停止實施上米之制。下令恢復執行參勤交代。
一七三一	享保十六	開始重建東大寺戒壇。	實施米價調整。
一七三二	享保十七	為重建興福寺，准許在淺草寺舉行富突。	享保大饑荒。西國蝗害。
一七三三	享保十八	東大寺戒壇重建完成。	食行身祿於富士山斷食而亡。
一七三四	享保十九	弘法大師九百年忌辰，真言宗寺院設法筵。	小石川藥園試種蕃薯。

一七三五	享保二十	天桂傳尊示寂。	太宰春台刊行《弁道書》。
一七三六	元文元	桂鳳撰《現世往生傳》、良訓編《法隆寺記補忘錄》。	大岡忠相任寺社奉行。荷田春滿歿。
一七三七	元文二	寬永寺本坊焚毀。性慶示寂。	
一七三八	元文三	鳳潭示寂。禁止典當寺院佛像。	大坂設置銅座。
一七三九	元文四	光謙示寂。	俄籍船隻出沒於陸奧、阿波。
一七四〇	元文五	法霖撰《古數寄屋法語》。	辰巳屋騷動（因大坂町奉行收賄而遭免職歇業）。
一七四一	寬保元	法霖示寂。無著道忠撰《禪林象器箋》。	三宅尚齋歿。
一七四二	寬保二	曇寂示寂。	公事方御定書百箇條。增穗殘口歿。
一七四三	寬保三	超海撰《隨求菩薩感傳》。本良《行基菩薩草創記》刊行。	獎勵諸國栽培油菜。

一七四四	延享元	無著道忠示寂。 南溟刊行《續沙石集》。	開設米吟味所。 石田梅岩（年六十）歿。
一七四五	延享二	德川吉宗於江戶城紅葉山舉行法華八講。 富永仲基撰《出定後語》。	德川家重任第九代將軍。
		全國估計黃檗宗共有八百九十七座寺院。	
一七四六	延享三	富永仲基撰《翁之文》。	限制長崎進行貿易。
一七四七	延享四	現譽撰《本朝三聖利益傳》。 道元《傘松道詠集》刊行。	西川正休等人奉幕府之命修改貞享甲子曆。
一七四八	寬延元	幕府發給寺社朱印狀。	〈假名手本忠臣藏〉首演。
一七四九	寬延二	白隱撰述《槐安國語》，刊行《遠羅天釜》等著作。	全面實施定免制。 屢次發生一揆事件。
一七五〇	寬延三	鸞宿示寂。 禪海耗時三十年完成青之洞門隧道。	嚴禁百姓強訴。
一七五一	寶曆元	古月禪材示寂。	德川吉宗（年六十八）歿。
一七五二	寶曆二	嶺南秀恕示寂。	

一七五三	寶曆三	仰誓撰《新聞妙好人傳》（《妙好人傳》之始）。	安藤昌益撰《自然真營道》。
一七五四	寶曆四	白隱慧鶴刊行《邊鄙以知吾》。	山脇東洋等人撰《臟志》。
一七五五	寶曆五	東本願寺將僧人學寮遷至高倉（高倉學寮）。 幕府懲處隱念佛（祕事法門）之僧。	奧羽大饑荒。 足利學校焚毀，獲得捐助金五百兩。
一七五六	寶曆六	貞極示寂。 無隱道費示寂。 終南淨壽建造介石庵。	大岡忠光成為側用人。
一七五七	寶曆七	白隱慧鶴《夜船閑話》刊行。 六如住京都。	富士講普及化。
一七五八	寶曆八	大我《三彝訓》刊行。 盤珪永琢撰《盤珪佛智弘濟禪師御示聞書》。	竹內式部遭拘禁（寶曆事件）。 田沼意次成為大名。
一七五九	寶曆九	頒布〈偽虛無僧取締令〉。	山縣大弐撰成《柳子新論》。
一七六〇	寶曆十	白隱慧鶴《坐禪和讚》刊行。	德川家治任第十代將軍。

一七六一	寶曆十一	知恩院等寺院舉行法然第五百五十回忌辰法會。	德川家重歿。
一七六二	寶曆十二	功存撰《願生歸命弁》。興福寺、東大寺焚毀。	安藤昌益歿。
一七六三	寶曆十三	月海元昭（賣茶翁）示寂。幕府因應築地本願寺要求，禁止以親鸞為題材的戲劇演出。	本居宣長與賀茂真淵於松坂會見。檢查諸國銅山的採礦過程。
一七六四	明和元	指月慧印示寂。武藏、信濃、上野、下野的農民反對為了參詣日光社而增徵傳馬助鄉役，二十萬人發動一揆。	伊藤若沖完成金刀比羅宮的障壁畫。
一七六五	明和二	建仁寺舉行榮西五百五十年忌辰法會。	賀茂真淵撰成《新論》。
一七六六	明和三	幕府懲處真宗御藏門徒（隱念佛）。	山縣大弐遭逮捕（明和事件）。
一七六七	明和四	江戶檢舉隱念佛信徒。	竹內式部歿於三宅島。
一七六八	明和五	三都懲處御藏門徒。白隱慧鶴（年八十四）示寂。	上田秋成撰《雨月物語》。賀茂真淵撰成《祝詞考》。

一七六九	明和六	面山瑞方（年八十七）示寂。《盤珪禪師臼挽歌》刊行。	賀茂真淵（年六十二）歿。青木昆陽（年七十二）歿。
一七七〇	明和七	關通示寂。諦忍《無住國師道跡考》刊行。	平賀源內述說摩擦起電器的功能。
一七七一	明和八	金龍敬雄完成《天台霞標》初稿。	杉田玄白等人觀看解剖過程。
一七七二	安永元	寬永寺因江戶大火而焚毀。	田沼意次就任老中。
一七七三	安永二	木食行道發願造立千尊佛。	公認菱垣迴船的貨船營業特權。
一七七四	安永三	東、西本願寺請求幕府對外發表淨土真宗之宗名。禪海示寂。禁止旅僧、修驗者居宿民家。	杉田玄白等人譯《解體新書》。
一七七五	安永四	本願寺與增上寺為淨土真宗之宗名而相爭。萬仞道坦示寂。慈雲飲光撰《十善法語》。	加賀千代（年七十四）歿。通貝理荷蘭商館附屬醫師抵日。

一七七六	安永五	宗門改帳為一宗一冊。 普寂撰《天文辨惑》。	將藉由表演技藝為生的盲者納入檢校之下管理。
一七七七	安永六	天滿宮遭大坂大火而焚毀。	禁止農民徒黨強訴。
一七七八	安永七	懲處江戶的御藏門徒。 善光寺阿彌陀如來於江戶公開受民眾參拜。	俄籍船隻航抵蝦夷地並要求通商。
		他阿《他阿上人法語》刊行。	
一七七九	安永八	普寂撰《顯揚正法復古集》。	幕府拒絕俄國的要求。
一七八〇	安永九		松宮觀山歿。
一七八一	天明元	月船禪慧示寂。 普寂示寂。	越後大歉收。
一七八二	天明二	寺社訴訟之際，可直接向代官、藩主、旗本提出。 慧雲示寂。	天明大饑荒。
		大我示寂。	
一七八三	天明三	僧鎔示寂。	與謝蕪村（年六十八）歿。
一七八四	天明四	舉行弘法大師第九百五十回忌辰法會。	土御門泰邦歿。

一七八五	天明五	發現周防國岩國出現祕事法門，禁止在家說法。	幕府准允青蓮門院管轄盲僧。
一七八六	天明六	慈雲提倡雲傳神道。 妙龍示寂。 御嶽行者覺明示寂。	德川家治（年五十一）歿。 本居宣長、上田秋成論爭。 塙保己一開始刊行《群書類從》。
一七八七	天明七	諸宗提出寺院本末帳。 敬光撰《圓戒指掌》。	德川家齊任第十一代將軍。 本居宣長撰《玉くしげ》。 松平定信任老中，展開寬政改革。
一七八八	天明八	頒布一家一宗旨法令。	京都發生大火，御所、寺社付之一炬。 向德川家齊獻「覺」。
一七八九	寬政元	幕府禁止「淨土真宗」之宗名。 學信示寂。 遂翁元盧示寂。	
一七九〇	寬政二	浦上一番舉發天主教徒事件。 謙順編《諸宗章疏錄》。	寬政異學之禁。 在江戶石川島設置人足寄場（遊民收容所）。

一七九一	寬政三	幕府禁止寺社舉行奢華喪儀或祭祀。玄智景耀撰《大谷本願寺通紀》。	幕府向全國發布觸書，由土御門家管理陰陽師。中井竹山撰《草茅危言》。
一七九二	寬政四	幕府傳達一向宗為真宗之旨。東嶺圓慈示寂。	俄人拉克斯曼航抵根室，要求通商。
一七九三	寬政五	重建築地本願寺。	幕府准許塙保己一設立和學講義所。本居宣長始撰《玉勝間》。
一七九四	寬政六	幕府將無住持之寺院視為廢寺。仰誓示寂。	江戶大火。
一七九五	寬政七	禁止信奉上總、下總的不受不施派。敬光示寂。	
一七九六	寬政八	七十餘名破戒僧於日本橋斬首示眾，犯女戒僧流放遠島。	刊行蘭和辭典《波留麻和解》。
一七九七	寬政九	三業惑亂開始。蛾山慈棹（大方妙軌）示寂。	俄人登陸擇捉島。
一七九八	寬政十	京都方廣寺大佛因雷擊而焚毀。	本居宣長撰《古事記傳》。

一七九九	寬政十一	役小角於一千一百年忌辰，獲封神變大菩薩之號。	重建湯島聖堂，遷移孔子像。
一八〇〇	寬政十二	真言宗豐山派與智山派於寬政年間分家。	准許婦女登富士山。伊藤若沖歿。
一八〇一	享和元	梅莊顯常示寂。慈周示寂。	本居宣長（年七十二）歿。蒲生君平撰《山稜志》。
一八〇二	享和二	諸宗向幕府提出設置諸寺階級。始創如來教。	山片蟠桃始撰《夢之代》至西元一八二〇年。
一八〇三	享和三	大約完成青蓮院史《華頂要略》。	美籍船航抵長崎，要求通商。
一八〇四	文化元	幕府於蝦夷地建造寺院。慈雲示寂（在此年之前完成《梵學津梁》）。	俄人列扎諾夫航抵長崎，要求通商。
一八〇五	文化二	五千兩百名隱匿基督徒遭檢舉（天草舉發事件）。戒定示寂。智洞示寂。	設立關東取締出役。

一八〇六	文化三	裁決三業惑亂。隆圓撰《近世念佛往生傳》。	頒布〈薪水給與令〉。
一八〇七	文化四	深川八幡舉行祭儀，永代橋斷落，七百三十餘人喪生。	俄人襲擊破壞擇捉島、樺太。
一八〇八	文化五		菲頓號事件。間宮林藏等人前往樺太探險。
一八〇九	文化六	幕府開始編纂《德川實紀》。	發現間宮海峽。上田秋成歿。
一八一〇	文化七	快道示寂。圓通刊行《佛國曆象編》。	
一八一一	文化八	平田篤胤撰《出定笑語》。	設置蠻書和解御用掛。
一八一二	文化九		高田屋嘉兵衛於國後海上遭俄人逮捕。
一八一三	文化十	諦忍（西本願寺派）示寂。屋代弘賢寄送〈風俗問狀〉。	平田篤胤《靈能御柱》刊行。
一八一四	文化十一	德本於小石川傳通院授予眾人十念。	黑住宗忠創立黑住教。

一八一五	文化十二	法岸示寂。	杉田玄白撰《蘭學事始》。
一八一六	文化十三	良寛徙居國上的乙子神社。	武陽隱士撰《世事見聞錄》。
一八一七	文化十四	深勵示寂。	英船航抵浦賀。
一八一八	文政元	德本示寂。	伊能忠敬歿。 平田篤胤《古史徵》刊行。
一八一九	文政二	慧海撰《摑裂邪網編》。	小林一茶撰《おらが春》。 水戶藩向幕府獻呈《大日本史》。
一八二〇	文政三	誠拙周樗示寂。	塙保己一《群書類從》、平田篤胤《鬼神新論》刊行。 山片蟠桃撰《夢之代》
一八二一	文政四	公巖示寂。 《傳教大師將來目錄》付梓。	塙保己一（年七十六）歿。 伊能忠敬向幕府獻上地圖。
一八二二	文政五		平田篤胤撰《仙境異聞》。
一八二三	文政六		平田篤胤教授吉田家之神職。

一八二四	文政七	於根來重建大傳法堂。	平田篤胤撰《古道大意》。
一八二五	文政八	幕府提供資金三千兩於增上寺，准其限期貸款資金。	頒布驅離外國船的〈異國船打拂令〉。會澤正志齋撰《新論》。
一八二六	文政九	如來教創始者一尊如來きの示寂。	藤田幽谷（年五十三）歿。
一八二七	文政十	大坂町奉行與力大塩平八郎檢舉天主教徒。	小林一茶（年六十五）歿。
一八二八	文政十一	慈本撰《一實神道記》。寶慶示寂。	西博德事件。
一八二九	文政十二	穎玄示寂。陰陽師豐田みつぎ因邪法而受槍茅刺殺之極刑。	鶴屋南北（年五十七）歿。西博德離日。
一八三〇	天保元	隆圓《近世念佛往生傳》（第五編）刊行。	參詣伊勢神宮蔚為風潮，四百五十八萬人參與。
一八三一	天保二	良寬（年七十四）示寂。行智撰成《木の葉ころ裳》。禁止庶民、町人的戒名中使用院號、居士號。	十返舍一九（年六十七）歿。長洲藩大一揆。

一八三二	天保三	水戶藩命令整頓寺院。	賴山陽（年五十三）歿。天保大饑荒。
一八三三	天保四	重雕天海版《一切經》及部分重刊。卓洲胡僊示寂。	歌川廣重《東海道五十三次》開始刊行。
一八三四	天保五	圓通示寂。舉行弘法大師千年忌辰法會。	《江戶名所圖繪》刊行。
一八三五	天保六	月照任京都清水寺住持。	鑄造天保通寶。
一八三六	天保七	東大寺正倉院開倉。	諸國饑荒，全國下層百姓因米價高漲而襲擊富商階級。
一八三七	天保八	仙厓義梵（年八十七）示寂。琉球王府於首里所建的孔子廟竣工。	大塩平八郎之亂。生田萬之亂。德川家慶任第十二代將軍。
一八三八	天保九	中山美支創天理教。	高野長英撰《夢物語》。全國發動大一揆。
一八三九	天保十		蠻社之獄。
一八四〇	天保十一	井上正鐵始傳神道。	市川團十郎初演〈勸進帳〉。

一八四一	天保十二	本山方、當山方提出〈修驗十二箇條御答書〉。	朝廷始推天保改革。正司考祺撰《經濟問答秘錄》。
一八四二	天保十三	仰誓《妙好人傳》刊行。禁止俗眾成為山伏修驗。	頒布〈薪水給與令〉。二宮尊德晉陞為幕府的普請役格。
一八四三	天保十四	水戶藩以神道為中心而要求神、佛分離，毀壞大寺。義門示寂。	井上正鐵被流放三宅島。湯島聖堂成為學問所。平田篤胤（年六十八）歿。
一八四四	弘化元	以春分、秋分為中間之日，規定為期七日的彼岸期間。	荷蘭國王勸告日本開國。
一八四五	弘化二	水戶藩破壞石佛及佛堂。	幕府回信荷蘭國王，拒絕其勸告。
一八四六	弘化三	英國傳教士於沖繩開始傳教。賀茂規清倡說烏傳神道。	美國海軍司令官貝特爾航抵浦賀。英、法、美船頻繁抵日。
一八四七	弘化四	普化宗成為臨濟宗支派。風外本高示寂。	關東諸國海防更嚴加防範。

一八四八	嘉永元	長松日扇剃度出家。	佐久間象山製造洋式戰砲。
一八四九	嘉永二	禊教創始者井上正鐵歿於流放地三宅島。	平田篤胤《出定笑語》刊行。
一八五〇	嘉永三	黑住教教主黑住宗忠示寂。	佐藤信淵歿。 高野長英自盡。
一八五一	嘉永四	朝廷為外國船抵日的問題，於社寺祈求國運安泰。	中濱萬次郎被遣送琉球。
一八五二	嘉永五	僧純撰《妙好人傳》，刊行第一篇至第六篇。	俄國船航抵下田。
一八五三	嘉永六	丸山教創教，天理教開始傳教。	美國海軍司令官培里來航，抵達浦賀。
一八五四	安政元	朝廷向太政官府提出毀鐘鑄砲之要求。	簽訂《神奈川條約》、《下田條約》。
		本山派祈求擊退夷狄。	幕府將日章旗做為日本國總船印。
一八五五	安政二	朝廷向全國頒布毀鐘鑄砲的太政官符，禁止鑄造新佛像。	安政大地震，藤田東湖遭壓死。

			簽訂《日荷和親條約》。
一八五六	安政三	月性《佛法護國論》刊行。	二宮尊德（年七十）歿。 正司考祺撰《天明錄》。
一八五七	安政四	長松日扇開講本門佛立講。	開設蕃書調所。 長崎設置製鐵所。
一八五八	安政五	德龍示寂。 月性示寂。 東本願寺焚毀。	井伊直弼就任大老。 簽訂《日美友好通商條約》。 德川家定歿。
		准許外國人士於居留地內信仰自由及設置禮拜堂。	德川家茂任第十四代將軍。
一八五九	安政六	日輝示寂。 傳教士赫本、赫基等人一齊抵日。 金光教創教。 《妙好人傳》全六編刊行。	神奈川、長崎、函館三港開港，准許從事貿易。 吉田松蔭（年三十）遭刑求而死。
一八六〇	萬延元	水戶藩編纂《破邪集》〈息距篇〉。	櫻田門外之變。
一八六一	文久元	養鸕徹定《闢邪集》刊行。 橫濱初設教會。	和宮降嫁。 對馬事件

一八六二	文久二	慧澄示寂。 羅馬舉行日本二十六名殉教者封聖儀式。	坂下門外之變。 生麥事件。
一八六三	文久三	音空觀粹《專念往生傳》刊行。	薩英戰爭。 朝廷祈求攘夷。 七名激進派公卿因政變而離京，逃至長州。
一八六四	元治元	孝明天皇祈求攘夷成功。 東本願寺焚毀。	禁門之變。 下關戰爭。 第一次長州征討。
一八六五	慶應元	長崎大浦天主堂竣工。 舉發天主教徒。	英、美、法、荷逼迫幕府開港及敕准簽訂條約。
一八六六	慶應二	日緣撰《破邪顯信錄》。	第二次長州征討。 德川家茂（年二十一）猝逝。 孝明天皇（年三十六）薨。 德川慶喜任第十五代將軍。 薩長聯盟。

一八六七	慶應三	浦上四番舉發事件（六百六十四名長崎天主教徒殉教）。 盛大流行歡呼口號「ええじゃないか（豈不太好了）」。 物外不遷示寂。	大政奉還。 朝廷廢止佛事葬儀。
一八六八	明治元	設置禁信切支丹邪宗門的高札。 頒布神佛判然令，各地大肆進行廢佛毀釋。	戊辰戰爭爆發。 發布王政復古大號令。 發布五箇條御誓文。 改元為明治。
一八六九	明治二	設置神祇官、民部省、宣教使。	戊辰戰爭結束。 奉還藩籍。 創建東京招魂社。
一八七〇	明治三	頒布大教宣布之詔。 神祇官宣告修驗道為佛教徒。	
一八七一	明治四	頒布社寺領上知令。 神佛分離並非廢佛，宣告廢毀合併應慎重處理。 廢止宗門人別帳。	公布戶籍法。 廢藩置縣。

一八七二	明治五	一向宗改稱為真宗，准許僧侶食肉蓄妻。 設置大教院。 設置教部省、教導職，交付三項教則。	
一八七三	明治六	不僅是佛教各宗派，亦准許各宗教轉宗轉派。	宣布徵兵令、地租改正條例。
一八七四	明治七	融通念佛宗自成一派。 教部省免除特例，宣告禁止一切社寺合併。	板垣退助等人提出民選議員設立建白書。
一八七五	明治八	真宗四派脫離大教院，大教院解散。 教部省向神佛各管長宣告宗教信仰自由。	江華島事件。
一八七六	明治九	准許日蓮宗不受不施派重興宗派。	簽訂《江華條約》。 頒布廢刀令。
一八七七	明治十	廢除教部省，內務省設置社寺局。	西南戰爭爆發。 東京大學創校。
一八七八	明治十一	天台宗分為天台宗、天台宗寺門派、	

		天台宗真盛派。 真言宗分為古義、新義二派。	
一八七九	明治十二	原坦山於帝國大學講授佛教學。	制定教育令。 東京招魂社改稱為靖國神社，列為別格官幣社。
一八八〇	明治十三	制定古社寺保存內規。	公布集會條例。
一八八一	明治十四	真宗西本願寺、東本願寺、真宗專修寺派改稱為淨土真宗本願寺派、真宗大谷派、真宗高田派。	頒布國會開設敕諭。
一八八二	明治十五	法相宗脫離真言宗而獨立。	頒布軍人敕諭。
一八八四	明治十七	廢除神佛教導職，將任免住持等職務委任於各管長。	
一八八五	明治十八	將處理寺社的方式委任於府縣。 田中智學組織立正安國會（後為國柱會）。	
一八八六	明治十九	華嚴宗脫離淨土宗而獨立。 高楠順次郎等人組織反省會。	

一八八七	明治二十	井上圓了開設哲學館。	
一八八九	明治二十二	大內青巒等人組成尊皇奉佛大同團。	頒布大日本帝國憲法，保障信仰宗教自由。
一八九二	明治二十五	組成大日本佛教青年會。	
一八九三	明治二十六	井上哲次郎刊行《教育と宗教の衝突》。 釋宗演等人身為日本佛教代表，參加萬國宗教會議。	
一八九四	明治二十七	中日甲午戰爭之際，佛教及其他各宗教前往戰地宣教或勞軍、募捐軍資。	中日甲午戰爭爆發。
一八九六	明治二十九	舉行首屆宗教家懇談會。	簽訂中日《馬關條約》。
一八九七	明治三十	河口慧海遠赴西藏探險。	
一八九八	明治三十一	巢鴨監獄教誨師事件。	
一八九九	明治三十二	文部省禁止獲得公認的學校從事宗教教育及儀式。 境野黃洋等人組成佛教清徒同志會（後為新佛教徒同志會）。	

一九〇〇	明治三十三	制定治安警察法。禁止神官、神職、僧侶及其他宗教人事參與政治結社。	中國爆發義和團之亂。
一九〇二	明治三十五	大谷光瑞遠赴中亞探險。	
一九〇三	明治三十六	村上專精出版《大乘佛說論批判》。	
一九〇四	明治三十七	佛教各派於日俄戰爭之際隨軍弘法。	日俄戰爭爆發。
一九〇六	明治三十九	以各宗教合作為目的，組成宗教家協和會。	
一九〇七	明治四十	鈴木大拙出版《大乘佛教概論》（英文）。	
一九〇九	明治四十二	望月信亨出版《佛教大年表》，開始出版《佛教大辭典》。	
一九一〇	明治四十三	三名僧侶因大逆事件而受牽連，遭到起訴。	簽訂《日韓合併條約》。大逆事件。
一九一一	明治四十四	設立佛教史學會。《佛教史學》創刊。	

一九一二	大正元	政府舉行三教會同，聚集佛教、神道、基督教召開會議。	
一九一三	大正二	宗教局從內務省改設於文部省，宗教行政與神社行政分離。	
一九一四	大正三	舉行全國佛教徒社會事業大會。	日本加入第一次世界大戰。
一九一五	大正四	真田增丸設立佛教濟世軍。組成佛教聯合會。	日本向中國提出二十一條要求。
一九一六	大正五	組成佛教護國團。帝國大學開設佛教學專任講座。	
一九一七	大正六	藤井日達開創日本山妙法寺。	
一九一九	大正八	成立東京帝國大學佛教青年會。	
一九二一	大正十	佛教聯合會為僧侶獲得參政權而舉行大會。	
一九二二	大正十一	全國水平社創立，並決議要求東、西本願寺參與部落解放運動。	
一九二三	大正十二	日本佛教聯合會決議反對政府派遣使	關東大地震。

		節前往羅馬教廷。	
一九二五	大正十四	由日本佛教聯合會主辦，舉行東亞佛教大會。	公布治安維持法、普通選舉法。
一九二六	昭和元	文部省發表宗教法案，在宗教界引發反對運動。	
一九二八	昭和三	椎尾弁匡等人發表共生運動的宣言書。	中國發生皇姑屯事件。
一九三〇	昭和五	久保角太郎、小谷喜美創立靈友會。牧口常三郎、戸田城聖創立創價教育學會。	
一九三一	昭和六	妹尾義郎等人組成新興佛教青年同盟。	中國發生九一八事變。
一九三二	昭和七	血盟團事件。	五・一五事件。中國發生一二八事變。
			日本於中國建立滿洲國。
一九三三	昭和八	文部省指示取締反宗教運動。	脫離國際聯盟。
一九三四	昭和九	友松圓諦等人始推真理運動。	

一九三六	昭和十一	伊藤真乘創立真如苑。	二・二六事件。
一九三七	昭和十二	東京佛教護國團舉行佛教報國大演講會。	中日戰爭爆發。
一九三八	昭和十三	庭野日敬、長沼妙佼等人脫離靈友會，創立大日本立正佼成會（日後的立正佼成會）。	
一九三九	昭和十四	公布宗教團體法，推動宗教團體的整頓統合。	公布國民徵用令。第二次世界大戰爆發。
一九四〇	昭和十五	實施宗教團體法。	大政翼贊會舉行發會式。各地為慶祝皇紀二千六百年而舉行紀念活動。
一九四一	昭和十六	佛教聯合會改組，組成大日本佛教會。	日本向美、英宣戰。
一九四二	昭和十七	廢除宗教局，於文部省教化局設置宗教課。寺院提供佛具及梵鐘。	
一九四三	昭和十八	創價教育學會遭到彈壓，牧口常三郎、戸田城聖等人遭檢舉。	

一九四四	昭和十九	組成大日本戰時宗教報國會，文部省請求各寺協助學童疏散避難。	
一九四五	昭和二十	廢止宗教團體法，制定宗教法人令。 佛教聯合會重新展開活動。	美國在廣島、長崎投下原子彈。
			日本接受《波茨坦宣言》，簽署降書。
一九四六	昭和二十一	日本宗教會改組，改稱為日本宗教聯盟。	
一九四七	昭和二十二	召開全日本宗教和平會議，宣告宗教和平。	公布學校教育法、教育基本法。
一九四八	昭和二十三	日蓮宗與中山妙宗內定結合，締結協約書。	
一九五〇	昭和二十五	關口嘉一、關口富野創立佛所護念會教團。	公布公職選舉法令。
		召開首屆世界佛教徒會議。	朝鮮戰爭爆發。
一九五一	昭和二十六	公布及實施宗教法人法。	
一九五二	昭和二十七	宗務科改設於調查局。 召開首屆全日本佛教徒會議。	

一九五四	昭和二十九	日本宗教聯盟向聯合國總部提出禁用核武及禁止核武實驗的要求。 組成全日本佛教會、全日本佛教婦人聯盟。	
一九五五	昭和三十	創價學會在地方選舉及都區市議員選舉中，共有五十二名候選人當選。	形成神武景氣現象。
一九五七	昭和三十二	淺井甚兵衛、淺井昭衛重建妙信講（此後為富士大石寺顯正會）。	
一九六〇	昭和三十五	宗教界盛行反對《新安保條約》的抗議活動。	簽訂《日美安保條約》（新安保條約）。
			東京千鳥淵戰歿者墓苑建成。
一九六二	昭和三十七	創價學會締結政治組織，名稱為公明政治聯盟。	
一九六三	昭和三十八	組成世界聯邦日本佛教徒協議會。	
一九六五	昭和四十	召開首屆全日本佛教青年會議。	美軍空襲北越。
一九六六	昭和四十一	全日本佛教會舉行「日本佛教徒決起救援越南運動大會」。	

一九六八	昭和四十三	全日本佛教會等組織發表聲明，反對自民黨內部諮議的靖國神社國家護持法案。	
一九六九	昭和四十四	自民黨向國會提出靖國神社法案，宗教界擴大反對運動。	
一九七〇	昭和四十五	召開世界宗教者和平會議。	

參考文獻

【第一章】 黑住真

村上直次郎譯、柳谷武夫編輯，《イエズス会士日本通信》上、下，雄松堂書店，一九六八、一九六九年。
井川義次，《宋学の西遷——近代啓蒙への道》，人文書院，二〇〇九年。
井出勝美，《キリシタン思想史研究序說》，ぺりかん社，一九九五年。
ヴァリニャーノ著、松田毅一等譯，《日本巡察記》，東洋文庫二二九，平凡社，一九七三年。
海老沢有道、H・チースリク等編，《キリシタン書・排耶書》，日本思想大系二十五，岩波書店，一九七〇年。
海老沢有道、井手勝美、岸野久編著，《キリシタン教理書》，キリシタン研究第三十輯，教文館，一九九三年。
海老沢有道編著，《スピリツアル修行》，キリシタン研究第三十一輯，教文館，一九九九四年。
大桑斉編著，《史料研究 雪窓宗崔——禅と国家とキリシタン》，同朋舍出版，一九八四年。
フライ・ルイス・デ・グラナダ原著，尾原悟編著，《ヒイデスの導師》，キリシタン研究第三十二輯，教文館，一九九五年。
尾原悟編著，《サントスのご作業》，キリシタン研究第三十三輯，教文館，一九九六年。
尾原悟編著，《イエズス会日本コレジョの講義要綱》I・II・III，キリシタン研究第三十四—三十六輯，教文館，一九九七—一九九九年。
フライ・ルイス・デ・グラナダ原著，尾原悟編，《ぎやどぺかどる》，キリシタン研究第三十八輯，教文館，二〇〇一年。
尾原悟編，《コンテムツスムンヂ》，キリシタン研究第三十九輯，教文館，二〇〇二年。
尾原悟編，《きりしたんのおらしよ》，キリシタン研究第四十二輯，教文館，二〇〇五年。
尾原悟編，《きりしたんの殉教と潜伏》，キリシタン研究第四十三輯，教文館，二〇〇六年。
川村信三，《キリシタン信徒組織の誕生と変容》，キリシタン研究第四十輯，教文館，二〇〇三年。
岸野久，《ザビエルと日本——キリシタン開教期の研究》，吉川弘文館，一九九八年。
大塚光信校注，《コリャード懺悔録》，岩波文庫，岩波書店，一九八六年。
五野井隆史，《徳川初期キリシタン史研究（補訂版）》，吉川弘文館，一九九二年。
五野井隆史，《日本キリシタン史の研究》，吉川弘文館，二〇〇二年。
フランシスコ・ザビエル著，河野純徳譯，《聖フランシスコ・ザビエル全書簡》，平凡社，一九八五年。
清水紘一、清水有子編著，《キリシタン関係法制史料》，蒼穹出版，二〇〇二年。
シュールハマー著，神尾庄治譯，《山口の討論》，新生社，一九六四年。
神谷満雄、寺沢光世編，《鈴木正三全集》上、下冊，鈴木正三研究会，二〇〇六、二〇〇七年。
H・チースリク著，《キリシタン時代の日本人司祭》，キリシタン研究第四十一輯，教文館，二〇〇四年。
堤邦彦，《江戸の怪異譚——地下水脈の系譜》，ぺりかん社，二〇〇四年。

堤邦彦，《江戸の高僧伝説》，三弥井書店，二〇〇八年。
東京大学史料編纂所編，《日本関係海外史料　イエズス会日本書翰集　訳文篇之一（下）》，東京大学出版会，一九九四年。
西田長男、三橋健，《神々の原影》，平河出版社，一九八三年。
日本基督教団出版局編，《アジア・キリスト教の歴史》，日本基督教団出版局，一九九一年。
柊源一，《吉利支丹文学論集》，教文館，二〇〇九年。
松田毅一、川崎桃太郎譯，《フロイス　日本史》全十二巻，中央公論社，一九七七—一九八〇年。
ジョアン・ロドリーゲス著，江馬務、佐野泰彦、土井忠生、濱口乃二雄等譯，《日本教会史》上、下，大航海時代叢書九、十，岩波書店，一九六七、一九七〇年。
和辻哲郎，《埋もれた日本》，新潮社，一九五一年。

【第二章】曾根原理

秋本典夫，《近世日光山史の研究》，名著出版，一九八二年。
池田令道，〈《立正観抄》の真偽問題について〉（《興風》十九），二〇〇七年。

今枝由郎，《ブータン仏教から見た日本仏教》，日本放送出版協会，二〇〇五年。
上田紀行，《がんばれ仏教！》，日本放送出版協会，二〇〇四年。
宇高良哲，《近世関東仏教教団史の研究》，文化書院，一九九九年。
浦井正明，《もうひとつの徳川物語》，誠文堂新光社，一九八三年。
大桑斉，《史料研究　雪窓宗崔――禅と国家とキリシタン》，同朋舍出版，一九八四年。
大桑斉《日本近世の思想と仏教》，法蔵館，一九八九年。
大桑斉、平野寿則，《仏教治国論の史料と研究》，清文堂出版，二〇〇七年。
大島薫，〈「直談」再考〉（《日本仏教綜合研究》三），二〇〇五年。
大田壮一郎，〈室町幕府の追善仏事に関する一考察――武家八講の史的展開〉（《仏教史学研究》四十四―二），二〇〇二年。
尾上寛仲，〈関東の天台宗談義所〉上、中、下（《金沢文庫研究》十六―三、四、五），一九七〇年。
尾上寛仲，〈叡山天海蔵義科抄類の構成〉（叡山学会編，《叡山仏教研究》，獅子王教授喜寿記念会），一九七四年。
河内将芳，《秀吉の大仏造立》，法蔵館，二〇〇八年。

櫛田良洪，〈近世関東東寺教団の成立〉（《大正大学研究紀要》五十二），一九六七年。
笹生衛，《神仏と村景観の考古学》，弘文堂，二〇〇五年。
佐藤弘夫，《日本中世の国家と仏教》，吉川弘文館，一九八七年。
佐藤博信，《中世東国日蓮宗寺院の研究》，東京大学出版会，二〇〇三年。
島田裕巳，《戒名》，法蔵館，二〇〇五年。
清水教好，〈松平定信の神国思想〉（馬原鉄男、岩井忠熊編，《天皇制国家の統合と支配》），文理閣，一九九二年。
曽根原理，〈室町時代の武家八講論義〉（北畠典生博士古稀記念論文集刊行会編，《日本仏教文化論叢》上巻），永田文昌堂，一九九八年。
曽根原理，〈室町時代の御八講論義〉（《南部仏教》七十七），一九九九年。
曽根原理，〈《暁誉覚書》の仏教治国論〉（《文芸研究》一五二），二〇〇一年。
曽根原理，《神君家康の誕生》，吉川弘文館，二〇〇八年。
曽根原理，〈増上寺における東照権現信仰〉（高埜利彦、井上智勝編，《近世の宗教と社会》二），吉川弘文館，二〇〇八年。
曽根原理，〈天台宗談義所と相伝〉（《中世文学》五十四），二〇〇九年。

杣田善雄，《幕藩権力と寺院・門跡》，思文閣出版，二〇〇三年。
平雅行，《神仏と中世文化》（《日本史講座》第四卷），東京大学出版会，二〇〇四年。
高木昭作，《将軍権力と天皇》，青木書店，二〇〇三年。
高埜利彥，《近世日本の国家権力と宗教》，東京大学出版会，一九八九年。
高埜利彥，〈一八世紀前半の日本——泰平のなかの転換〉（《日本通史十三・近世三》，岩波講座），岩波書店，一九九四年。
高藤晴俊，《家康公と全国の東照宮》，東京美術，一九九二年。
竹田聴洲，《近世社会と仏教》（《竹田聴洲著作集》第七卷），国書刊行会，一九九四年，初版為一九七五年。
田中貴子，《室町お坊さん物語》，講談社現代新書，一九九九年。
圭室文雄，《江戸幕府の宗教統制》，評論社，一九七一年。
中川仁喜，〈江戸幕府開創以前の関東における天海の活動〉（佐藤成順博士古稀記念論文集刊行会編，《東洋の歴史と文化——佐藤成順博士古稀記念論文集》），山喜房佛書林，二〇〇四年。
中野光浩，《諸国東照宮の史的研究》，名著刊行会，二〇〇九年。

野村玄，《日本近世国家の確立と天皇》，清文堂，二〇〇六年。
羽賀祥二，〈史蹟をめぐる歴史意識——十九世紀前期の歴史と文化〉（《日本史研究》三五一），一九九一年。
尾藤正英，《江戸時代とはなにか》，岩波書店，一九九二年。
藤田和敏，〈近世前期郷鎮守における神宮寺と本末関係の形成——近江国甲賀郡森尻村矢川寺を事例に〉（《史林》九〇—六），二〇〇七年。
朴澤直秀，《幕藩権力と寺檀制度》，吉川弘文館，二〇〇四年。
堀新，〈織田信長と絹衣相論——関連史料の整理と検討〉（《共立女子大学文芸学部紀要》五十一），二〇〇五年。
堀新，〈織豊期王権論再論〉（大津透編，《王権を考える》），山川出版社，二〇〇六年。
曽尾伸一郎，〈《地神経》と〈五郎王子譚〉の伝播——地神盲僧の語り物と土公神祭文・五行神楽の古層〉（《日本文学》四十七—七），一九九八年。
宮島潤子，〈近世における関東・信濃の融通念仏〉（融通念仏宗教学研究所編，《融通念仏信仰の歴史と美術》），東京美術，二〇〇〇年。
渡辺浩，《東アジアの王権と思想》，東京大学出版会，一九九七年。

【第三章】前田勉

大桑斉，《日本近世の思想と仏教》，法蔵館，一九八九年。
大桑斉，《日本仏教の近世》，法蔵館，二〇〇三年。
大隅和雄編，《因果と輪廻——行動規範と他界観の原理》（《大系・仏教と日本人》四），春秋社，一九八六年。
柏原祐泉，《近世庶民仏教の研究》，法蔵館，一九七一年。
柏原祐泉，〈近世の排仏思想〉（《近世仏教の思想》，日本思想大系五十七），岩波書店，一九七三年。
柏原祐泉，〈護法思想と庶民教化〉（《近世仏教の思想》，日本思想大系五十七），岩波書店，一九七三年。
柏原祐泉、大峯顕，《妙好人 良寛・一茶》（浄土仏教の思想十三，講談社，一九九二年。
菅野覚明，〈「日本文化論」と仏教——排仏思想を手がかりに〉（高崎直道、木村清孝，《日本仏教論——東アジアの仏教思想三》），春秋社，一九九五年。
ジェームス・E・ケテラー著、岡田正彦譯，《邪教／殉教の明治——廃仏毀釈と近代仏教》，ぺりかん社，二〇〇六年。

高島元洋，〈近世仏教の位置づけと排仏論〉（日本仏教研究会編，《近世・近代と仏教》，日本の仏教四），法蔵館，一九九五年。

高橋文博，〈儒教と仏教の論争〉（今井淳、小澤富夫編，《日本思想論争史》），ぺりかん社，一九七九年。

圭室文雄，《日本仏教史　近世》，吉川弘文館，一九八七年。

辻善之助，《日本仏教史第十巻　近世篇之四》，岩波書店，一九七〇年。

中尾俊博，《宗教と部落差別》，柏書房，一九八二年。

服部正明，〈輪廻と業〉（《中央公論》八十九—五），一九七四年。

尾藤正英，《江戸時代とはなにか》，岩波書店，一九九二年。

前田勉，《近世日本の儒学と兵学》，ぺりかん社，一九九六年。

前田勉，《近世神道と国学》，ぺりかん社，二〇〇二年。

前田勉，《兵学と朱子学・蘭学・国学》，平凡社選書二二五，平凡社，二〇〇六年。

前田勉，〈林羅山の仏教批判——朱子の排仏論との偏差〉（大桑斉、前田一郎編，《羅山・貞徳《儒仏問答》：註解と研究》），ぺりかん社，二〇〇六年。

源了圓，〈近世儒者の仏教観——近世における儒教と仏教との交渉〉（玉城康四郎編，《仏教の比較思想論的研究》），東京大学出版会，一九七九年。

源了圓，〈江戸後期における儒教と仏教との交渉〉（源了圓編，《江戸後期の比較文化研究》），ぺりかん社，一九九〇年。
村岡典嗣，《本居宣長》，岩波書店，一九二八年；《增補本居宣長》一、二，東洋文庫七四六，平凡社，二〇〇六年。
森本覚修、小笠原正仁，《経典と差別》，財団法人同和教育振興会，二〇〇〇年。
安丸良夫，〈排仏論から国体神学へ〉（《仏教史学研究》二十八—一），一九八五年。
安丸良夫，《近代天皇像の形成》，岩波書店，一九九二年。
渡辺広，〈皮田部落における宗教の役割——勧化迅雷抄について〉（《和歌山大学教育学部紀要　人文科学》二十五），一九七六年。

【第四章】西村玲

家永三郎、赤松俊秀著，圭室諦成監修，《日本仏教史三　近世・近代篇》，法蔵館，一九六七年。
池田英俊，《明治の新仏教運動》，吉川弘文館，一九七六年。
石田瑞麿，《日本仏教史》，岩波書店，一九八四年。
石濱純太郎，《富永仲基》，創元社，一九四〇年。

宇井伯壽，《日本仏教概史》，岩波書店，一九五一年。
上田照遍，《南山律宗袈裟禁絹順正論》（《大日本仏教全書》第五十卷），鈴木学術財団出版，講談社發行，一九七一年。
上田霊城，〈江戸仏教の戒律思想（一）〉（《密教文化》一一六），一九七六年。
上田霊城，〈江戸仏教の戒律思想（二）〉（《密教学研究》九），一九七七年。
大桑斉，《寺檀の思想》，教育社，一九七九年。
大桑斉，《日本近世の思想と仏教》，法蔵館，一九八九年。
大桑斉編著，《資料研究　雪窓宗崔——禅と国家とキリシタン》，同朋舍，一九八四年。
柏原祐泉、藤井学校注，《近世仏教の思想》（《続・日本仏教の思想》，日本思想大系新裝版五），岩波書店，一九七三年。
柏原祐泉，《日本近世近代仏教史の研究》，平楽寺書店，一九六九年。
川口高風，《法服格正の研究》，第一書房，一九七六年。
神田喜一郎，《墨林閒話》，岩波書店，一九七七年。
木村得玄，《黃檗宗の歴史・人物・文化》，春秋社，二〇〇五年。
敬首，《律宗禁糸決講義》，一七八〇年（安永九年版）。

末木文美士，〈近世仏教の思想〉（GBS 実行委員会編，《近世の奈良・東大寺》），ザ・グレイトブッダ・シンポジウム論集四，東大寺，二〇〇六年。
末木文美士，《明治思想家論　近代日本の思想・再考Ⅰ》，トランスビュー，二〇〇四年。
末木文美士，《近世の仏教——華ひらく思想と文化》，吉川弘文館，二〇一〇年。
圭室文雄，《江戸幕府の宗教統制》，評論社，一九七一年。
圭室文雄編，《図説　日本仏教の歴史　江戸時代》，佼成出版社，一九九六年。
沈仁慈，《慈雲の正法思想》，山喜房佛書林，二〇〇三年。
辻善之助，《日本仏教史》第六巻—第十巻，岩波書店，一九五五年。
中村元，《近世日本の批判的精神》（《中村元選集〔決定版〕》別巻七），春秋社，一九九八年。
中村元，《日本宗教の近代性　日本の思想四》（《中村元選集〔決定版〕》別巻八），春秋社，一九九八年。
奈倉哲三，《真宗信仰の思想的研究》，校倉書店，一九九〇年。
西村玲，《近世仏教思想の独創——僧侶普寂の思想と実践》，トランスビュー，二〇〇八年。

日本仏教研究会編，《近世・近代と仏教》，日本の仏教四，法蔵館，一九九五年。
長谷川匡俊，《近世念仏者集団の思想と行動——浄土宗の場合》，評論社，一九八〇年。
引野亨輔，《近世宗教世界における普遍と特殊——真宗信仰を素材として》，法蔵館，二〇〇七年。
引野亨輔，〈真宗談義本の近世的展開〉（《日本史研究》六三五），二〇〇一年。
引野亨輔，〈近世日本の書物知と仏教諸宗〉（《史学研究》二四四），二〇〇四年。
平川彰，《仏教通史》，春秋社，一九七七年。
普寂，《天文弁惑》，一七七七年（安永六年版）。
普寂，《六物綱要》（《日本大蔵経》第六十八巻），鈴木学術財団，一九七六年。
船岡誠，《沢庵——徳川家光に慕われた名僧》，中公新書，中央公論社，一九八八年。
水田紀久、有坂隆道校注，《富永仲基・山片蟠桃》，日本思想大系四十三，岩波書店，一九七三年。
宮川康子，《富永仲基と懐徳堂》，ぺりかん社，一九九八年。
村上専精，《大乗仏説論批判》，光融館，一九〇三年。
面山瑞方，《釈氏法衣訓》（《大日本仏教全書》第五十巻），鈴木学術財団，一九七一年。
山片蟠桃，《夢の代》（水田紀久、有坂隆道校注，《富永仲基・山片蟠桃》，日本思想大系四十三），岩波書店，一九七三年。
良寛，《袈裟詩》（大島花束編，《〔復刻版〕良寛全集》），恒文社，一九八九年。
渡辺京二，《日本近世の起源——戦国徳川の平和（パックス・トクガワーナ）へ》，弓立社，二〇〇四年。

【第五章】林淳

井上智勝，《近世神社制度と朝廷権威》，吉川弘文館，二〇〇七年。
鬼頭勝之，《普化宗弾圧の序曲——芥見村虚無僧闘争一件》，ブックショップマイタウン，二〇〇六年。
高埜利彦，〈江戸時代の神社制度〉（《元禄の社会と文化》，日本の時代史十五），吉川弘文館，二〇〇三年。
高埜利彦，《近世日本の国家権力と宗教》，東京大学出版会，一九八九年。
林淳，〈幕藩体制と仏教〉（末木文美士、松尾剛次、大久保良峻、佐藤弘夫、林淳編，《日本仏教三十四の鍵》），春秋社，二〇〇三年。

林淳，《近世陰陽道の研究》，吉川弘文館，二〇〇五年。
保坂裕興，〈十八世紀における虚無僧の身分形成〉（《部落問題研究》一〇五），一九九〇年。
保坂裕興，〈虚無僧〉（高埜利彦編，《民間に生きる宗教者》，シリーズ近世の身分的周縁一），吉川弘文館，二〇〇〇年。
保坂裕興，〈十七世紀における虚無僧の生成——ぼろぼろ・薦僧・との異動と「乞う」行為のあり方〉（塚田孝等編，《身分的周縁》），部落問題研究所出版部，一九九四年。
宮家準，《山伏》，評論社，一九七三年。
渡辺敏夫，《日本天文学史》上，恒星社厚生閣，一九八六年。

【第六章】岩田重則

蘆田伊人，〈「吉支丹改め」開始年代を確定する一史料〉（日本歴史地理学会編，《歴史地理》六十五—二），一九三五年。
跡部直治，〈位牌〉（《仏教考古学講座　墳墓篇》），雄山閣，一九三六年。
尼崎市役所編，《尼崎市史》第四巻，尼崎市役所，一九七三年。

網野善彥，《無縁・公界・楽》，平凡社，一九七八年。
安良城盛昭，《幕藩体制社会の成立と構造》，御茶の水書房，一九五九年。
石井良助、高柳真三編，《御触書寛保集成》，岩波書店，一九三四年。
工藤祐董編，《諸例撰要・諸家秘聞集》，問答集三，創文社，一九九九年。
源信著、石田瑞麿譯注，《往生要集》下，岩波文庫，岩波書店，一九九二年。
市川雄一郎，〈宗門改の実施と農村構成の內容〉（社会経済史学会編，《社会経済史学》十一—七、八），岩波書店，一九四一年。
伊藤唯真，〈《師守記》にみる中世葬祭仏教——墓・寺・僧の相互関連を中心として〉（《鷹陵史学》三、四），一九七七年。後收錄上井久義編，《葬送墓制研究集成》五，名著出版，一九七九年。
井之口章次，《仏教以前》，古今書院，一九五四年。
井之口章次，《日本の葬式》，早川書房，一九六五年。一九七七年筑摩書房〈筑摩叢書〉再版。
岩城隆利，〈供養具の意味について〉（藤井正雄編，《祖先祭祀と葬墓》，仏教民俗学大系四），名著出版，一九八八年。
遠藤孝子，〈マルダンカ・ハンダンカ・ハカダンカ〉（《社会伝承研究》五），一九七六年。
大石慎三郎，《近世村落の構造と家制度》，御茶の水書房，一九六八年。
大石雅章，〈禅・律・浄土の興隆と葬祭の変化〉（黒田俊雄等著，《中世寺院組織の研究》），大阪大学，一九八五年。
大河直躬，〈仏壇のなりたち〉（《月刊百科》二六八，平凡社，一九八五年。收入氏著，《住まいの人類学》，平凡社，一九八六年。
大桑斉，〈中世末北陸における真宗寺院の本末関係について〉（《近世仏教》第四號），一九六一年。
大桑斉，〈寺檀制度の成立過程〉（《日本歴史》二四二、二四三），一九六八年。
大桑斉，《寺檀の思想》，教育社，一九七九年a。
大桑斉，〈幕藩制国家の仏教統制〉（圭室文雄、大桑斉編，《近世仏教の諸問題》），雄山閣，一九七九年b。
大桑斉，〈半檀家の歴史的展開〉（《近世仏教》二十），一九八六年。
大桑斉，〈墓・寺・先祖〉（日本村落史講座編集委員会編，《生活二 近世》，日本村落史講座七），雄山閣，一九九〇年。
大柴弘子，〈複檀家と「家」〉（《社会伝承研究》五），一九七六年。

大庭良美，《家郷七十年》），未来社，一九八五年。
蒲池勢至，〈尾張の寺檀関係と複檀家〉（《同朋仏教》三十九、四十），二〇〇三—〇四年。
木村礎，〈小野村の集落移動〉（木村礎、高島緑雄編，《耕地と集落の歴史——香取社領村落の中世と近世》），文雅堂銀行研究社，一九六九年。收入氏著，《村の世界村の景観》，木村礎著作集七，名著出版，一九九六年。
久保常晴，〈位牌〉（《新版仏教考古学講座三：塔・塔婆》），雄山閣，一九八四年。
藤原定家，国書刊行会編，《明月記》一，国書刊行会，一九一一年。
桜田勝徳，〈漁村の古い戸籍から〉（《漁村》十九—八），一九五三年。收入氏著，《民俗学の課題と方法》，桜田勝徳著作集五，名著出版，一九八一年。
佐々木潤之介，〈近世農村の成立〉（《日本歷史十・近世二》，岩波講座），岩波書店，一九六三年。
塩野雅代，〈近世中期における越後大面村の寺檀関係〉（《社会伝承研究》五），一九七六年。
静岡県編，《静岡県史　資料編十　近世二》，静岡県，一九九三年。
水藤真，《中世の葬送・墓制》，吉川弘文館，一九九一年。

末木文美士，《日本仏教史》，新潮社，一九九二年。一九九六年出版的新潮文庫補訂及再版。
末木文美士，《日本宗教史》，岩波新書，岩波書店，二〇〇六年。
杉本尚雄，〈男女別墓制及び半檀家について〉（《日本民俗学》一—四），実業之日本社，一九五四年。
鈴木栄太郎，《日本農村社会学原理》，時潮社，一九四〇年。收入氏著，《鈴木栄太郎著作集》一、二，未来社，一九六八年。
鈴木良明，〈所謂半檀家（複檀家）について〉（《神奈川県史研究》四十九），一九八二年。
瀧本誠一編，《日本経済叢書》第二十四卷，日本経済叢書刊行会，一九一六年。
瀧本誠一編，《日本経済大典》第三卷，史誌出版社，一九二八年。
竹田聴洲，〈丹波の山村に於ける檀家組織と同族結合〉（《仏教大学学報》第三十號），一九五五年。收入氏著，改題為〈同族村落の寺檀組織〉，《村落同族祭祀の研究》，吉川弘文館，一九七七年。《竹田聴洲著作集》五，国書刊行会，一九九六年。
竹田聴洲，〈近世寺院史への視角〉（《近世仏教》一），一九六〇年。收入氏著，《竹田聴洲著作集》第七卷，国書刊行会，一九九四年。

竹田聴洲，《民俗信仰と祖先信仰》，東京大学出版会，一九七一年。收入氏著，《竹田聴洲著作集》第一、二巻，国書刊行会，一九九三年。
竹田聴洲，〈近世社会と仏教〉（《日本歴史九・近世一》，岩波講座），岩波書店，一九七五年。收入氏著，《竹田聴洲著作集》第七巻，国書刊行会，一九九四年。
竹田聴洲，〈持仏堂の発展と収縮〉（《柴田実先生古稀記念——日本文化史論叢》），関西大学文学部，一九七六年a。收入氏著，《竹田聴洲著作集》第九巻，国書刊行会，一九九六年。
竹田聴洲，〈日本人の「家」と宗教〉（《日本人の行動と思想》第二十七巻），一九七六年b。收入氏著，《竹田聴洲著作集》第六巻，国書刊行会，一九九六年。
圭室諦成，《日本仏教史概説》，理想社出版部，一九四〇年。
圭室諦成，〈中世後期仏教の研究〉（《明治大学人文科学研究所紀要》第一冊），一九六二年。
圭室諦成，《葬式仏教》，大法輪閣，一九六三年。
圭室文雄，〈檀家制度の展開過程〉（《明治大学教養論集》四十二），一九六八年。
圭室文雄，《江戸幕府の宗教統制》，評論社，一九七一年。
圭室文雄，〈幕藩体制下の仏教〉（《アジア仏教史　日本編七　江戸仏教》），佼成出版社，一九七二年。
圭室文雄，《日本仏教史　近世》，吉川弘文館，一九八七年。
圭室文雄，《葬式と檀家》，吉川弘文館，一九九九年。
千葉乗隆，〈近世真宗教団の本末構造〉（《近世仏教》二），一九六〇年。
千葉乗隆，〈良如時代における教団機構の整備——真宗制度化教団成立史の一齣〉（《龍谷大学論集》三七〇），一九六二年。
千葉乗隆，〈政治と宗教〉（家永三郎、赤松俊秀、圭室諦成監修，《近世・近代篇》，日本仏教史三），法蔵館，一九六七年。
辻善之助，《日本仏教史七　近世篇之一》，岩波書店，一九五二年。
辻善之助，《日本仏教史八　近世篇之二》，岩波書店，一九五三年。
辻善之助，《日本仏教史九　近世篇之三》，岩波書店，一九五四年。
辻善之助，《日本仏教史十　近世篇之四》，岩波書店，一九五五年。
豊田武，《日本宗教制度史の研究》，厚生閣，一九三八年。
中込睦子，《位牌祭祀と祖先観》，吉川弘文館，二〇〇五年。
長沼賢海，〈宗旨人別改めの発達〉（《史學雜誌》粥冤四十一十一），一九二九年。
中山太郎編，《校註諸国風俗問状答》，東洋堂，一九四二年。

西脇修，〈近世寺檀制度の成立について〉（圭室文雄、大桑斉編，《近世仏教の諸問題》），雄山閣，一九七九年。
沼津市史編さん委員会編，《沼津市史　史料編　近世三》，沼津市，二〇〇三年。
野口武徳，〈複檀家制と夫婦別・親子別墓制〉（《成城文芸》四十四），一九六六年。
橋口侯之介，〈東上総の半檀家制〉（上智大学史学研究会著，《東上総の社会と文化》），上智大学史学会、史学研究会，一九六八年。
林幹彌，《太子信仰の研究》，吉川弘文館，一九八〇年。
比屋根安定編，《吉利支丹文庫》第一輯，警醒社書店，一九二六年。
平山敏治郎，〈神棚と仏壇〉（《史林》三十二—二），一九四九年。
平山敏治郎，〈家の神と村の神〉，《信仰と民俗》，日本民俗学大系八，平凡社，一九五九年。
藤井学，〈江戸幕府の宗教統制〉（《日本歴史十一・近世三》，岩波講座），岩波書店，一九六七年。
深谷克己，《百姓成立》，塙書房，一九九三年。
福田アジオ，〈近世寺檀制度の成立と複檀家〉（《社会伝承研究》五），一九七六年。
收入氏著，改題為〈近世の寺檀制度〉，《寺・墓・先祖の民俗学》，大河書房，二〇〇四年。
福田アジオ，〈近世前期美濃の宗門改帳と複檀家〉（《社会伝承研究》七），一九八三年。收入氏著，改題為〈美濃の宗門改帳と一家複数寺的寺檀関係〉，《寺・墓・先祖の民俗学》，大河書房，二〇〇四年。
福田アジオ，〈寺檀関係と祖先祭祀〉（《シリーズ家族史一　生者と死者》），三省堂，一九八八年。
福田アジオ，〈近世寺檀制度と複檀家〉，《寺と地域社会》，仏教民俗学大系七，名著出版，一九九二年。收入氏著，改題為〈寺檀関係の展開〉，《寺・墓・先祖の民俗学》，大河書房，二〇〇四年。
仏書刊行会編，《大日本仏教全書　本光国師日記二》，仏書刊行会，一九一五年a。
仏書刊行会編，《大日本仏教全書　本光国師日記五》，仏書刊行会，一九一五年b。
本庄栄治郎校訂、奈良本辰也補訂、武陽隱士，《世事見聞録》，岩波文庫，岩波書店，一九九四年。
法制史学会編，《徳川禁令考　前集第三》，創文社，一九五九年a。
法制史学会編，《徳川禁令考　前集第五》，創文社，一九五九年b。
朴澤直秀，〈近世後期における寺檀関係と檀家組織〉（《史學雜誌》一〇四—六），一九九五年。
朴澤直秀，〈幕藩権力と寺檀関係〉（《史學雜誌》一一〇—四），二〇〇一年。
細川涼一，《中世の律宗寺院と民衆》，吉川弘文館，一九八七年。
村上直次郎譯，《耶蘇会士日本通信》上卷，聚芳閣，一九二七年。
最上孝敬，〈男女別墓制ならびに半檀家のこと〉（《日本民俗学》一—二），一九五三年。收入氏著，《霊魂の行方》，名著出版，一九八四年。
最上孝敬，〈半檀家制について〉（《日本民俗学会報》五十），一九六七年。收入氏著，《霊魂の行方》，名著出版，一九八四年。
最上孝敬，〈房州天津の半檀家ならびに男女別墓制〉（《西郊民俗》四十六），一九六八年。收入氏著，《霊魂の行方》，名著出版，一九八四年。
森本一彥，〈複檀家から一家一寺へ〉（《民俗儀礼の世界》），清文堂，二〇〇二年。收入氏著，《先祖祭祀と家の確立》，ミネルヴァ書房，二〇〇六年。
森本一彥，〈失われた女性の継承権——近世の半檀家を中心として〉（《比較日本文化研究》八），二〇〇四年。收入氏著，《先祖祭祀と家の確立》，ミネルヴァ書房，二〇〇六年。
柳田国男，《先祖の話》，筑摩書房，一九四六年。收入氏著，《柳田国男全集》第十五卷，筑摩書房，一九九八年。
山田孝雄等校注，《今昔物語集四》，日本古典文学大系二十五，岩波書店，一九六二年。
脇坂昭夫，〈寛永期の尾道町宗旨人別帳について〉（《広島大学文学部紀要》十五），一九五九年。

【特論I】 長岡龍作

浅湫毅，〈薬師寺金堂本尊台座の異形像について〉（《仏教芸術》二〇八），一九九三年。
網干善教，〈八角方墳とその意義〉（《橿原考古学研究所論集》第五），一九七九年。
石田尚豊（編集代表），《聖徳太子事典》，柏書房，一九九七年。
稲本泰生，〈東大寺二月堂本尊光背図像考——大仏蓮弁線刻図を参照して〉（《鹿園雑集》六），二〇〇四年。
稲本泰生，〈神仏習合の論理と造像——インド・中国から日本へ〉（《神仏習合——かみとほとけが織りなす信仰と美》展図録），奈良国立博物館，二〇〇七年。
稲本泰生，〈奈良国立博物館蔵《刺繍釈迦説法図》の主題と図像〉（《正倉院宝物に学ぶ》），思文閣，二〇〇八年。
奥田尚良，〈蟹満寺本像攷〉（《仏教芸術》二〇八），一九九三年。
小野佳代，〈興福寺南円堂の性格について——八角円堂の起源をふまえて〉（《美術史研究》三十九），二〇〇一年。
小南一郎，《中国の神話と物語り》，岩波書店，一九八四年。
漆紅，〈二本の指を立てる特殊な「印相」と「成仏」——「与願印」への一視点〉（《仏教芸術》二八六），二〇〇六年。
曽布川寛，《崑崙山への昇仙》，中公新書，一九八一年。
張寶璽，《北涼石塔藝術》，上海辭書出版社，二〇〇六年。
田中重久，〈日本に遺る円堂の研究〉（《日本に遺る印度系文物の研究》），東光堂，一九四三年。
東野治之，〈橘夫人厨子と橘三千代の浄土信仰〉（《MUSEUM》五六五），二〇〇〇年。
長岡龍作，〈仏像をめぐるいとなみ——上代法隆寺を場として考える〉（《講座日本美術史第四巻　造形の場》），東京大学出版会，二〇〇五年。
長岡龍作，〈彼岸・因果・表象——仏教美術への開かれたアプローチとして〉（《日本仏教綜合研究》六），二〇〇八年。
長岡龍作，《日本の仏像——飛鳥・白鳳・天平の祈りと美》，中公新書一九八八，中央公論新社，二〇〇九年。
長岡龍作，〈仏教における「霊験」——仏が感応する場と表象〉（《死生学研究》十二），二〇〇九年。
長岡龍作，〈「奉為の造像」論——主体・祈願・表現〉（《科学研究費補助金基盤研究（B）研究成果報告書：「奉為の造像」研究》），二〇一〇年。
肥田路美，〈法隆寺金堂壁画に画かれた山岳景の意義〉（《仏教芸術》二三〇），一九九七年。
福永光司，〈八角古墳と八陵鏡——古代日本と八角形の宗教哲学〉（《道教と日本文化》），人文書院，一九八二年。
松浦正昭，《飛鳥・白鳳の仏像——古代仏教のかたち》（《日本の美術》四五五），二〇〇四年。
村野浩，〈銅造阿弥陀如来及両脇侍像〉，《法隆寺四》，奈良県文化財全集六，奈良県教育委員会，一九六七年。
望月望，〈藤原京薬師寺と平城京薬師寺の本尊について〉（東北大学大学院文学研究科修士論文〉，二〇〇九年。
山城町教育委員会編，《山城町內遺跡発掘調査概報一九九一：蟹満寺第一次調査》，一九九一年。
吉川真司，〈東大寺の古層——東大寺丸山西遺跡考〉（《南都仏教》七十八），二〇〇〇年。
和田萃，〈タカミクラ——朝賀・即位式をめぐって〉，《日本古代の儀礼と祭祀》上，塙書房，一九九五年。

【特論Ⅱ】藤井恵介

伊藤延男，《中世和様建築の研究》，彰国社，一九六一年。
大岡実，《南都七大寺の研究》，中央公論美術出版，一九六六年。
太田博太郎，《社寺建築の研究》，岩波書店，一九八六年。
太田博太郎，《南都七大寺の歴史と年表》，岩波書店，一九七九年。
太田博太郎，《日本建築史序説　增補第三版》，彰国社，二〇〇九年。
太田博太郎、藤井恵介監修，《日本建築樣式史　增補新装カラー版》，美術出版社，二〇一〇年。

川上貢，《禅院の建築》，川原書店，一九六八年。
櫻井敏雄，《浄土真宗寺院の建築史的研究》，法政大学出版局，一九九七年。
沢村仁、藤井恵介、高橋康夫、三浦正幸、平井聖等著，《日本建築史》，新建築学大系二，彰国社，一九九九年。
清水擴，《平安時代仏教建築史の研究》，中央公論美術出版，一九九二年。
関口欣也，《中世禅宗様建築の研究》，中央公論美術出版，二〇一〇年。
高橋康夫、吉田伸之、宮本雅明、伊藤毅編，《図集日本都市史》，東京大学出版会，一九九三年。
日本建築学会編，《日本建築史図集》，彰国社，二〇〇九年。
藤井恵介，《密教建築空間論》，中央公論美術出版，一九九八年。
藤井恵介、玉井哲雄，《建築の歴史》，中公文庫，中央公論新社，二〇〇六年。
光井渉，《近世寺社境内とその建築》，中央公論美術出版，二〇〇一年。
山岸常人，《中世寺院社会と仏堂》，塙書房，一九九〇年。

專欄四　渡辺麻里子

阿住義彦，《自在院〈黄檗版大蔵経〉調査報告書》，自在院史料集四，自在院，二〇〇九年。
內山純子、渡辺麻里子，《曜光山月山寺了翁寄進鉄眼版一切経目録》，月山寺，二〇〇一年。
大槻幹郎、松永知海，《影印黃檗版大蔵経刊記集》，思文閣出版，一九九四年。
上越教育大学附属図書館，《上越教育大学所蔵黃檗鉄眼版一切経目録》，一九八八年。
仏教大学仏教文化研究所編，《獅谷法然院所蔵「麗蔵対校」黃檗版大蔵経並新続入蔵経目録》，一九八九年。
松永知海，《後水尾法皇下賜正明寺蔵初刷《黃檗版大蔵経》目録》，佛教大学総合研究所紀要別冊，佛教大学総合研究所，二〇〇四年。
松永知海，《《全蔵漸請千字文朱点》簿による《黃檗版大蔵経》流布の調査報告書》，文部科学省オープンリサーチセンター整備事業「平成十五年度—平成十九年度」関連刊行物，佛教大学アジア宗教文化情報研究所，二〇〇八年。
松永知海，〈《黃檗版大蔵経》の再評価〉（《仏教史学研究》三十四—二），一九九一年。
松永知海，〈黃檗版大蔵経——版庫の移転を中心として〉（《黃檗文華》一一六），一九九六年。

松永知海，〈黃檗宗宝蔵院所蔵版木について——とくに蔵外典籍を中心とした課題〉，《仏教学浄土学研究——香川孝雄博士古稀記念論集》，永田文昌堂，二〇〇一年。
松永知海，〈日本近世の大蔵経出版について〉（《常照》五十一），二〇〇二年。
松永知海，〈《黃檗版大蔵経》の刊行について——入れ版を中心として〉，《高橋弘次先生古稀記念論集》，浄土学仏教学論叢，山喜房佛書林，二〇〇四年。
松永知海，〈日本近代における《黃檗版大蔵経》の活用〉，《東アジアにおける宗教文化の総合的研究——仏教美術・仏教学・考古学・歴史学分野》，佛教大学アジア宗教文化情報研究所，二〇〇八年。

索引

編錄重要相關人物、寺院、文獻等項目。

四畫

五畫

六畫

七畫

八畫

九畫

十畫

十一畫

十二畫

十三畫

十四畫

十五畫

十六畫

十七畫

十八畫

十九畫

二十畫

二十一畫

二十二畫

二十三畫

二十四畫

二十五畫

二十六畫

其他

作者簡介

黑住真

一九五〇年生於岡山縣，東京大學文學部倫理學科畢業，同大學院人文科學研究科博士課程修畢。博士（學術）。東京大學大學院教授。專門領域為日本思想史、倫理學、比較思想宗教。著作有《近世日本社会と儒教》、《複数性の日本思想》等。

曾根原理

一九六一年生於東京都，東北大學文學部史學科畢業，同大學院文學研究科博士課程修畢。博士（文學）。東北大學學術資源研究公開中心助教。專門領域為日本思想史、檔案學。主要著作有《徳川家康神格化への道》、《神君家康の誕生》等，主要論文有〈室町時代の御八講論義〉、〈小宮豊隆と戦争〉、〈天台宗談義所と相伝〉等。

前田勉

一九五六年生於埼玉縣，東北大學文學部畢業，同大學院文學研究科博士課程學分取得肄業。博士（文學）。愛知教育大學教授。專門領域為日本思想史。著作有《近世日本の儒学と兵学》、《近世神道と国学》、《兵学と朱子学・蘭学・国学》、《江戸後期の思想空間》等。

西村玲

一九七二年生於東京都，東北大學文學部日本思想史專攻畢業，同大學院文學研究科博士課程後期修畢。博士（文學）。日本學術振興會特別研究員（ＳＰＤ），曾任普林斯頓大學客座研究員，財團法人東方研究會研究員。專門領域為日本思想史。著作有《近世仏教思想の独創》。曾獲第六屆（平成二十一年度）日本學術振興會獎、日本學士院學術獎勵獎。

林淳

一九五三年生於北海道，東京大學文學部宗教學科畢業，同大學院人文科學研究科博士課程學分取得肄業。博士（文學）。專門領域為宗教學、日本宗教史。現任愛知學院大

學教授。著作有《異文化から見た日本宗教の世界》、《陰陽道の講義》、《近世陰陽道の研究》、《天文方と陰陽道》等。

岩田重則

一九六一年生於靜岡縣，早稲田大學文學研究科博士後期課程學分取得肄業。博士（社會學）。東京學藝大學教授。專門領域為民俗學、歷史學。著作有《ムラの若者・くにの若者》、《戦死者霊魂のゆくえ》、《墓の民俗学》、《〈お墓〉の誕生》、《〈いのち〉をめぐる近代史》。

長岡龍作

一九六〇年生於青森縣，東北大學文學部畢業，同大學院博士課程肄業。東北大學大學院教授。專門領域為日本佛教美術史。著有《日本の仏像——飛鳥・白鳳・天平の祈りと美》，編有《講座の日本美術史第四巻　造形の場》等。

藤井惠介

一九五三年生於島根縣，東京大學工學部建築學科畢業，同大學院博士課程學分取得

肄業。東京大學大學院教授。博士（工學）。專門領域為日本建築史。著作有《密教建築空間論》、《日本建築のレトリック》，共同編著有《関野貞アジア踏查》、《岩波仏教辞典　第二版》等。

大桑齊

一九三七年生於石川縣，金澤大學法文學部史學科畢業，大谷大學文學研究科博士課程修畢。博士（文學）。大谷大學名譽教授。專門領域為日本近世思想史、真宗史。著作有《日本近世の思想と仏教》、《戦国期宗教思想史と蓮如》，共同編著有《羅山・貞德《儒仏問答》：註解と研究》等。

水上文義

一九五〇年生於東京都，大正大學佛教學部畢業，同大學院文學研究科博士課程肄業。博士（佛教學）。財團法人東方研究會研究員、東方學院講師、叡山學院講師。專門領域為日本佛教（天台密教、神仏習合思想）。著作有《台密思想形成の研究》等。

中野三敏

一九三五年生於福岡縣，早稻田大學文學研究科修畢。博士（文學）。九州大學名譽教授。專門領域為日本近世文化史。著作有《十八世紀の江戸文芸》、《戲作研究》、《江戸狂者伝》等。

渡邊麻里子

一九六七年生於千葉縣，早稻田大學教育學部國語國文學科畢業，同大學院文學研究科博士課程修畢。博士（文學）。弘前大學副教授。專門領域為日本中世文學、說話文學、佛教文學。著作有《曜光山月山寺了翁寄進鉄眼版一切経目録》，論文有《了翁の一切経寄進について》等。

松下みどり

一九五八年生於長野縣，御茶水女子大學文教育學部哲學科畢業，同大學院人間文化研究科博士課程學分取得肄業。日本女子大學兼任講師。專門領域為日本思想史。論文有〈中世後期禅宗における女人成仏思想〉、〈禅と念仏の接点〉、〈一遍思想の民俗性〉等。

真鍋俊照

一九三九年生於東京都，東北大學大學院印度學、佛教史學專攻修畢。博士（文學）。專門領域為佛教美術史、密教繪畫史、密教學。四國大學教授。著作有《密教図像と儀軌の研究（上、下）》、《弘法大師行状絵詞（上、下）》等。

辻惟雄

一九三二年生於愛知縣，東京大學文學部美術史學科畢業，同大學院人文科學研究科博士課程肄業。博士（美術）。MIHO MUSEUM館長。東京大學、多摩美術大學名譽教授。專門領域為日本美術史。著作有《奇想の系譜：又兵衛—国芳》、《日本美術の歴史》等。

國家圖書館出版品預行編目資料

民眾佛教的扎根：日本. III / 末木文美士編輯委員；辛如意譯. -- 初版. -- 臺北市：法鼓文化, 2021. 04
面； 公分
ISBN 978-957-598-905-7 (平裝)

1.佛教史 2.日本

220.931 110001127

新亞洲佛教史 13

民眾佛教的扎根 —— 日本Ⅲ

民衆仏教の定着 —— 日本Ⅲ

編輯委員	末木文美士
編輯協力	松尾剛次、佐藤弘夫、林淳、大久保良峻
譯者	辛如意
中文版總主編	釋果鏡
中文版編輯顧問	釋惠敏、于君方、林鎮國、木村清孝、末木文美士
中文版編輯委員	釋果鏡、釋果暉、藍吉富、蔡耀明、廖肇亨、陳繼東、陳英善、陳一標
出版	法鼓文化
封面設計	化外設計
內頁美編	胡琡珮
地址	臺北市北投區公館路186號5樓
電話	(02)2893-4646
傳真	(02)2896-0731
網址	http://www.ddc.com.tw
E-mail	market@ddc.com.tw
讀者服務專線	(02)2896-1600
初版一刷	2021年4月
建議售價	新臺幣650元
郵撥帳號	50013371
戶名	財團法人法鼓山文教基金會─法鼓文化
北美經銷處	紐約東初禪寺 Chan Meditation Center (New York, USA) Tel: (718)592-6593 Fax: (718)592-0717

SHIN ASIA BUKKYOUSHI <13> NIHON 3 – MISHŪ BUKKYŌ NO TEICHAKU
by Editorial Committee : Fumihiko SUEKI and Editorial Assistants : kenji MATSUO, Hiroo SATOU, Makoto HAYASHI and Ryoushun OOKUBO

法鼓文化

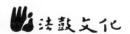